哈佛百年经典

本杰明·富兰克林自传
约翰·伍尔曼日记
隐思录

[美]本杰明·富兰克林 / [英]约翰·伍尔曼 / [英]威廉·佩恩◎著
[美]查尔斯·艾略特◎主编
翟　蓉◎译

北京理工大学出版社
BEIJING INSTITUTE OF TECHNOLOGY PRESS

图书在版编目（CIP）数据

本杰明·富兰克林自传 / （美）富兰克林著；翟蓉译.约翰·伍尔曼日记 / (英）伍尔曼著；翟蓉译.隐思录 / （英）佩恩著；翟蓉译. —北京：北京理工大学出版社，2013.12（2019.9 重印）

(哈佛百年经典）

ISBN 978-7-5640-7766-2

Ⅰ. ①本… ②约… ③隐… Ⅱ. ①富… ②伍… ③佩… ④翟… Ⅲ. ①富兰克林，B.（1706~1790）-自传②传记文学-作品集-英国-近代 Ⅳ. ①K837.127=4②I561.55

中国版本图书馆 CIP 数据核字（2013）第 120628 号

出版发行 / 北京理工大学出版社有限责任公司
社　　址 / 北京市海淀区中关村南大街 5 号
邮　　编 / 100081
电　　话 / (010)68914775（总编室）
　　　　　82562903（教材售后服务热线）
　　　　　68948351（其他图书服务热线）
网　　址 / http://www.bitpress.com.cn
经　　销 / 全国各地新华书店
印　　刷 / 三河市金元印装有限公司
开　　本 / 700 毫米×1000 毫米　1/16
印　　张 / 21.75
字　　数 / 310 千字
版　　次 / 2013 年 12 月第 1 版　2019 年 9 月第 3 次印刷
定　　价 / 59.00 元

责任编辑 / 钟　博
文案编辑 / 钟　博
责任校对 / 周瑞红
责任印制 / 边心超

图书出现印装质量问题，请拨打售后服务热线，本社负责调换

出版前言

人类对知识的追求是永无止境的，从苏格拉底到亚里士多德，从孔子到释迦摩尼，人类先哲的思想闪烁着智慧的光芒。将这些优秀的文明汇编成书奉献给大家，是一件多么功德无量、造福人类的事情！1901年，哈佛大学第二任校长查尔斯·艾略特，联合哈佛大学及美国其他名校一百多位享誉全球的教授，历时四年整理推出了一系列这样的书——《Harvard Classics》。这套丛书一经推出即引起了西方教育界、文化界的广泛关注和热烈赞扬，并因其庞大的规模，被文化界人士称为The Five-foot Shelf of Books——五尺丛书。

关于这套丛书的出版，我们不得不谈一下与哈佛的渊源。当然，《Harvard Classics》与哈佛的渊源并不仅仅限于主编是哈佛大学的校长，《Harvard Classics》其实是哈佛精神传承的载体，是哈佛学子之所以优秀的底层基因。

哈佛，早已成为一个璀璨夺目的文化名词。就像两千多年前的雅典学院，或者山东曲阜的“杏坛”，哈佛大学已经取得了人类文化史上的“经典”地位。哈佛人以“先有哈佛，后有美国”而自豪。在1775—1783年美国独立战争中，几乎所有著名的革命者都是哈佛大学的毕业生。从1636年建校至今，哈佛大学已培养出了7位美国总统、40位诺贝尔奖得主和30位普利策奖获奖者。这是一个高不可攀的记录。它还培养了数不清的社会精英，其中包括政治家、科学家、企业家、作家、学者和卓有成就的新闻记者。哈佛是美国精神的代表，同时也是世界人文的奇迹。

而将哈佛的魅力承载起来的，正是这套《Harvard Classics》。在本丛书里，你会看到精英文化的本质：崇尚真理。正如哈佛大学的校训："与柏拉图为友，与亚里士多德为友，更与真理为友。"这种求真、求实的精神，正代表了现代文明的本质和方向。

哈佛人相信以柏拉图、亚里士多德为代表的希腊人文传统，相信在伟大的传统中有永恒的智慧，所以哈佛人从来不全盘反传统、反历史。哈佛人强调，追求真理是最高的原则，无论是世俗的权贵，还是神圣的权威都不能代替真理，都不能阻碍人对真理的追求。

对于这套承载着哈佛精神的丛书，丛书主编查尔斯·艾略特说："我选编《Harvard Classics》，旨在为认真、执著的读者提供文学养分，他们将可以从中大致了解人类从古代直至19世纪末观察、记录、发明以及想象的进程。"

"在这50卷书、约22000页的篇幅内，我试图为一个20世纪的文化人提供获取古代和现代知识的手段。"

"作为一个20世纪的文化人，他不仅理所当然的要有开明的理念或思维方法，而且还必须拥有一座人类从蛮荒发展到文明的进程中所积累起来的、有文字记载的关于发现、经历以及思索的宝藏。"

可以说，50卷的《Harvard Classics》忠实记录了人类文明的发展历程，传承了人类探索和发现的精神和勇气。而对于这类书籍的阅读，是每一个时代的人都不可错过的。

这套丛书内容极其丰富。从学科领域来看，涵盖了历史、传记、哲学、宗教、游记、自然科学、政府与政治、教育、评论、戏剧、叙事和抒情诗、散文等各大学科领域。从文化的代表性来看，既展现了希腊、罗马、法国、意大利、西班牙、英国、德国、美国等西方国家古代和近代文明的最优秀成果，也撷取了中国、印度、希伯来、阿拉伯、斯堪的纳维亚、爱尔兰文明最有代表性的作品。从年代来看，从最古老的宗教经典和作为西方文明起源的古希腊和罗马文化，到东方、意大利、法国、斯堪的纳维亚、爱尔兰、英国、德国、拉丁美洲的中世纪文化，其中包括意大利、法国、德国、英国、西班牙等国文艺复兴时期的思想，再到意大利、法国三个世纪、德国两个世纪、英格兰三个世纪和美国两个多世纪的现代文明。从特色来看，纳入了17、18、19世纪科学发展的最权威文献，收集了近代以来最有影响的随笔、历史文献、前言、后记，可为读者进入某一学科领域起到引导的作用。

这套丛书自1901年开始推出至今，已经影响西方百余年。然而，遗憾的是中文版本却因为各种各样的原因，始终未能面市。

2006年，万卷出版公司推出了《Harvard Classics》全套英文版本，这套经典著作才得以和国人见面。但是能够阅读英文著作的中国读者毕竟有限，于是2010年，我社开始酝酿推出这套经典著作的中文版本。

在确定这套丛书的中文出版系列名时，我们考虑到这套丛书已经诞生并畅销百余年，故选用了“哈佛百年经典”这个系列名，以向国内读者传达这套丛书的不朽地位。

同时，根据国情以及国人的阅读习惯，本次出版的中文版做了如下变动：

第一，因这套丛书的工程浩大，考虑到翻译、制作、印刷等各种环节的不可掌控因素，中文版的序号没有按照英文原书的序号排列。

第二，这套丛书原有50卷，由于种种原因，以下几卷暂不能出版：

英文原书第4卷：《弥尔顿诗集》

英文原书第6卷：《彭斯诗集》

英文原书第7卷：《圣奥古斯丁忏悔录 效法基督》

英文原书第27卷：《英国名家随笔》

英文原书第40卷：《英文诗集1：从乔叟到格雷》

英文原书第41卷：《英文诗集2：从科林斯到费兹杰拉德》

英文原书第42卷：《英文诗集3：从丁尼生到惠特曼》

英文原书第44卷：《圣书（卷Ⅰ）：孔子；希伯来书；基督圣经（Ⅰ）》

英文原书第45卷：《圣书（卷Ⅱ）：基督圣经（Ⅱ）；佛陀；印度教；穆罕默德》

英文原书第48卷：《帕斯卡尔文集》

这套丛书的出版，耗费了我社众多工作人员的心血。首先，翻译的工作就非常困难。为了保证译文的质量，我们向全国各大院校的数百位教授发出翻译邀请，从中择优选出了最能体现原书风范的译文。之后，我们又对译文进行了大量的勘校，以确保译文的准确和精炼。

由于这套丛书所使用的英语年代相对比较早，丛书中收录的作品很多还是由其他文字翻译成英文的，翻译的难度非常大。所以，我们的译文还可能存在艰涩、不准确等问题。感谢读者的谅解，同时也欢迎各界人士批评和指正。

我们期待这套丛书能为读者提供一个相对完善的中文读本，也期待这套承载着哈佛精神、影响西方百年的经典图书，可以拨动中国读者的心灵，影响人们的情感、性格、精神与灵魂。

目

Contents

录

本杰明·富兰克林自传 001

〔美〕 本杰明·富兰克林

自传 005

自传续编 065

附录：富兰克林人生中的重大事件 138

约翰·伍尔曼日记 143

〔英〕 约翰·伍尔曼

第一章 146

第二章 154

第三章 160

第四章 170

第五章 183

第六章 190

第七章 199

第八章 208

第九章 224

第十章 233

第十一章 238

目
Contents
录

第十二章 249

隐思录 261

〔英〕 威廉·佩恩

反思与箴言 267

《隐思录》续 313

本杰明·富兰克林自传

His Autobiography

〔美〕 本杰明·富兰克林

主编序言

本杰明·富兰克林于1706年1月6日（新历法中是1月17日）生于波士顿的牛奶街。其父约西亚·富兰克林是蜡烛制造商，结过两次婚，在他的17个孩子当中，本杰明是最小的儿子。本杰明10岁时就结束了他的学校教育，12岁时他就给哥哥詹姆斯当学徒。詹姆斯是个印刷商人，刊印了《新英格兰报》。本杰明开始向这一日报投稿，再后来一段时间，他成了该日报的名义编辑。

但是由于兄弟俩不和，本杰明后来出走，先是去了纽约，随后又去了费城。他于1723年10月到达费城，很快便得到一份印刷工的工作。几个月后，总督基思爵士劝他去伦敦求学，并表示愿意为他支付学费。但到了伦敦，本杰明却发现基思的承诺都是空头支票。于是，他又当起了排字工人，直到一位名叫登曼的商人把他带回费城，并让他为自己的生意工作。

登曼去世后，他又做回以前的职业，并很快开办了一家自己的印刷厂。他创办了《宾夕法尼亚报》，并为该报撰写了许多文章，把该报变成了一个讨论各种地方改革的新闻媒介。

1732年，他开始发行著名的《穷理查德年鉴》，他借用、汇总了一些言论以丰富此书的内容。那些关于世间智慧的精辟言论为他赢得了良好的声誉。1758年，他在当年的年鉴中发表了《老者亚伯拉罕的讲道》，现在被视为创作于美国殖民地时期的最著名的文学作品。同年，他停止了年鉴的写作。

同时，富兰克林越来越关注公共事务。他提出了一项关于创办学院的计划，后来得以实现，并且最终发展成为宾夕法尼亚大学。他创立了一个“美国哲学协会”，该协会的宗旨是：使研究科学的人能相互交流他们的发现。他自己也开始了他的电学研究，在挣钱谋生和参政之余，他坚持电学研究与其他科学的研究，直至他生命的终结。为了争取研究时间，在积蓄了一定的财富后，他于1748年卖掉了他的企业。几年之后，他的研究成果为他在整个欧洲知识界赢得了巨大的声誉。

在政治上，不管作为一个管理者，还是作为一个辩论者，他都非常能干。但他在职期间，也因为利用职权为亲属谋利而遭受诟病。他在国内最著名的政治成果是对邮信制度的改革，对外则在与英国殖民地以及后来与法国的政治关系方面，做出了巨大贡献。

1757年，他被派遣到英国，作为北美殖民地的代表与英国内阁谈判。在他返回美国之际，在帕克斯顿事件中，他扮演了受人尊敬的角色，但他也因此失去了在议会中的职位。

1764年，他又作为北美殖民地代表被派到英国，这一次，他向国王请愿从领主手中恢复政府。在伦敦，他积极反对拟议的《印花税法案》，但因此失去了声誉。另外，由于为他的一个朋友弄到美国邮票代理局的职位，他的名望大跌。甚至他为达到废除《印花税法案》的目的所付出的卓有成效的努力，仍然让他备受猜疑，但在走向革命危机的动乱愈演愈烈之时，他继续努力为殖民地介绍这一情况。

1767年，他来到法国。在那里，他备受尊敬，1775年他返回费城。但在回国前，他因为涉嫌把著名的哈钦森和奥利弗的信件泄露给马萨诸塞州而失去了邮政局长的职位。

抵达费城后，他被选举为大陆会议[①]的成员，并于1777年作为美国专员被派遣到法国。在法国，他一直待到1785年，是法国社会最受欢迎的人物。他在完成外交事务的过程中表现极为出色，使得他最后回国时，作为美国独立战争的斗士，获得了仅次于华盛顿的荣誉。

1790年4月17日，富兰克林逝世。

此自传的前5章是1771年在英国创作的，后面的部分是1784—1785年写作的，再后面创作于1788年——他在书中把写作时间提前为1757年。

经历了一系列极不寻常的曲折之后，最初的手稿终于由约翰·比奇洛先生出版。这次再版，是对这位美国殖民时期最著名的人物的价值的认可，以及对其作为公认的全世界最伟大的自传之一的地位的承认。

查尔斯·艾略特

① 大陆会议是1774年至1789年英属北美十三个殖民地以及后来美利坚合众国的立法机构，共举办了两届。——译者注。

自传[①]

1706—1757

1771 年撰于特怀福德村圣阿瑟夫教堂主教家中[②]

吾儿：

我一向乐于收集祖上的一切珍闻逸事。也许你还记得，你随我在英国期间，我曾为此目的，四处奔走，遍访亲属中的遗老耆旧。同样，对于我一生的经历，想来你[③]也会乐于知晓。然而，这其中的许多事情，你并不熟

① 富兰克林的《自传》大致分为四大部分：第一部分写作于 1771 年前后，内容主要涉及他的家庭、成长经历和早年的坎坷生涯，一直写到立业成家。第二部分写作于 1784 年，主要写他在费城艰难而辉煌的创业史和与总督等进行的斗争。第三部分的撰写开始于 1788 年，到他卸职时已经完成了大约四分之一，当时他认为至多两个月就能完稿，但由于结石病的剧痛折磨得他寝食难安，依靠鸦片才能勉强止痛，每天只有很少的时间能够用于写作，所以第三部分直到 1789 年冬天才陆续写完。《自传》第四部分的写作是富兰克林在生命的最后半年忍痛进行的，当时他已经坐不起来了，只能躺在病榻上口述，由外孙笔录，只记录到 1757 年，这位伟人就与世长辞了。

② 希普利主教的乡间宅邸，希普利主教是一名虔诚的主教，正如富兰克林博士过去常常称呼他那样。——本杰明

③ 本来是“你们当中有些人乐于知晓”，但之后去掉了“有些”。——本杰明

悉。目前我正在乡间休假，可望有一周闲暇，不受干扰，于是坐下来将它们述诸笔端。促使我这样做的，还有其他一些原因。我出身卑微，家境贫寒，后来有所出息，生活优裕，在世界上稍有声誉，迄今为止我一生顺风顺水，我的立身之道，承蒙上帝庇佑，获得了巨大的成功。后辈子孙也许乐意知道这些处世之道，因为其中一些处境或许与他们的相似，可以效法。

对于我交上的好运，回顾起来，我有时不禁要说：如果给我一次重新选择的机会，我会毫不介意我的一生再从头重演一遍。我仅仅要求像作家那样，在再版时有改正初版某些错误的机会。这样，我不仅改正了错误，还能扭转种种不测事件，这样于别人就更加有利。但是即使无法避免这些不幸的厄运，我还是愿意保持原样，重演人生。但是由于这种重演是不可能的，那么最接近重演的似乎就是回忆了，将人生付诸笔端，并使之尽可能留存久远。

因此我将倚着老人常有的癖好，来谈论自己和自己过去的作为。但是我这样做，可能会使听者感到厌倦，他们可能只是因为敬老，觉得必须得坐下来听我说；但是一旦写下来，听与不听就可以悉听尊便了。最后（我还是自己承认了好，因为即使我否认，别人也不会相信），写自传，或许还会大大地满足我的虚荣心。说句老实话，我时常听见或在书上读到别人在刚说完像“我可以毫不自夸地说……”这种开场白以后，接着就是一大篇自吹自擂的话。大多数人不喜欢别人的虚夸，不管他们自己是多么自负。但是无论在什么地方，我对这种虚荣心总是很宽容。因为我相信这种心理，对自己和他周围的人都有好处。所以，在许多情况下，一个人如果感谢上帝赐予他其他品质的同时，也赐予了其自负，这也是不足为怪的。

既然在这里提到了上帝，我愿意十分谦恭地承认，上面提到的，我过去一生中的幸福，当归功于上帝仁慈的眷顾。上帝使我找到了处世之道，并且使我获得了成功。这种信仰使我充满希望——虽然我不应该臆断，上帝在将来会像以前一样施善于我，使我继享幸福，或使我忍受命中注定的逆运（像其他人一样，我也可能有这样的遭遇）。因为我未来命运的轮廓只有上帝知道，上帝甚至能够通过苦难来赐福于我们。

我有一位伯父（他也同样爱好收集家族中的奇闻逸事），有一次他交给我一些关于我们祖先事情的笔记。从这些笔记我才知道，我们家族在诺桑普顿郡的爱克顿教区，至少已经住了三百年。究竟在这以前还有多少年，他就不知道了。（也许从他们采用“富兰克林”为姓的时候起。“富兰克林”在这以前是一个人民阶层的名称，当时英国各地的人们都开始采用姓氏。）他们享有三十英亩的自由领地，以打铁为副业。直到我伯父的时候为止，打铁这一行业一直保留在我们家族中。家中的长子总是学打铁的，我伯父和我父亲都遵照传统让他们的长子成了铁匠。

我查阅了爱克顿教区的户籍册，只找到了1555年以后的出生、嫁娶和丧葬记录，那以前的户籍册在那个教区里已经没有了。从这个户籍册里，我发现我是五世以来小儿子的小儿子。

我的祖父汤姆斯原先住在爱克顿，他生于1598年，一直在那里居住到老年，到他不能从事劳动的时候，才搬到他儿子约翰的家里。约翰的家在牛津郡班布雷村，他是一个印染匠，我父亲就是跟着他学徒的。

我的祖父就死在那里，葬在那里，我们在1758年看到了他的墓碑。他的长子汤姆斯住在爱克顿的住宅里，后来把住宅和田产遗留给了他的独生女。他女儿和她的丈夫（是威灵堡的一个叫做费雪的人）又把房产卖给伊斯德先生，他现在还是那里的庄园主。

我祖父养大了四个儿子：汤姆斯、约翰、本杰明和约西亚。现在，我手头没有任何材料，不过我将把还记得的都给你写出来。如果我收集的材料在我离家后还保存完好的话，你将会从中看到更详细的记录。

汤姆斯跟他父亲学了打铁。但是他生性聪慧，当地教区的大绅士伯麦老爷鼓励他求学上进（他的弟弟们也得到同样的鼓励）。他获得了书记官的职位，成为了地方上很有声望的人，也是当地（无论是他的本村，诺桑普顿的城镇或是他所在的州）一切公益事业的主要推动者，我们听到了许多关于这一类的事例。

在爱克顿教区，他颇受到当时的哈利法克斯勋爵的赏识和奖励。他死于旧历1702年1月6日，离我的出生恰巧四整年。我记得当我们从爱克顿教区的一些老人口中听到关于他的生平和性格的时候，你觉得很像你所知道的我的一生和个性，颇为惊异，你说：“他如果死在您出世的那一天，人家也许还以为是灵魂转世呢！”

约翰做了染匠，许是染呢绒的。本杰明是丝绸染匠，在伦敦拜师学艺。他秉性聪颖。我很清楚地记得他，因为当我还是一个孩子的时候，他渡海到波士顿来，住在我父亲那里，跟我们同住了几年之久。他一直活到高龄，他的孙子撒木耳·富兰克林现在还住在波士顿。他去世后留下了两本四开本的诗稿，里面是一些写给他亲友的即兴短诗。下面寄给我的一首诗就是一个实例①。

他自己制定了一套速记法，并且教给了我，但是因为我从来不练，所以现在忘光了。我的名字就是随这位伯父取的，因为我父亲跟他感情甚笃。

他笃信宗教，经常去听著名传教士的布道，并用他的速记法将布道记下来，已达数卷之多。他还很关心政治，或许对于他的身份来说，他对政治太过于热心了一点。最近，我得到了他整理的，从 1641 年到 1717 年公共事务中主要事件的小集子。从编号来看，许多卷都已丢失，但仍有八卷对开本，另有二十四卷四开本和八开本。一位旧书商人看见了这些书卷，因我有时在他那里买书，他认识我，所以他把这些书带给了我。似乎是我伯父去美洲时留在这里的，从那时算起已有五十年了。他在这些书的页边空白处做了许多批注。

我们这个卑微的家族，很早就参与了宗教改革运动，在整个玛丽女王时代都是新教徒。当时他们因为积极反对教皇制度，有时会有遇到迫害的危险。

他们曾有过一本英文版《圣经》，为了隐藏和保护它，他们用胶布把《圣经》打开着绑在一个折椅的凳面底部。当我的高祖父给他的家人读那本《圣经》时，他把那把折椅翻起来放在膝盖上，然后翻动胶布下面的书页。

---

① 富兰克林在括弧中加了一个注：“嵌在这儿”，但是未附实例。斯帕克斯先生（在《富兰克林生平》中第 6 页）告诉我们，书卷被其作者在波士顿的曾孙女埃蒙斯夫人持有保存。

家庭中的一个孩子会站在门口放哨，如果他看到宗教法庭的执行官，他便会发出警报。如果有执行官出现，他们就把折椅翻过来四脚朝地，《圣经》就像之前那样被隐藏在折椅之下了。此逸事我是从本杰明伯父那里听来的。

这个家族持续信奉英国国教，大概直至查尔斯二世的统治结束。那时，一些牧师由于不遵奉国教会惯例，在北安普敦郡举行了秘密集会，已经被开除教籍。本杰明和约西亚支持他们，直至他们生命的终止。但是其余的家庭成员仍然信仰国教。

我的父亲约西亚很年轻就结了婚，大概于 1682 年，他偕妻子和三个孩子来到新英格兰。法律禁止非国教徒聚会，而且就是聚会也常常被干扰，导致很多他认识的人搬到美洲去了。后来，他也随同他们去了新大陆，他们期望在那里能享有宗教自由。

在那里，他与原来的妻子又生了四个孩子，与第二位妻子又生了十个孩子，一共十七个孩子。我记得一度有十三个孩子与他一同进餐，这些孩子都长大成人，并纷纷结了婚。我生于新英格兰的波士顿，是最小的儿子，下面还有两个妹妹。我父亲的第二位妻子是我母亲，名叫阿拜亚·福尔杰，是彼得·福尔杰的女儿。彼得·福尔杰是新英格兰最早的一批移民之一，如果我没有记错的话，科顿·马瑟在他的美洲教会史中曾称赞他为“一个虔诚、博识的英国人”。我听说他不时创作一些短诗，但只有一篇付梓，我在好多年以前曾经拜读过。这首诗写于 1675 年，是用当时流行的诗歌体裁写成的，是写给当时当地的执政当局的诗行。这首诗拥护信仰自由，支持浸礼会教徒、贵格会教徒，和其他已受到迫害的教派成员，认为殖民地所遭受的印第安人战争和其他灾害是迫害教徒的后果，上帝把它们作为报应来惩罚如此可憎的恶行，并规劝教派废除那些无情的法律。对我来说，所有诗行都写得质朴、落落大方。尽管我已经忘了该诗节的前两句，但我还记得其中六行。这些诗行的大意是说他的谴责出于好意，因此他并不隐瞒他是该诗的作者。

成为诽谤者（他说），

我打从心里不愿；

我现住在本镇；

我定要写出我的名字，

毫无恶意，你们真正的朋友，

是彼得·福尔杰。

我的兄长全部被送去不同行业当学徒。八岁时，我被送到文法学校，我父亲想要把我作为他儿子中的什一税献给教会，为教会效力。我从小就识文断字（我一定很小就识字，以至于在我的记忆中我一直就识字），他所有的朋友都认为我一定能成为优秀的学者，因此，我的父亲受到鼓励，做出了上述决定。我的伯父本杰明也同意这样做，他还说，如果我肯学习他的速记法的话，他要把他所有布道时用的速记本都给我，我想是把它们作为交换条件吧。

然而，在文法学校，我从成绩平平提升到名列前茅，接着就升入了二年级，并且在那年年终就随班升入三年级，我在学校的时间还不到一年。因为这个时候，我的父亲想到他有那么庞大的家庭，考虑到大学教育的费用，并且他看到许多受过大学教育的人混得都不尽如人意（这些是我听到他对他的朋友讲的原因），所以他改变了他最初的打算，把我从文法学校带到了一所书算学校。这所学校是由当时一位著名的、叫乔治·布劳内尔的先生主办的，他用和缓、激励的方法教授，大家都认为他的办学很有成绩。在他的教育下，我很快就学会了一手不错的书法，但是算术却学得不好，而且毫无进步。我 10 岁时被带回家，帮助父亲经营蜡烛和制造肥皂。这本不是他的本行，但在他到达新英格兰，发现染色业生意惨淡，不能维持他的家庭时，就以此为职业。因而我被安排去剪蜡烛的烛芯、灌烛模、照看店铺、出差等。

我并不喜欢这个行业，却对航海生活有所偏好，但是我父亲反对。然而，因为住得离水边很近，我常到水中和海边去，早早就学会了游泳，还有划船。当和其他男孩子一起在船或小舟上时，通常他们都听我的，尤其在有困难之时。其他时候我一般也是男孩子中的头儿，但有时会使他们陷入窘境。有一次值得一提，因为尽管那时没有用正当的方式表现出来，但它是我早年突出的公益精神的写照。

在水车储水池的一边有一个盐沼，涨潮时，我们常常在盐沼边上钓鲦鱼。盐沼在被我们多次踩踏之后，变成了一个泥潭。我提议在那里筑一个码头使得我们刚好能站在上面，我还把一大堆石头指给我的伙伴们看，那本来是要用来在沼泽附近建房屋的，正好合我们的意。于是，晚上当工匠们离开后，我聚集了好几个玩伴，像蚂蚁般勤劳地搬起石头来，有时两个或者三个人一起抬一块石头，我们把石头通通搬走，筑起了我们的小码头。次日早晨，工匠们对于石头的丢失很是讶异，后来在我们的码头发现了那些石头。他们便开始查问是谁搬走的石头，发现是我们干的，就向我们的家长抱怨，结果我们当中好几个都被我们的父亲教训了。尽管我一再辩解说这项工程是多么有益，但最后我父亲使我意识到：不诚实的事情是没有用处的。

我想你们或许想了解一下我父亲的外貌以及他的性格吧。他中等身材，但很健壮；他生性灵巧，擅长画画，对音乐还有那么点天赋，有清晰悦耳的嗓音，有时结束一整天的工作后，他会一边在小提琴上拉出赞美歌的曲调，还一边唱歌，听起来甚是悦耳。他也是一个机械方面的天才，有时，他使用起其他行业的工具也得心应手。但他的卓越之处在于对公私方面的慎重事宜，都能深刻理解并做出有根据的判断。的确，他从不介入政治工作，他那庞大的家系中有那么多孩子要接受教育，而他窘迫的境况也使得他必须忙于他的生意。但我清楚地记得经常有地方要人来拜访他，向他咨询关于他对所在的小镇或者教派的一些事件的意见，而且相当重视他的看法和建议。许多人遇到困难时，也会向他请教，他常常充当争论双方的仲裁人。

他时常会邀请一些通情达理的朋友或者邻人一同进餐叙谈，此时他总是设法提出一些明智或有益的话题，这些话题往往会提升孩子们的心智。通过这种方式，他使我们的注意力集中于立身处世中善良、正直、审慎的美德，而对于桌上的食物很少留意或完全不注意，不管佐料是否齐全，是否是应季蔬菜，味道如何，比起同类的其他食物是更好还是较次。我在这种环境里长大，因此我对放在我面前的食物的种类毫不在意，我完全不在意这些，至今用餐几个小时后我几乎记不得我吃过些什么。人在旅途时，这个特点对我来说反倒是一种便利。我的旅伴们，由于生活更优裕，口味和食欲也就更高贵精致，有时就会因为得不到这方面的满足而怏怏不乐。

我的母亲同样拥有极好的体格，她哺育了十个孩子。我父母除了去世时生的病，我不记得他们生过其他病。父亲活到 89 岁，母亲卒于 85 岁。他们去世后，遗体合葬于波士顿。几年前我在他们的墓前立了一块大理石碑，碑文如下：

约西亚·富兰克林
与
其妻阿拜亚
合葬于此，
在婚后的五十五年中，
他们相亲相爱地一起生活着。
没有庄园，或者高俸厚禄，
靠着不断的辛勤劳作，
蒙上帝赐福，
他们维持着一个庞大的家庭，
其乐融融。
并且抚养大了十三个孩子
和七个孙儿孙女
享有清誉。
从这一实例中，读此碑文的人啊！
应从此受激励，尽职尽责，
勿要怀疑我主之意志。

约西亚是个虔诚慎重的男子；

阿拜亚是个细心贞洁的妇人；

他们的幼子，

为表孝心和追忆，

立此墓碑。

约西亚·富兰克林，生于1655年，逝于1744年，享年89岁。

阿拜亚·富兰克林，生于1667年，逝于1752年，享年85岁。

唠唠叨叨地讲着这些不着边际的话，我发现自己也变老了。我过去写作比现在有条理多了。但在私人的聚会上，人们的衣着并不像在公共舞会一样。这或许只是疏懒罢了。

让我们言归正传吧：这样我在我父亲的行当里又做了两年，即直到我12岁。我从事那个行业的哥哥约翰，已经离开了我的父亲，成了家，自己在罗特岛州从事该行业。很明显我注定要接替我父亲的职业，当一个蜡烛制造匠了。但我一直不喜欢这个行业，我父亲担心，如果他不给我找到一个更适合的行业，我会像他的儿子约西亚那样离家出走，去过海上生活，从而让他十分恼怒。因此他有时会带我一起走走，去木工、瓦工、旋工、铜匠，等等的工作地点看看，以便观察我的爱好，并试图在陆地上找到一个适合我的行业。打那时起，观察那些技艺高明的工人、使用他们的工具就成了我的一大乐趣，而且我也受益匪浅，学到了很多的技能。当家里一时找不到工人时，我自己也能处理一些小修理工作。当做实验的兴致在我的脑中还很新鲜、强烈时，我会自己动手做一些实验器械。我父亲最后把范围缩小到制刀业上，本杰明伯父的儿子塞缪尔正好在伦敦学制刀业，大概就是那个时候在波士顿安顿下来了。父亲把我送去他那里，与他同住一段时间，试试我的兴趣。但他期望父亲付给他一些费用，这使我父亲很不高兴，所以我又被带回了家。

我自幼喜欢读书，经我手上的一点点钱都用来买书了。因为我很喜欢《天路历程》，所以我一开始就收藏约翰·班扬的作品，一本本小册子的那种。后来我把它们卖了，买了伯顿的《历史文集》。都是小商贩卖的书，很便宜，全集总共有四五十册。我父亲的小藏书室里主要是一些关于神学辩论的书籍，大多数我都读过。但是既然当时已决定不当牧师了，我就遗憾那时我正值对知识如饥似渴之时，却没有机会读到更适合的书。在那儿有一本普鲁塔克的《英雄传》我经常阅读，而且我一直认为那段时间花得很值。还有笛福的一本名叫《论计划》的书，还有另一本，是马太博士的《论行善》，这两本书或许使我的思想有了转折，并影响了我后来人生当中的一些主要的事件。

我好读书的倾向使得父亲最终决定让我做印刷工，尽管他有个儿子（詹姆士）已经在从事那个行业了。1717 年，我的哥哥詹姆士带着一台印刷机还有一些铅字从英国回到波士顿，开办他自己的印刷行。比起我父亲的行业我更喜欢这个行业，但仍然向往海上生活。为防止这种倾向的可以料想的影响，我父亲迫不及待地把我送去我哥哥詹姆士那里当学徒。我反对了一段时间，但最后还是被说服，签了师徒契约，尽管当时我只有 12 岁。按照契约，直到 21 岁前，我一直算是学徒，只有最后那年才能领到熟练工的工资。很快我就熟悉了印刷业，并成为我哥哥的得力助手。现在我可以读到更好的书了。我认识了一些书商学徒，这使得我间或能借到一小本书，但我得保证很快归还，而且不留任何污迹。有时书是晚上借的，第二天一早就要还，因为怕被发现缺书或者怕有人要买这本书，于是我常常看书到深夜。

过了一段时间，一位很聪明的商人，马修·亚当斯先生，经常来我们的印刷行，他收藏有许多书。他注意到我，便邀请我去他的藏书室，并好心地借给我一些我要读的书籍。我正痴迷于诗歌，自己还写了一些诗。我哥哥认为以后可能有用，便鼓励我写诗，并让我写作一些时兴的民谣。有一首叫做《灯塔悲剧》，其中写到华萨雷船长和他的两个女儿被淹死的故事。另一本是水手歌，是关于缉拿海盗铁契（或者“黑胡子”）的故事。这两首都毫无价值，是用低级小调的格式来写的。当把它们印制出来之后，哥哥让我拿到镇上去卖。第一首诗销量很好，因为写的是新近发生的、还引起了轰动的事。这使我沾沾自喜。但我父亲却不支持我，嘲笑我写的诗，并说写诗的人一般都是穷光蛋。因此我避免成为诗人，如若不然，我很可能是个拙劣的诗人。但由于散文写作对于我的人生十分有用，而且是我人生得以发展的主要手段，现在我将告诉你们，在这种境况下，我是如何获得那一点点写作技能的。

镇上还有一位喜爱读书的孩子，名叫约翰·柯林斯，我与他交往密切。我们有时争辩，我们很喜欢争论，而且非常希望驳倒对方。顺便说说，爱争辩常常会成为坏习惯，会使人一遇到现实中的矛盾就变得难以相处。由此，不仅毁坏交谈，使谈话变得不愉快，还会在可能获得友谊的情况下产生厌恶和敌意。我在阅读我父亲的宗教论辩的书籍时就染上了这个恶习。从那时起我发现，除律师、大学学者，以及在爱丁堡受过训练的各类人以外，凡是理智的人都不会养成那个坏习惯。

曾经有个争论焦点，不知是怎么出现在我和柯林斯之间的，就是女性是否应受高等教育，还有她们是否有从事研究工作的能力。他持的观点是女性不应受高等教育，因为他认为她们生性低劣，不能胜任。而我的观点却相反，或许是有点儿为了辩论而辩论吧。一般都是他更雄辩，总有现成足够的言辞。我觉得很多时候，我不是被他强有力的理由击败的，而是被他流畅的语言打败的。我们直到分开，也未能解决问题，并且在一段时间内都不能再相见，于是我就静坐下来把我的论据写下来，再清楚地誊写一份给他寄去。他回信，我又回复他。一边各有三四封信时，我父亲偶然发现我的信，并拿来读了。他不参与我们的辩论，但趁机给我讲关于我的写作方式。他观察到，虽然比起柯林斯，在正确拼写和标点符号的使用方面我有优势（这归功于我在印刷行工作过），而我在措辞的典雅、叙述的条理方面，远不及柯林斯。父亲只举了几个实例，就使我心悦诚服。我看得出，他的评论是公正合理的，所以自那以后，我更加注意文章的风格，而且下定决心努力改进。

大约那个时候，我偶然找到了《旁观者》的单本，是第三卷。我之前从未见过这个刊物。我把它买了下来，一遍一遍地读，很是喜欢。我认为那文章写得好极了，如果可能的话，我想模仿那种写作方式。带着这个想法，我给书中几篇论文的每句话做了个简单的摘要，放了几天以后，不看书，再试着用我想得起来的合适词句把内容补充完整，把那些短句扩充成和之前一样完整的句子，再凑成完整的文章。然后我把我写的《旁观者》和原著比较，找出并改正我的不足之处。但我发现我词汇贫乏，或者不能即刻回忆起并使用适当的词汇。我想如果我之前没有放弃作诗的话，那些词汇我可能已经积累起来了。由于要使用同义、不同长度、不同读音的词做韵词，来符合诗歌的韵律，这会使我经常去查找大范围的词汇，让我牢记并掌握那些词汇。因此我找了一些故事并把它们改写为诗歌。这样一段时间后，当我完全忘记原来的散文之后，又把它们转化回散文形式。有时我也把我的摘要内容顺序弄乱，几周以后，在把句子补充完整之前，试图把它们调整到最合理的顺序，再把它们写成完整的句子，拼成论文。这能教会我如何排列我的思想的顺序。我把我所写的和原著比较，我发现了不少错误，就一一改正过来。但有时我喜欢幻想：我侥幸改进了原文的条理和语言，哪怕是在某些细小处。这使得我受到鼓舞，认为我终有一天会成为一个尚可被接受的英语作家，对此我可以说是野心勃勃。我能自行支配的时间都是在晚上，一天工作之后或第二天早晨开始工作之前，或者在星期天。但我在我父亲的管教之下时，星期天他常逼我做礼拜，尽管当时还认为做礼拜是我的义务——虽然我无暇参与。我总是设法一个人待在印刷行，这样才能阅读和做这些文字练习。

大约在我 16 岁的时候，我看到一本由一个名叫特赖恩的人写的提倡素食的书。我决定遵循。我的哥哥还未成家，无人主持家务，但他和他的徒弟们就在另一个人家包饭。我不食肉带来了不便，而且我常常因为我的特立独行而被责备。我自己学着特赖恩的方式做了他的一些菜肴，如煮土豆或米饭，速成布丁，和其他一些菜肴，然后向我哥哥提出，如果他每周付给我一半我的伙食费的钱，我愿意伙食自理。他马上就同意了，不久我发现我可以节省一半他付给我的钱，我又有一笔钱用来买书了。而且这对我还有另外一个好处。我哥哥还有其他学徒离开印刷室去吃饭，我就留在那里，匆匆吃掉我寒碜的食物，常常只是一块饼干或者一片面包，一把葡萄干或者糕点制作房那里买的果馅儿饼，和一杯清水。如果他们回来之前还剩有时间，我就学习。注意节制饮食后，我的头脑变得十分清醒，思维也更敏捷，所以，在这其间，我取得了更大的进步。

以前我不谙算术，在学校期间算术有两次都未及格，为此我感到很羞愧，所以我把科克尔的算术书读过了一遍，结果很轻松。我也读了舍勒和夏尔米的航海书籍，了解了书中所包含的一点几何知识，但在几何方面我从未进行过深入研究。大约此时，我读了洛克的《人类悟性论》，还有波尔洛亚尔派的先生们所著的《思考的艺术》。

当我正一心一意地改进我的文体的时候，我偶然发现了一本英语语法书（我想这是格林伍德撰写的），在结尾处有两篇关于修辞与逻辑的简短介绍，关于逻辑那篇的结尾处，有苏格拉底以对话法进行论辩的实例。此后不久，我就买了一部色诺芬的《苏格拉底的重要言行录》，其中有许多对话法的实例。我被吸引住了，转而采用这种手法，放弃了我唐突的辩驳以及武断的立证，却装成一个谦逊的心存疑虑而发问的人。那时，通过阅读沙夫茨伯里和柯林斯的作品，对于我们的宗教教义的许多条款，我都持怀疑态度。我发现这种方法对我是最为稳妥的，却会使争论的对方十分窘迫。因此我很喜欢这种方法，并反复练习。而后我在引导人们的思维方面变得熟练而巧妙，即使是博识的人，也不得不做出妥协，这是他们万万没想到的。我常常使他们陷入他们无法自拔的困境，而我自己和我的论题却常常获得原本不应该的胜利。我使用这种方法一直持续了几年，但是渐渐放弃了，只保留了以谦虚谨慎的方式来表述自己观点的习惯。当我提出任何可能引起争论的观点时，绝不使用“一定”、“毫无疑问”，或者其他任何表示绝对肯定的字眼。转而我会说，“我猜想或料想某事是如此如此”，“因为什么什么原因，在我看来这件事好像是这样”，或是“因为这样那样的原因，我想是这样，或者那样”，或“我想是这样的”，或者“如果我没弄错的话，情况是这样的”。我相信，在我向他人灌输我的观点，以及说服人们采用我不时努力提倡的行为时，这种方法非常有益。并且，由于谈话的主要目的无非是教诲人或者被教诲，取悦人或者说服人。因此，我奉劝那些善良的聪明人，不要因为采取独断式的态度而削弱他们行善的力量，那些方式总是让人觉得愤慨，容易产生对抗情绪，因而将语言之所以存在的目的（即交流思想和增进感情的目的）破坏无遗。因为，如果你想传授知识，肯定、武断的态度也许会引起矛盾，还会妨碍坦率的交流。如果你想从别人的学识经验中获得信息、取得教益，同时却固执己见，那些不喜欢争论的、谦虚、明智的人很有可能在你出错时听之任之。以这种方式，你是很难取悦你的听话者或是赢得别人的赞同的。蒲柏说得好：

“你不应以教训的口吻去教导人，别人不懂的东西你应当作为他们遗忘的东西提出来。”

他接着又劝告我们说：

“即使有把握，也要谦虚谨慎地说出来。”

蒲柏很可能接下去用他在其他地方的一行联句在这里与上文结成联句，我想这一行放在原来那里没有这里合适。

“因为傲慢就是愚蠢。”

如果你问，为何这句在原诗里不合适？那我只好引用原诗了：

“不谦逊的言辞不给辩解留余地。

“因为傲慢就是愚蠢。”

那么，愚蠢（假如人不幸很愚蠢的话）不就是他傲慢的理由吗？因此，这两行诗这样写，不是更合理吗？

“大言不惭，只有这唯一的理由，

“那就是傲慢就是愚蠢。”

然而，究竟是否如此，愿高明之士不吝赐教。

从1720年或者1721年，我哥哥开始出版报纸了。那是在美洲殖民地出现的第二份报纸，称为《新英格兰报》。在它之前唯一的报纸是《波士顿邮报》。我记得他的一些朋友劝阻他出版那个报纸，说那个事业不太可能成功，依他们判断，殖民地有一家报纸就已足够。现在（1771年），这里共有不少于二十五家报纸。然而，我哥哥还是按原定计划执行。当报纸排好了版，印好之后，他就派我到镇上的街头巷尾给顾客送报纸。

他的朋友当中有一些聪慧的人，他们以给这家报纸写些文章作为消遣，这使得该报纸声名远扬，需求量更大。这些绅士们也经常来拜访我们。听到他们的谈话，知道他们的文章得到认可的原因后，我跃跃欲试地想要自己动笔试试；但由于我还是个孩子，并怀疑如果我哥哥知道是我写的，他会拒绝发表我写的任何东西，我设法改变我的字迹，写了一篇匿名的文章，晚上悄悄地放在印刷行的门下面。第二天早晨我写的文章被哥哥发现，当他的写作朋友照常来访时，还拿来与他们交流一番。我听到他们读了我的文章，还对其进行了评论。我发现我的文章得到了他们的认可，他们就其作者进行猜测时，提到的都是我们中有学问、有智慧的知名人士，这使我甚是高兴。不过现在想起来，当时我的文章能侥幸得到这些人的赏识，也许他们并没有我当时认为的那么有鉴赏力。

这次经历鼓舞了我，所以我又写了几篇文章，同样得到他们的赞许，并予以发表。我一直保守我的秘密，直到我那一点点写作这种文章的见识用尽之时，这个秘密才被拆穿。此时，我哥哥的朋友对我开始重视，但是这使我哥哥不高兴，因为他认为——或许他有充分的理由——他们那样做会使我太过自负。或许这是那段时间里我们产生冲突的原因之一。虽然他是兄长，但他把自己当成我的雇主，而把我当是他的学徒而已，相应地，他想我和其他人一样为他效力，而我认为他要求我做的某些事过分地降低了我的身份，希望兄长能多迁就自己一点。我们常常在父亲面前争吵，我还猜想，如果我不是在正义的一方，那么就是更能说善辩，因为父亲的裁决基本都是向着我的。但是哥哥性情暴躁，还经常打我，我因此很生气。而且想到我的学徒生涯太过沉闷，我一直都想有某次机会可以使其变短，最终这个梦想以一个意料之外的方式实现了[①]。

我们的报纸中有篇关于一些政治观点的文章（其具体内容我已忘记），

---

① 我想，我哥哥对我严厉专横的态度，是让我一生都对专断的权势厌恶的原因之一吧。

这篇文章冒犯了州议会。他们发出了一张议长拘留票，我哥哥被控告、拘捕，并被监禁了一个月，我想大概是因为他不愿泄露原作者姓名的缘故吧。我也被拘捕并在会议上审问了我，但尽管我的回答没有让他们满意，他们仅仅教训了我一番，然后放我走了。

或许他们考虑到我只是个学徒，我有保守师父秘密的义务。尽管我和哥哥之间有不愉快，但还是对他被判刑这事儿很愤慨。在我哥哥被监禁期间，我管理报务，在报纸上我大胆批判了我们的统治者。我哥哥倒是很喜欢这些文章，而其他人却开始对我有了不好的印象，说我是一个青年天才，但有着诽谤讽刺的倾向。我哥哥被释放时，州议会发出了一道命令（一道十分奇怪的命令）："禁止詹姆士·富兰克林继续发行名叫《新英格兰报》的报纸。"

我哥哥的朋友都到我们的印刷行里来商量在这种情况下该怎么办。有些朋友提议换报纸的名字，以规避法令，但我哥哥觉得那样做很麻烦。最终他想到一个更好的办法，就是将报纸以本杰明·富兰克林的名义出版。为了避免州议会的责难，说他仍然在通过他的学徒出版报纸，解决办法是收回我的旧的师徒协约，并在背面写明义务完全解除，必要时我可以拿出来给别人看。但为了确保我对他的服务，我又被迫签了一份新的适用于未完的期限的师徒契约，这份契约不公开。这是一个非常浅薄的办法，但马上就执行起来了，报纸也相应地在我的名义下继续存在了几个月。

终于，我与哥哥之间爆发了一场新的冲突，我毅然维护我的自由，认定他不会真制订出新的契约。我这样乘人之危是不公正的，因此我认为这是我人生中的第一个错误。但是这种不公正性对我影响不大，一想到他经常因为脾气暴躁而打我，我就气愤，尽管他不是一个生性暴戾的人：可能是我平时太无礼，惹他厌了吧。

当他发现我要离开他时，他就到镇上所有的印刷室对雇主讲我的不是，阻止他们雇用我，因此他们也就不给我工作。那时我想去纽约，那是最近的有印刷商的地方。我想我已经让自己成为当地统治集团的眼中钉——我从州议会处理我哥哥的案件中看出来，如果我继续待下去，很快就会使自已陷入窘境。而且，由于我对宗教问题有欠审慎的议论，那些虔诚的信徒们已经把我当成了可怕的异教徒和无神论者了。有鉴于此，我宁愿离开波士顿。我就这样做了决定。但我父亲此时站在我哥哥那边，如果我公然离开，他们肯定会想方设法地阻挠我。因此，我的朋友柯林斯替我想了个妙计。他跟一位纽约州的帆船船长讲好让我乘他的船，说我是他的一个年轻朋友，使一个不正经的女孩子怀了孕，她的朋友们要强迫我娶她，因此我不能露面或者明目张胆地离开。我卖了些书，筹了点钱，悄悄地上了船，由于很顺风，我们三天后就到达了纽约，离家约有三百英里远。当时，我是一个只有 17 岁的男孩，既不认识当地的任何人，又没有介绍信，而且身上的钱少得可怜。

此时我对航海的兴致已经消失殆尽，不然我现在倒是可以满足这个愿望了。但幸好我学得一门手艺，并且自认为是个不错的工人。我就找到当地的印刷商威廉·布雷福德老先生，请他收我为伙计。他是宾夕法尼亚州的第一位印刷商，从乔治·基思的争执以后，他就搬到了纽约来。因为他人手已经足够，就算雇用了我，我也没事做，所以他不能雇我。但他说："最近我那在费城的儿子的得力助手阿克拉·罗斯病故了，如果你去那里，我相信我儿子会雇用你的。"费城离纽约还有一百英里远，尽管如此，我还是出发了，坐船到安蒲，留下了我的箱子和被子，等以后从海道运来。

在横渡海湾时，我们遇到了狂风，它把我们的破旧的帆撕成碎片，我们无法驶入小河，却被狂风吹到长岛去了。在航程中，有个酒醉的荷兰人，也是个乘客，他掉入了水中；当他正往下沉的时候我伸手抓住了他乱蓬蓬的头发，把他拉了起来，这样我们总算又把他拉回船上了。他掉入水里后，清醒了不少。他先从口袋里拿出一本书来希望我给他弄干，然后自己去睡觉了。我一看却发现是我一直喜欢的班扬的《天路历程》，荷兰文版本的，精致地印在质量上乘的纸张上，还附有铜版插图，它的印刷装订的精细程度超过了我曾经看过的用其他国语言印制的版本。后来我发现《天路历程》已经被翻译为欧洲大多数语言，或许除《圣经》外，是读者最为广泛的书籍了。约翰·班扬是我知道的第一位把叙述与对话相结合的作家。这种写作手法很吸引读者，在最精彩的部分，读者发现自己似乎身临其境，亲自参与了交谈。笛福的《鲁滨孙漂流记》和《摩尔·弗兰德斯》、《宗教求爱》、《家庭教师》等都成功模仿了这种手法；理查森在他的《帕米拉》等书中里也同样运用了这种手法。

当我们靠近长岛时，发现那里不能登陆，因为那里的海滩波浪汹涌，乱石嶙峋。因此船抛了锚，向着海岸摇摆着。岸上来了些人，对着我们大声呼喊，我们也朝他们呼喊，但是风声和海浪声太大，我们听不清对方说些什么，也无法表达自己的意思。岸边有些独木小舟，我们做出手势并呼喊要他们来接我们，他们既没有懂我们的意思，也没有根据实际情况思考一下，所以他们走了。夜晚来临，我们除了等狂风减小别无他法。此时我和船老板决定去睡一觉，假如我们还睡得着的话。我们同那个依然湿漉漉的荷兰人挤在一个船舱里，浪花拍打着船头，漏进船舱打在我们身上，结果一会儿我们就和那个荷兰人一样浑身上下都湿了。这样，一个不眠之夜过去了。第二天，风减弱了，我们设法在天黑前赶到了安蒲，因为我们已经在水上待了三十多个小时，既无食物——除了一瓶混浊的糖酒，又无饮用水，我们借以航行的海水又是咸的。

晚上我发起了高烧，就上床睡了。但我记得也不知从哪里获悉说多喝冷水能退烧，便按这个处方做了，大半个晚上都在出汗，这样我就退了烧。第二天上午，过了渡口，我向着五十英里开外的伯灵顿走去，据说那里有船可以把我直接带到费城去。

那天一整天都下着大雨，我浑身湿透了。到中午时我十分疲惫，因此在一家小客店里逗留了一夜，并开始后悔我不该离家出走。我的外表也显得十分寒酸，我从别人问我的问题中发现别人都以为我是某个逃跑出来的仆人，而且很可能因这种嫌疑而遭逮捕。然而，第二天我还是继续往前走了，晚上到了一个离伯灵顿八英里或十英里远的小旅店，是布朗医生开的。在我吃东西的时候，他和我聊起天来，他发现我还读了些书，就显得十分友善。我们的交往直至他去世。我猜想他以前是一个江湖郎中，因为他能对英格兰的每一个城镇、欧洲的每个国家进行详细的描述。他有些学问，人也聪明，就是没什么宗教信仰，几年后他不严肃地将《圣经》滑稽化，改写成拙劣的诗文，正像科顿以前改写维吉尔的诗一样。他以这种方式使《圣经》中的许多故事显得荒诞搞笑，如果他的作品发表出去的话，那些神经衰弱的人肯定受不了，幸好这事儿从未发生。

那一夜我在他家度过，次日早晨到达了伯灵顿，我晦气地发现，在我到达前不久，去费城的定期航船已经开走，而且星期二之前不会再有船，那时是星期六。因此我回到镇上的一位老妇人家中，从她那里买了一些准备在船上吃的姜饼，并请教她我该怎么办。她邀请我住在她家，直到有去费城的船只，由于我徒步行走累了，便接受了她的邀请。当她知道我是一个印刷匠时，她就建议我在伯灵顿安顿下来，自己开一家印刷铺，但是她不知道开一家铺是需要资本的。她很好客，很善意地请我吃了一顿牛腮肉饭，只肯接受一壶啤酒作为回报，这样我理所当然地认为我是肯定要等到星期二了。然而，傍晚在河边散步的时候，我发现有一艘船经过，还是去费城的，船上有几个人。他们让我上了船，由于没有风，我们一路上得自己划船。大约至午夜时，还未看见费城，船上有人肯定地说我们一定划过了，不愿再划下去了。其他人则不知道我们当时在哪里，因此我们向河岸驶去，驶入了一条小河，在一块木制栅栏旁上了岸。正值十月，那晚很冷，我们就用那木栅栏生了火，我们在那里待到了天亮。然后有人认出那是库柏河，在费城上面一点点，我们一出那条小河就看到了费城，星期天早晨八九点就到达了费城，我们在市场街码头上了岸。

我对我的旅程的描述相当详细，对我第一次进城的描述也将十分细致，这样你们就可以把这个似乎不太可能成功的开端，与日后我在该城市成为一个人物做对比。我穿着我的工作服，因为我最好的衣服还要通过海道运输过来。经过这番旅途，我已风尘仆仆，口袋里塞满了衬衫和袜子。我一个人都不认识，也不知道到哪里去寻求食宿。我因为旅行、划船、休息不够，已疲惫不堪，我所有的现钱就只有一元荷兰币和一个约值一先令的铜币。我把那个铜币给了船的主人作为路费，他起初因为我也划船了，所以不肯收，但我坚持让他收下。一个人没有什么钱的时候比起他有大量的财富时更加慷慨，这也许是怕人们把他当做穷酸的人的缘故吧。

接着我在街上一边走，一边四处观望，直到走到市场那里，看见一个拿着面包的男孩子。之前我多次把面包当饭吃，我就问他在哪里可买到面包，他指给我看之后，我立即去了面包铺，在第二街。我想要松饼，就像在波士顿吃的那种，但似乎费城不做松饼。然后我就想买三便士一个的面包，他们告诉我他们没有那种面包卖。由于我没考虑到，或不知道钱的价值不同，也不知道费城的物价更低，又不知道面包的名字，我就让他给我任何一种价值三便士的面包。他就给了我三个蓬松的面包卷。我着实被面包的量惊住了，但还是接过面包，因为口袋里装不下，便两个腋下各夹着一个面包卷，嘴里啃着另一个，走了出去。我就这样沿着市场街一直走到了第四街，还经过了里德先生，也就是我后来的岳父的家门口。那时我未来的妻子就站在门口，并觉得我的样子非常尴尬可笑，事实也是那样。然后我转了一个弯，沿着栗子街走，又沿着胡桃街走了一段，一路上吃着我的面包卷，又转了个弯，发现我又回到了市场街码头，就在我刚才坐着来的那只船的附近。我到码头上去喝了一口河水。我吃了一个面包卷已经饱了，就把另外两个给了一个妇女和她的孩子，她和我们一同乘船过来，还要等着去更远的地方。

这样我的精神恢复了许多，便又走到街上去，此时有许多穿着整洁的人们都向着一个方向走去。我加入了他们，随即到了市场旁边的贵格会的会所。我在他们中间坐下，四下环顾了一阵，也没听到什么，由于大量的体力劳动，头个晚上又缺乏休息，我就睡着了，这样直到会议结束，有个善良的人叫醒了我。这是我在费城待过的，或者睡过觉的第一所房子。

我又向河边走去，观察着众多的脸庞。我看到一个年轻的贵格会教徒，他的面色很和蔼，我就走上前去，请他告诉我外地人在什么地方可以找到住宿。那时我们就在“三个海员”的招牌附近。“这儿，”他说，“就是个招待外地人的地方，但是它的声誉不好。如果你愿意跟我走的话，我会带你去一个更好的客店。”他就带我到位于水街的“弯曲兵舍”。我在这里吃了顿饭，在我吃饭时，他们拐弯抹角地问了我一些问题，似乎由于我的年轻和外貌，他们怀疑我是私逃者。

饭后，我又困了，他们指给我一张床，我便和着衣服躺下睡了，睡到傍晚六点，他们叫我吃晚饭，吃过饭后我又早早入睡，香甜地睡到第二天早上。我把自己打扮得非常整洁，然后去了安德鲁·布雷福德的印刷所。在那里我见到了在纽约见过的那位老先生，这家老板的父亲，他骑马过来的，比我先到达费城。他把我介绍给了他的儿子，他儿子客气地接待了我，请我吃了早餐，并告诉我说他目前不需要人手，因为最近才招了伙计。但是镇上还有另外一家刚开张不久的印刷所，一个叫凯默的人或许会雇用我。如果他不雇用我的话，这个老板说欢迎我住到他家去，而且在我找到全职工作之前，他会不时给我一些工作做。

那位老绅士说他会陪我同去那家新的印刷所。当我们找到那家铺的老板后，布雷福德说："朋友，我给你带了一位年轻的印刷工来，或许你正缺这样的人手。"他问了我几个问题，给了我一个排字架，看我如何运转，然后说虽然他现在没什么事可以让我做，但他很快会雇用我。他虽从未见过老布雷福德，却把他当成对他充满善意的同镇上的人，和他大谈起他企业目前的情况和他对未来的展望。布雷福德没有说自己是镇上另外一家印刷所的老板，听到凯默说他很快就可以把城里绝大部分的印刷事务承包下来，就用一些巧妙的问题和一些小小的疑问，把对方的全部意图引了出来：他依靠的是什么实力，还有他打算以何种方式进行。我在一旁听了他们的整个对话，便看得出他们一个是狡猾的老狐狸，一个只是个新手。布雷福德把我留在凯默那里，当我告诉他那位老者是谁后，他大为惊讶。

我发现凯默的印刷行仅有一台老掉牙的印刷机和一套磨损了的小号英文铅字。这时候他正用这套铅字排印纪念之前提到的阿克拉·罗斯的挽歌。那是一位天资聪慧的年轻人，有着高尚的品质，在这个城镇享誉很高，是州议会的高级职员，还是位不错的诗人。凯默也写诗，但写得很拙劣。实际上他那算不上是写诗，因为他是直接用铅字把他脑中的思想排出来的。没有稿子，只有一对活字盘，而挽歌很可能需要所有的铅字，因此没人能帮他。我竭力把他的印刷机（他还没用过，也对它一无所知）启动以用来工作。我答应他一准备好挽歌之后我就来给他印刷出来，我回到布雷福德那里，他给了我一点事情先做着，我的食宿也在那里解决。几天以后，凯默叫人请我去把他写的挽歌印刷出来。现在他又搞到一对活字盘了，还有一本小册子要重印，他就叫我做这个工作。

我发现这两个印刷商从事这个行业都不够格。布雷福德本行不是这个，而且没什么文化；而凯默虽有些学识，是个排字工，却对印刷工作一无所知。他曾是法国的先知派的教友之一，能够装出一副他们那样激动的神情。此时他并没有表明信仰任何具体的宗教，只是随机应变，各教派都信一点。他完全不懂人情世故，而且后来我发现，他的性格有些无赖。他对于我与他一同工作却住在布雷福德家不太高兴。他确有房子，但是没有家具，所以不能为我提供住宿，但他在我之前提到的里德先生家里给我找到住处。此时我的箱子和衣物到了，我现在的样子，在里德小姐看来，比她看到的我刚来时在大街上吃面包卷的样子体面多了。

现在我开始结识一些镇上喜好读书的年轻人了，我和他们一起愉快地度过我晚上的时间。凭借我的勤奋和节俭，我有了一点积蓄，活得很自在，把波士顿抛诸脑后，而且除了我的朋友柯林斯以外，我不想波士顿的任何人知道我现在的住处。我给他写过信，但他把我的地址当做秘密一样保守。最后，偶然发生了一件事情，使得我比预想的要更早回去。我有个叫做罗伯特·霍尔姆斯的姐夫，他有一艘往返于波士顿和特拉华州的船。他就在费城下面四十英里的纽卡斯尔，他听说我在费城，就写信给我说我波士顿的朋友们对我的突然出走很是挂念，让我放心，说他们对我是好意，并且他诚挚地劝慰我说，只要我愿意回去，一切都可以按我的想法安排。我回了他一封信，谢谢他的建议，也完整地描述了一下我从波士顿出走的原因，希望以此让他相信我不是那么不懂道理。

宾夕法尼亚州的州长威廉·基思爵士此时在纽卡斯尔，而且当我的信到达那里时，霍尔姆斯船长碰巧陪同他在那里，就跟他谈起了我，把我的信给他看了。州长看了我的信，当他得知我的年龄时，似乎很诧异。他说我是一个大有前途的年轻人，因此应当加以鼓励。他说费城的印刷业很是低劣，如果我在那里自己开印刷行的话，他确信我会成功。至于他，会为我设法揽下公务的印刷事务，并在其他任何方面尽量帮助我。这是我姐夫后来给我讲的，但是当时我对此一无所知。有一天，我和凯默在窗户面前工作，我们看到州长和另一个穿着华丽的绅士（后来才知道是纽卡斯尔的富兰奇上校），穿过街道径直向我们的印刷铺走过来，接着听到他们在敲门。

凯默立刻跑下楼去，心想是找他的。但是州长实际上要找我，他走上楼来，以一种我不太习惯的屈尊礼节大大地赞扬了我一番，说一直想认识我，嗔怪我初到这个地方时怎么没让他知道。他同时邀请我同他们去一家小酒馆，据他说，他和富兰奇上校原是打算去那里品尝上等的马德拉白葡萄酒的。我简直受宠若惊，而凯默已经瞪着眼睛呆若木鸡了。然而，我和州长还有富兰奇上校一同去了在第三街拐角处的那个小酒馆。喝着马德拉葡萄酒的同时，他提议我自己开一个印刷行，指出我成功的可能性很大。他们俩都向我保证说，他们会利用他们的势力和影响来招揽军政两方面的公务的印刷生意，但我不确定我父亲会不会就此帮助我。关于这个问题，威廉爵士说他会给我一封致我父亲的信，他将在信中说明我自己开印刷行的优势所在，他确信能够说服我父亲。因此我决定乘下一班去波士顿的船回去，带上州长向我父亲推荐我的信。在这期间我的打算暂时保密，我像以前那样在凯默那里工作，州长不时请我吃饭——对那时的我来说，这是一种莫大的荣幸。他还以一种意想不到的殷勤、亲密和友好的态度和我交谈。

大约是 1724 年 4 月底，有一艘小船前往波士顿。我离开凯默那里，说回去看望我的朋友。州长给了我一封厚厚的信，对我父亲说了许多恭维我的话，并强烈推荐我自己在费城开一个印刷行，认定我一定会因此发迹。我们驶入海湾时，撞上了沙洲，船撞开了一条裂缝。这时海浪汹涌澎湃，我们必须不时抽船上的水，我也轮班抽水。但大约两个星期以后，我们还是安全到达波士顿。那时我离开那里大约有七个月了，我的朋友们都不知我的去向，因为我的姐夫霍尔姆斯还没有回来，写信也没有提到我。我的意外出现使整个家庭都惊讶了，但他们看到我回来了，都很高兴，而且盛情款待我，除了我哥哥。我去他的印刷行看他。我现在的穿着比在他那里工作时的任何时候都讲究，从头到脚穿了一套时髦的西服，戴了一块表，口袋里装了差不多五英镑的银币。他不太乐意地迎接了我，上下打量了我一番，又继续工作。

那些工人们对我去了哪里、那是怎样的地方、我喜不喜欢那里很是好奇。我对费城以及我在那里的快乐生活，大力赞扬了一番，还说我多么希望回到那里。另外有人问，那里使用的货币是什么样的，我拿出一把银币，铺展在他们面前，这是他们从未见过的，因为波士顿都是使用纸币。然后我让他们都看看我的表，最后（我哥哥依然不满，而且紧绷着脸），我给他们一些钱让他们买酒喝，就自己走了。我的这次拜访大大地冒犯了他，因为，当我母亲后来试图调和他和我的关系，希望我们能和睦相处，今后能像真正的兄弟一样生活的时候，他说我在他的员工面前以这种方式侮辱了他，他永远不会忘记，也不会原谅我。然而，在这件事情上，他错了。

我父亲对于收到州长的信件这事儿相当惊讶，但好几天对此只字未提。当霍尔姆斯船长回来后，就把信给他看了，问他是否认识基思这个人，他是怎么样的人，还补充说他认为基思一定是个考虑不周全的人，竟想让一个离成年都还有三岁的男孩子去开店。霍尔姆斯极力表示赞成该计划，但我父亲确信这个计划不合适，最后直接否认了。然后他给威廉爵士写了一封客气的信，感谢他提出的要对我的资助，但在他看来，现在我太年轻，自己开店的话，怕我管理不好这么重要的生意，而且开店准备的开销也会很大，所以决绝而委婉地拒绝了他的提议。

我的朋友兼伙伴柯林斯是邮局的一个职员，听到我向他描述我所在的那个新地方，他很高兴，也决定要去那里。在我等我父亲做出决定的期间，他在我之前出发去罗特岛了，留下他的书籍，是他收藏的许多数学和自然哲学的书籍，这些书要留给我带去纽约，他许诺要在纽约等我。

尽管我父亲不同意威廉爵士的提议，但我能在我所在的地方争取到这么有名望的人给我写这么推崇的一封推荐信，并且我非常勤奋和谨慎，能够在这么短的时间内就把自己装扮得那么体面，他依然为这些感到高兴。

既然我和哥哥没有和解的希望，他就答应了放我回费城去。他要我恭敬地对待当地的人们，努力获取口碑，避免嘲讽和诽谤别人——他认为我很有那个倾向。他还告诉我说，靠着勤奋和极度节俭，到我21岁的时候，我将可能有足够的积蓄来开自己的店铺。他说，如果我能靠拢这个目标，他会帮助我补足余数。这是我能得到的一切了。在我再次上船去纽约时，除了一些代表他和母亲对我的爱的小礼物之外，我还带走了他们的认同和祝福。

帆船停在罗特岛的新港，我去看望了我的哥哥约翰，他结婚了，在那里定居有几年了。他非常热情地接待了我，因为他一直很爱我。他的一个叫弗农的朋友，现在在费城，他欠我哥哥一些钱，约三十五英镑的现金。哥哥希望我代他收下并替他保管，直到他告诉我如何把这笔钱汇走。为此，他还给了我一张汇票。这件事后来引发了很多使我觉得内心不安的事儿。

在新港，船又载了几个去纽约的乘客，有两位年轻的女伴，还有一位严肃、明智、女总管似的贵格会妇女以及她的仆人。我表现出一副愿意帮她做些小事的样子，这给她留下了好印象，使得她对我也充满善意。当她看到我和那两个年轻女子越来越熟悉，而且她们似乎也赞同这种关系的发展时，她把我拉到一边，对我说："年轻人呀，我很担心你，似乎你身边没有朋友，看上去你对这个世界和为年轻人设下的圈套也不太了解。请相信我，这两个女人非常坏，我从她们的行为举止中看得出来。如果你不小心的话，她们会使你陷于危险境地的。她们是陌生人，我好心地为你的安危着想，建议你不要与她们交往。"起初我并不认为她们有她说的那么坏，她就提了一些她观察和听到，而我却没有注意到的事情，以使我相信她是对的。我谢过她的善意劝告，并许诺要遵循。当我们到达纽约时，那两位年轻女人告诉了我她们的住址，还邀请我前去看望她们。我推辞了，也幸好没去，因为次日船长丢失了一个银调羹和一些其他东西，这些东西都被带出了他的船舱。因为本来就知道她们是妓女，他就领了一张搜查证搜查了她们的住所，发现了赃物，然后把这两个小偷处置了。所以，虽然我们在途中躲过了一块沉在水底的石头，那石头与我们的船擦肩而过，但我认为还是避过这两个女人更重要一些。

在纽约，我找到我的朋友柯林斯，他比我先到一段时间。我们从小就交往甚密，曾一起读过相同的书籍。但是比起我，他有一个优势，就是他有更多的时间来阅读和学习，以及他那学习数学的天赋，在这方面，他比我优秀许多。我住在波士顿时，大多闲暇时间都花去和他交谈了，他一直是个头脑清醒、勤奋的小伙子。他的学识被几个牧师和其他几个绅士很是器重，认为他一生会大有作为。但是，在我不在的这段时间里，他养成了嗜饮白兰地的习惯。我从他的描述以及从别人那里听说的看出，自从到了纽约，他每天都喝醉，然后举止乖戾。他也赌博，还输了钱，因此我不得不给他付住宿费，还有他去费城以及在那里的开销，这也给我带来了极大的麻烦。

那时纽约州的州长伯内特（伯内特大主教的儿子），听船长说起他的乘客中有个年轻人带了很多书，伯内特希望船长能带我去见他。因此，我就去拜访伯内特，本应该带上柯林斯的，但是他又喝醉了，神志不清。州长非常客气地接待了我，带我去看了他的藏书室，那藏书室很大，我们就书籍和作者谈了许久。这是我很荣幸地蒙受第二位州长的注意了，对我这个穷小伙来说，实在令人高兴。

我们向费城进发了。在路上我收到了弗农的钱，没有这些钱，我们没法完成我们的旅途。柯林斯希望做一名会计，但是，不知人们是从他的呼吸还是从他的举止中看出来他嗜好饮酒，虽然有人推荐他，但是所有的面试都没有成功。他一直与我一同吃住，费用都是我出。他知道我有弗农给的钱，就总是向我借钱，一直许诺说他一找到工作就还我钱。最后他借了太多，以至于我一直担心要是对方突然要求我把钱汇走该怎么办。

他继续嗜酒，有时我们就这事发生争吵，因为他一喝醉，脾气就很坏。有一次，他和其他年轻人一起在特拉华河上划船，轮到他时他拒绝划船。“我要你们划船把我送回家。”他说。我说：“我们不会替你划船的。”他说：“你们必须划，不然就整晚待在河上吧，只要你们乐意。”其他人说：“我们划吧，那又有什么关系呢？”我对他的种种行为很是恼火，所以坚持不划。因此他坚决地说他一定要我划船，不然就把我扔入水中，说着还站在坐板上向我走来，当他扑上来打我的时候，我抓住他的大腿，随即站了起来，把他头朝下地扔进了水里。我知道他的游泳技能非常了得，因此一点也不担心他。但当他转过身来抓住船舷时，我们划了几下船，他就够不着了。当他再次靠近船的时候，我们一边问他划不划船，一边又划了几桨，和他保持距离。他气恼得要死，但坚决不划船。然而最后，看到他开始疲惫的时候，我们把他捞了起来，湿淋淋地带回了家。自此我们就几乎没有和气地说过一句话。一个西印度的船长受委托要替巴巴多斯岛的一位绅士的儿子找家庭教师，碰巧见到他，就把他带去了那里。他自此离开了我，许诺说他挣得第一笔钱就汇给我抵债，但是从那以后他杳无音讯。

挪用弗农的那笔钱是我人生中重大的错误之一。我的父亲认为我太过年轻，处理不好重要的事情，这件事情证明了他是对的。但读威廉爵士的信，他说我父亲过于谨慎了。人各不相同，不能一概而论。不是所有年长的人都谨慎，也不是所有年轻人都轻率行事。“既然你父亲不肯帮你开业，”他说，“那我来吧。给我开一张必须从英格兰购置的物品清单，我去采购。当你有能力时再还我就是了。我决心要这里有个优秀的印刷商，而且我确信你定会成功的。”他说这些的时候看起来是那么诚挚，我根本就没怀疑他说的话不能兑现。那时以前，我一直将我要在费城开店的主意作为一个秘密保守着，而且就是那时以后，我依然没有告诉别人。要是我的朋友中有人了解州长的为人，而且知道我寄希望于他，或许就会劝我不要依靠他，因为后来听说，他总是胡乱许诺，而且从不遵守诺言，这一点是人尽皆知的。但是，他这样主动帮我，我怎能想到他是空口许诺呢？我当时还以为他是世界上最好的人呢。

我给他开了一家小印刷行所需的设备清单，据我计算，大概要用一百英镑左右。他很高兴，还说如果我能亲自在英格兰购置铅字更好，以确保每类物品都是该类中最好的。“那样，”他说，“你在那里可以认识一些人，并建立一些售书和文具的往来商家。”我也同意那样或许较有益处。“那么，”他又说道，“准备好乘安尼斯号轮船去吧。”安尼斯号是那时伦敦和费城之间唯一的、一年一次的航班。但是离安尼斯号出发还有几个月，因此我继续在凯默那里工作，一直为柯林斯从我那里借的弗农的钱发愁，每天惧怕弗农前来要账，然而，过了好几年他都没来。

我想我忘了讲一件事：我第一次从波士顿出发来费城的旅途中，由于风浪太大，我们把船停在布洛克岛，船上的人都去捕鳕鱼，还捕了很多。直到那时为止，我一直秉承我不食荤腥的决定。在这件事儿上，我赞同我的老师特赖恩的观点：每捕一条鱼都是一种无缘无故的谋杀，它们之中任何一只都未曾也不会对我们造成任何伤害，我们无法原谅杀害它们的人。所有这些看起来都合情合理。但我之前一直是一个喜欢吃鱼的人，所以当鱼刚从煎锅里做出来，闻起来非常香时，我在原则和喜好之间摇摆不定，直到我回忆起，当鱼被剖开时，我看到小鱼被从鱼肚子里取出来。然后我就想："既然你们相互吞食，我不明白我们为何不能吃你们呢?"因此我放开地吃了一顿鳕鱼，以后还继续同其他人一起吃鱼，只是偶尔又回到吃素食的习惯。做一个通情达理的人很方便，因为它能让人为每一件自己想做的事找到理由。

凯默和我相处得非常融洽，想法也很一致，因为他不知道我要自己开店的事情。他依旧保留着他昔日的热情，喜好争论，因此我们时常争论。我过去常常用我的苏格拉底式的方法对付他，经常用一些显然与我们现有观点离得很远的问题逐渐把他引诱到正题上，把他带进困境和矛盾当中，后来他变得相当谨慎，甚至就算是最一般的问题，如果没问一句"你究竟想说什么呢"他几乎不回答我。然而，他对我的辩驳能力的评价如此之高，以至于他严肃地提议让我做他的同事，帮他创立一个新的教派。他来布道，而我要驳倒所有的对手。当他开始给我解释他的"教条"时，我发现一些莫名其妙的东西是我所不赞成的，除非我也参加进来，自己搞一些"教条"。

凯默留着长胡子，因为摩西法律里某一条说："不允许损毁你的胡子的边缘。"同样他还保持着把礼拜六作为安息日的习惯。这两点对他来说尤为重要。这两点我都不喜欢，除非他采用不食荤食的教义，我才会接受这两点。"但问题是，"他说，"我的体质会受不了。"我向他保证如果不食荤食，他的体质会更好。他本是一个饕餮之徒，因此我心下笃定：看他以后饿得半死的样子肯定很好玩。他答应，如果我和他一起食素，他就试一试。我这样做了，于是我们就吃了三个月的素。我们请临近的一位妇人把我们的食物做好，按时给我们送来。我给了她一张有四十道菜名的清单，让她在不同的时间做不同的菜。所有菜中都既没有鱼肉、猪肉，也没有禽肉，而且这个异想天开的念头很符合此时的我，因为很便宜，我们每人每周花不到十八便士。自那以后，好几次我曾十分严格地遵循四旬斋。从平时吃的食物换到斋食，再由吃斋换回来，一点也不麻烦，因此我认为有人建议慢慢地进行这些食谱上的改变是没必要的。我愉快地继续吃着素食，而可怜的凯默却很苦恼，他厌倦了这个计划，渴望吃美食，就订了一份烤猪肉。他邀请了我和另外两位女性朋友和他一同进餐。但是那份烤猪肉上桌太快，他又没抵制住诱惑，在我们到来之前就把所有的烤猪肉都吃光了。

在这段时间里我向里德小姐求爱了。我十分尊重，也十分喜欢她，而且有理由相信她对我也有同感。由于我即将远行，况且我们俩都十分年轻，才十八岁多一点，她母亲认为最慎重的办法是暂时别急，就算要结婚，也最好等我回来之后，到那个时候，如我所希冀的那样，就能自己开店了。或许她也认为，我所期望的并不像我想象的那样靠谱。

此时我的朋友主要有：查尔斯·奥斯本、约瑟夫·沃森，还有詹姆斯·拉尔夫，全都是好读书的人。前面两个是镇上有名的公证人查尔斯·布罗格登的职员；另一个是一位商人的店员。沃森是个虔诚明智的年轻人，为人正直。另外两位在宗教信仰方面很不严肃，尤其是拉尔夫，像柯林斯一样，因为我的影响，也动摇了他的宗教信仰。为此他俩都使我吃了苦头。奥斯本是个明达、正直、坦诚的人，对朋友真诚，感情深厚；但在学术方面，他太喜欢批评了。拉尔夫生性聪颖，行为举止都彬彬有礼，而且相当善辩。他们俩都非常喜欢诗歌，并开始尝试自己写一些短诗。我们四个在礼拜天常常一起到附近的森林中去散步，在那里我们轮流读书给大家听，并就我们读到的内容交换意见，过得十分快乐。

拉尔夫喜欢研究诗歌，深信他会因此出名，而且飞黄腾达。他宣称最优秀的诗人开始写诗时，都难免会犯些错误。奥斯本劝阻他，向他保证他没有作诗的天赋，还建议他不要考虑除了他本行之外的其他行业。尽管他没有资金，以商业的方式，他可以凭借他的勤奋守时成为一名代理商，在代理期间挣得自己开业所需的一切。我赞成偶尔写诗作为消遣，以改进自己的语言水平，其他就不多想了。

关于这个问题，这时有人提议为提高我们写诗的水平，从下次开始，我们每个人拿出一首自己写的诗，相互观摩、评论并改进。由于我们的语言和表达都是我们所见的事物，我们同意我们的诗作必须是改写旧约《诗篇》中的第十八篇，那是描写上帝降临的一篇，因此把一切虚构想象都排除在外。当我们的会期将至时，拉尔夫第一个拜访我，告诉我他的诗歌已经准备好了。我告诉他说，我一直很忙，兴趣也不大，没写什么。然后他把他的诗歌给我看了，问我的意见，我非常赞赏，因为在我看来，那似乎是一首十分优秀的诗歌。“但，”他说，“奥斯本不喜欢看到我的诗歌满是优点，所以他由于嫉妒而对我的诗歌大肆抨击。他不怎么嫉妒你，因此，我希望你能拿着这首诗，当成是你自己写的，我会假装我没有时间写诗，就什么也不拿出来。我们看他又会说些什么。”我同意了，马上把它誊写了一遍，那样看起来就是我写的了。

我们又相聚了。沃森读了他的作品，其中有许多优美的地方，也有不少瑕疵。接着阅读的是奥斯本的作品，这首好得多了。拉尔夫主持公道，指出这首诗虽有一些缺陷，但他赞赏其中优美的句子。而他自己没有拿诗出来赏析。我有些犹豫，一副希望得到谅解的样子，我说没有时间改正，等等。但是任何理由都不被接受，我必须拿出作品来。那首诗被读了几遍，沃森和奥斯本就弃权了，跟大家一起赞赏这首诗。拉尔夫只是略作批评，还提出了一些改进意见，但我替我的诗作辩护。奥斯本反对拉尔夫，说他的批评意见不比他的诗歌更高明，拉尔夫因此不再争辩了。在他们俩一起回家的路上，奥斯本更是赞赏那首被当做是我的作品的诗。他说他当时忍住了对我的赞扬，生怕我以为是对我的恭维。“但是谁想得到，”他说，“富兰克林能写出如此声色俱佳、铿锵有力、充满激情的诗作呢？他甚至改进了他原来的写作风格。在平时的交谈中他辞不达意，他讲话支支吾吾，错误百出。而现在，天哪，他写得多好啊！”我们下一次聚会的时候，拉尔夫说出了我们跟他开的玩笑，而奥斯本被嘲笑了一阵。

这件事使得拉尔夫立志要成为一名诗人。我竭力劝阻他不要那样，但他继续草率写诗，直到蒲柏让他发热的头脑清醒了过来。然而，他还是成为了一名不错的散文家。之后我还要更多地提到他。但我还没来得及提到其他两位，就只能在这里说明：沃森几年后就在我怀里死去了，他是我们当中最优秀的一个，我们对此感到极度悲伤。奥斯本去了西印度，他在那里成了著名的律师，挣了钱，但后来也夭折了。我和他曾认真地约定，就是我们当中先死去的那个，要很友好地拜访一下另外一个，并让他了解他所认识的另一个世界是怎样的。但他从未实现他的承诺。

州长似乎很喜欢和我交往，经常请我到他家做客，而且经常提起他要帮我开店的事，似乎那是板上钉钉的事儿。除了给我必须的购置印刷机、铅字、纸张等的信用证，我还要带上他把我介绍给他的好些朋友的介绍信。为了拿到这些东西，他好几次说好了指定的日期，但是到那个时候又总是延期。这样延续了好几次，直到那艘也延误了好久的船最终要起航了。那时，当我去辞行并领取介绍信的时候，他的秘书巴德博士来迎接我，说州长忙于写信，但会在我乘的那艘船开船之前抵达纽卡斯尔，他会在那里把信件交给我。

尽管拉尔夫已经结婚，还有一个孩子，但他还是决定陪我一同去。我还以为他是想建立一些往来关系，顺便弄些代销的货物。但后来我发现，他对他妻子的亲戚不满，他是想把妻子交给他们，自己再也不回来了。我辞别了朋友们，和里德小姐相互交换了山盟海誓，我乘船离开了费城，船却在纽卡斯尔抛锚了。州长的确在那里，但是当我到了他的住处，他的秘书再次出现，只带来了世界上最客气的留言：那时州长不能见我，因为有相当重要的公务在身，但他会把信送到船上来，还衷心祝我旅途顺利，早日归来，等等之类。我很迷惑地回到了船上，却还是没有怀疑州长。

安德鲁·汉密尔顿先生，费城一位著名的律师，他和他的儿子也和我们搭同一艘船，还有一位商人教友德纳姆先生，以及马里兰一家铁厂的两个老板，奥尼恩先生和罗素先生，他们包了头等舱。因此我和拉尔夫不得不去三等舱了，船上没有人认识我们，只当我们是一般人。但是汉密尔顿先生和他的儿子（名叫詹姆斯，后来当了州长）从纽卡斯尔回到了费城，老汉密尔顿为给一艘被扣押的船辩护而被人用重金叫回去了。在我们起航之前，富兰奇上校上船了，还对我十分尊重。这下我和我的朋友拉尔夫引起大家的注意了，其他绅士都邀请我们去头等舱，现在那里有足够的空间了。因此，我们搬入了头等舱。

我知道富兰奇上校把州长的急件带上了船，就问船长要那些转交给我的信件。他说所有信件都一起放进了袋子里，一时拿不到，但我们在英格兰着陆前，我应该有机会把它们拿出来。我对此回答当时较满意，我们的旅途继续着。在舱里我们相处融洽，额外还有汉密尔顿先生丰盛的食物储备，所以过得很是舒适自在。在此期间我和德纳姆先生之间建立起了友谊，直至他生命的尽头。要不是这些因素，旅途就不那么美好了，因为天气恶劣的时候实在太多。

当我们驶入海峡的时候，船长遵守诺言，让我有机会从包里面找出州长给我的信件。要转交给我的信，我一封都没找到。我挑出六七封信，笔迹很像是那些他许诺要给我的信件，尤其有一封是写给皇家印刷商巴斯吉的，还有一封是给某个文具商的。我们于 1724 年 12 月 24 日抵达伦敦。我先拜访了文具商，他离我所在的地方最近，并递上基思州长的信件。“我不认识这么一个人，”他说，但拆开了信封，“哦！这是里德斯登的来信。我最近发现他是个十足的无赖，我要和他断绝往来，也不会接受他的任何信件。”这样，他把信放在我的手中，转身去接待顾客了。当发现那不是州长写的信时，我很惊讶。在回忆和对比过先后的情况之后，我开始怀疑他的诚意了。我找到我的朋友德纳姆，把事情的前因后果都向他说了一遍。他让我知道了州长的为人。他告诉我基思是不可能给我写信的，认识他的任何人都不会相信他的。他得知基思允诺会给我汇信用证，便笑了起来，他根本就没什么信用。当我担心我接下来该怎么做时，他建议我找个本行的工作先干着。“在这里的印刷行里，”他说，“你会得到提升，到时候回到美国，你更有资历自己开店。”

我们两个和那个文具商都偶然得知，那个律师里德斯登也是无赖。他怂恿里德小姐的父亲拜他为师，差点儿毁了里德先生。从这封信里可以看出一个不利于汉密尔顿的密谋（假定那时他和我们一起过来了）；其中基思和里德斯登有瓜葛。德纳姆是汉密尔顿的一个朋友，他认为应该告诉汉密尔顿。不久以后他来到英国，一方面是出于对基思和里德斯登恶行的憎恨，另一方面出于对他的好意，我去拜访了他，把信交给了他。他热诚地感谢了我，这信息对他很重要。自那时起他就成了我的朋友，和他的友谊后来很多次都帮助了我。

但我们又该如何去理解：一个州长要如此卑劣的花招，竟忍心欺骗这么个可怜单纯的孩子？这是他长期养成的习惯。他想取悦每一个人。没什么好给的，就都许下空口诺言。除此之外，他倒是个聪慧、明达之人，对百姓来说他是个好州长。但对于他的选民，那些领主来说，他并不好。因为他常常不听他们的指令。我们好几条最好的法令都是他起草的，并在他任职期间通过了。

拉尔夫和我是形影不离的同伴。我们一同住在小不列颠，每周的租金是三先令六便士——我们能支付的最多的租金。他找到了一些亲戚，但是他们都很贫穷，无法资助他。现在他才让我知道了他想留在伦敦，再也不回去的打算。他没带钱，他收集的所有钱都拿去做路费了。我有十五块西班牙金币，所以有时他出去找工作的时候会向我借。起初他一心想到摄影室工作，自认为有做演员的资历。但是他应聘的工作的老板威尔克斯，坦诚地建议他别想做这份工作了，因为他不可能成功。然后他向罗伯特（圣父街的一个出版商）提议：他每周给《旁观者》之类的刊物写一篇文章，还提出了一些条件，但罗伯特没有答应这些条件。然后他就尽力给作家、出版商或者律师抄写东西，但也找不到空缺。

我很快在帕尔默的印刷铺里找到了工作，然后在巴塞洛缪巷的一个有名的印刷行工作了将近一年，我十分勤勉，但是不少工资花在了与拉尔夫一同去剧场和其他一些娱乐场所上面。我们一起花掉了我的十五块西班牙金币，而现在只能勉强糊口。他似乎完全忘记了他的妻儿，而我，也渐渐忘记了我和里德小姐的誓言，我只给她写过一封信，告诉她我可能一时半会儿回不去了。这是我人生中的第二个大错误，如果我还能再活一遍，我多么希望我能改正这一点。事实上，因为我们现在的开销，我一直没能凑齐回去的路费。

帕尔默雇我为沃拉斯顿的《自然的宗教（第二版）》排字。他的有些论据在我看来不是那么有根据，所以我写了一篇短短的哲学性论文来评论这些理论。题目是《论自由与必然，快乐与痛苦》。我把这篇论文题献给我的朋友拉尔夫。我还少量地印刷了出来。这使得帕尔默先生把我看做一个聪明的年轻人，尽管如此，他严肃地对我说，我的小册子里的那些理论，对他来说是十分惹人厌的。我印刷这个小册子是另一个错误。住在小不列颠期间，我认识了一个书商，他叫威尔科克斯，他的书店就在我们隔壁。他有许多二手书。当时还没有流通图书馆，我们曾达成协议：只要我出一定的合理的费用（具体数目我现在记不清了），就可以借阅他的任何书籍，然后还给他就是了。这对我很有利，我尽量利用这个机会。

我的小册子不知怎么落到了一个叫莱昂斯的人手中，他是一个外科医生，他写了一本书名叫《人类判断的永无过失性》，那本小册子使得我们有些交往。他很重视我，经常拜访我，谈论这些主题，带我到一家在齐普赛街的艾尔啤酒店，并把我介绍给曼德维尔博士，他是《蜜蜂寓言》的作者，他在那里有个俱乐部，而他是俱乐部的主要推动者，也是一个最滑稽、最有趣的同伴。莱昂斯又把我介绍给了在巴特森的咖啡馆的彭伯顿博士，他向我许诺说找个时间让我见见艾萨克·牛顿爵士，虽然我很期待，但这终究未能实现。

我从美洲带过来了几件奇物，其中最重要的是一个石棉制的钱包，这个钱包要用火来清洗。汉斯·斯隆爵士听说我有这个钱包，就来看，还邀请我到他位于布卢姆斯伯里广场的家里，他把他所有的珍奇异品都给我看了，还请求我把这个钱包也给他收藏起来，他为此出了个好价钱。

我们住的地方还住了个年轻女子，是个女帽商，我想她在修道院街有个店。她受过良好的教育，通情达理、活泼开朗、谈吐优雅。晚上拉尔夫给她读剧本，他们变得亲密起来，她搬去新的住所，他也跟着搬去了。他们同居了一段时间，但他依然没有工作，而她的工资不够养活他们俩，还有她的孩子。所以他决定离开伦敦，去一个乡村小学试试，他认为他完全可以胜任，因为他的书写漂亮，又擅长算术和记述。但是，他又认为这工作配不上他，并且确信自己将来会更有出息，到那个时候他就不愿意别人知道他做过这样卑微的工作，于是改了他的姓氏，他说为尊重我起见，就用了我的姓。不久我就收到他的来信，说他在一个小村庄里安顿了下来(我认为是在伯克希尔)，他在那里教十个或者十二个男孩子读和写，每周六便士；他还要我照顾T太太，希望我回他信，上面写明了给那个地方的教师富兰克林先生。

他一直频繁地写信，给我看那时他写的大篇幅的史诗，希望我给出评价并予以改正。我不时地给他指出毛病，但还是竭力劝阻他继续写诗。那时候扬的一首讽刺诗刚刚发表。我抄写了那首诗的大部分，寄给他了，这首诗明确批判那些盲目追求成为诗神的愚行。一切都是枉然，他依然每次都寄很长的诗过来。与此同时，T太太由于他的缘故失去了她的朋友和生意，经常因此而缺钱用，过去常常叫我去，我会把我能借的都借给她帮她渡过难关。我渐渐喜欢上了和她交往，那时我不受宗教的约束，竟试图与她发展亲密关系（这是我人生中的又一个错误)，她对此表示了适度的愤怒，拒绝了我，还把我的行为告诉了拉尔夫。这使得我们之间的友谊破裂。当他再次回到伦敦时，他告诉我我对他的一切恩惠也因此一笔勾销。因此我发现不能指望他还我钱了——然而，这影响倒不大，因为他那时根本没能力偿还——并且失去他的友谊，我发现自己也同时丢掉了一个包袱。此时我想预先积蓄一点钱了。为了找份更好的工作，我离开了帕尔默的店，去了林肯协会广场附近的沃茨的店工作，这是一家规模更大的印刷行。我在这里一直待到我离开伦敦。

最初进入那家印刷所时，我在印刷机旁工作，因为我想要那种在美洲工作时习惯了的体力劳动，在美洲印刷和排字是不分开的。我只喝水，但其他约有五十名工人全部嗜饮。有时我会一只手搬一版铅字上下楼梯，而其他人只是双手抱一版。那些喝浓烈的啤酒的人看到我这个“喝水的美洲人”（他们这样称呼我）竟然比他们还健壮而感到无比惊讶。有一个酒馆的伙计，经常来我们店给他们送酒。同是印刷机旁的一个工人吃早餐之前都要喝一品脱的酒，早餐吃面包和奶酪时又要喝一品脱，早餐和午餐之间一品脱，午餐时又是一品脱，下午六点左右又是一品脱，完成一天的工作后又要喝一品脱。我认为那是一种很不好的习惯，但他认为喝浓烈的酒是必要的，那样他就有力气工作了。我极力使他相信：酒提供的力气只是和溶于制酒的水中的谷物和面粉成比例的；而且，一便士的面包里的面粉更多；因此，如果他能就着一品脱的水吃面包，将会比就着一夸脱的酒提供的能量更多。然而，他依然喝酒，每周六会花掉四五先令在酒上面，而我是不会花这种钱的。因此这些可怜的家伙只能永远处于社会底层。

几周后，沃茨要我去排字室，我不再是印刷工人了。但排字工要我重新付五先令的酒费。我认为那是欺诈，因为我在下面就付过了。老板和我想的一样，不准我付这笔钱。我坚持了两三个星期，就被认为是不合群的人。如果我稍微出去一下，他们就对我做各种小恶作剧，比如把我的铅字搞混，把我的页码颠倒，弄乱我的排版，如此等等。他们还把这一切推卸给印刷所里经常出没的鬼，说那鬼专门在那些不交纳正规入会费用的人身上捣乱。尽管老板保护我，这种恶作剧次数多了，我不得不同意交纳那钱，因为我知道与经常在一起的人关系搞僵是不明智的。

现在我和他们关系甚好，而且很快就有了相当大的影响力。我提议对教堂①的某些规定予以合理的修改，并说服所有反对者，最终通过了决议。

---

① 印刷行被印刷工人称作“教堂”，其起源是英国最早的印刷行是由古老的教堂改造而成的，这个称呼一直随传统保留了下来。印刷工之间的入会费指的是机械工人之间的准入条款以及入会费。因此一个熟练工，一进入印刷室就要出钱买一加仑或更多的酒，以使教堂关系融洽。这一习俗三十年前就被废除了。美国完全反对这一习俗。——富兰克林原注

在我的影响下，他们当中很大一部分人都不再吃那种将酒、面包、奶酪混合着的早餐，发现他们可以和我一样只需要花一品脱酒的钱，即一便士半，就可以在附近一家店买到一碗热气腾腾的麦片粥，上面撒有胡椒粉，加上碎面包和黄油。这是更舒适而且更便宜的早餐，而且使他们的头脑更加清醒。那些依旧整天醉酒的人，常常欠债还不起，酒馆也不愿再赊给他们，于是他们常问我借钱买酒。按他们的话来说，他们的火光熄灭了。星期六晚上我总是等着发工资，然后就能收回我借出去的钱。有时一周要帮他们垫付差不多三十先令的酒钱。我还被认为是非常出色的诙谐讽刺家。这两件事使得我在那个小团体中的地位举足轻重。因为总是满勤（我从不因为星期天喝醉了，周一就不上班），老板非常器重我。由于我超快的排字速度，我常被指定做急件排字工，那项工作薪酬更高。我那时过得很自在。

我在小不列颠的住处太远了，就在公爵街新找了个住处，就在天主教堂对面，在一家意大利仓库三楼的背面。一个寡妇操持家务，她有个女儿，有个女仆。还有一个看守仓库的员工，但他住在外面。待她遣人去我原先住的地方问了我的人品之后，她以同样的价格答应让我住了，即每周三先令六便士。据她所说，一个男子住进来的费用可以低，因为这样更安全。她是个年长的寡妇，从小受的是新教徒的教育。她是个牧师的女儿，但她的丈夫使她改信了天主教。她很珍惜关于她丈夫的回忆。过去她和上层社会的人来往甚密，知道那些人的成百上千件逸闻趣事，远至查尔斯二世时代的趣事。她的膝盖因患痛风而残疾，因此，她很少离开卧室，有时她需要陪伴。她的谈吐在我看来十分有趣，因此只要她愿意，我肯定会陪她一晚上的。我们的晚餐只是每人半条鳀鱼、一小块面包和黄油，还有两人共饮的半品脱酒，但乐趣在于她的谈话。我对时间把握得很好，不给人家带来麻烦，使得她不愿和我分离。后来我听说有个住处离我工作的地方更近，每周才两先令，那时我正在存钱，这很重要。她叫我别乱想了，她说她今后要给我每周减去两先令的房租。因此我以每周一先令六便士的房租住在她家，直到我离开伦敦。

她家的顶楼住着一位 70 岁的老处女。房东太太告诉了我一件关于她的故事：她是个罗马天主教教徒，年轻时就被送到国外住在修道院里，决心成为一名修女。但那个国家不允许，她便回到英国，而英国没有修道院，因此她发誓要在这种环境下尽可能地过修女的生活。因此，她把所有资产都捐给了慈善事业，只靠每年领的十二英镑过活，她还要从这笔钱中拿出很大一部分做慈善，自己只喝稀粥，除煮饭以外不生火。她在顶楼住了好些年了，楼下的天主教教徒认为她住在上面是一种祝福，就免费为她提供住宿，这样她就一直在那里住着。一个神父每天都到她那里去听她忏悔。“我问过她，”房东说，“那样简朴的生活，还有什么好忏悔的呢？‘哦，’她说，‘人总是有些无聊的念头的。’”我有一次得到准许去拜访她。她很高兴，且彬彬有礼，和她谈话也很有趣。她的房间很干净，除了以下东西，其他什么也没有了：一张垫子、一张放着有耶稣受苦的十字架和书的桌子、一张我正坐着的凳子，还有烟囱旁放着的一幅圣弗朗尼卡铺开她的手绢的画，画上还有耶稣血淋淋的脸庞，她异常严肃地向我介绍这幅画。她的脸色苍白，却从未生病，因此我把这当成另外一个即使收入微薄却一样可以很健康的例子。

在沃茨的印刷行，我结识了一位叫做华盖特的聪明的年轻人，他有富裕的亲戚，因此比大多数印刷工所受的教育都要好。他是一个不错的拉丁语学者，讲法语，喜爱阅读。我教他和他的一位朋友游泳，教他们下了两次水，很快他们就都游得非常好了。他们把我介绍给了从乡下来的一些绅士，他们乘船去观赏切尔西学院和唐·沙特罗先生的珍藏品。返程时，华盖特对我的游泳技术的夸耀引起了他们的好奇心。应他们的请求，我脱掉衣服，跳进了水里，从离切尔西不远的地方游到勃莱克弗利亚那里，一路上玩着各种水上或者水下面的游泳绝技，使感觉新奇的他们很惊讶，同时看得开心。

我自小就喜欢这一项运动，曾研究和实践过色弗诺的所有动作和姿势，还加入了我自己的动作和姿势，目的是使自己的游泳技术最优雅、最容易又最实用。这次所展示的游泳技能受到了同行者的赞赏，对此我很满意。华盖特很希望成为一名游泳能手，又因为我们所学的知识很类似，自那件事以后，他和我越来越亲近了。最终，他提议我们一起环游欧洲，一路上我们靠本行维生。对此我曾一度动过心，但有次我向我的好朋友德纳姆先生（我常在闲暇时间去和他聊上个把小时）提到这个，他劝我别想那个了，还是好好想想回宾夕法尼亚的事吧，他正要回去呢。

我得记下这个好人性格中的一个特点。他曾在布里斯托尔经商，但是他欠好些人钱，无法还清，破产了。他只好赔偿了一部分债款了事，然后去了美洲。在那里，他做了个商人，潜心研究经商，几年后就有了相当的财富。他与我坐同一艘船回了英国，款待了他之前的债主，他谢过他们之前对他的债款的从轻处理。那些人本以为就是吃吃饭而已，然而，每个人第一次挪动自己的盘子时，都发现了一张支票：是之前未付清的款项加上利息。

他现在告诉我他就要回费城了，而且还会带很多货物，因为他要在那里新开一个店。他提议把我带去做他的店员，帮他记账，他会教我如何记，帮他誊写信件，还有照看铺子。他还补充说，一旦我对经商熟悉后，他会提拔我，派我到西印度去，带上一船面粉或面包什么的，并让我在其他很获利的商品上赚取代理费。如果经营得当的话，我会飞黄腾达。这使我很高兴，因为我开始厌倦伦敦了。我还记得在宾夕法尼亚州度过的快乐的几个月，希望再次见到它。因此我很快答应了，年薪五十英镑，宾夕法尼亚货币。的确，这比我现在当个排字工人的收入要少，但更有前途。

我就这样离开了印刷业，当时我还以为是永远离开了呢。我每天都忙于我的新工作，同德纳姆先生在商人之间穿行，购买各种商品，监督商品的包装，出差，催促工人迅速办妥事情，等等。当所有货物都搬上船后，我有几天闲暇时间。有一次，在这几天期间，一位显要人士请我去，我很惊讶，我只知道他叫威廉·怀恩德罕爵士，但还是去了。他不知从哪里听说了我曾从切尔西游到了勃莱克弗利亚那里，还听说我在几个小时内就教会了华盖特和另外一名年轻人游泳。他有两个儿子，就要远行了。他想先请人教会他们游泳，而且提议只要我愿意教他们游泳，他就会重金酬谢我。他们暂时来不了城镇，我又居无定所，所以我不能答应。但这件事启发了我，如果我一直在英国，开办一所游泳学校，我很可能会挣大钱。这个想法很强烈，要是这个提议早些想出来，或许我就没那么快回美洲了。多年以后，我在更重要的事情上与威廉·怀恩德罕爵士的这两个儿子中的一个有所交往，那时他已经是埃格蒙特伯爵，在合适的地方我会再提及。

这样，我在伦敦待了十八个月。大多数时间我都在本行内勤奋工作，除了看戏剧和买书以外，我在自己身上几乎不花钱。我的朋友拉尔夫使我一直很穷，他欠我大约二十七英镑，现在我不可能收回这笔欠款了。对我微薄的收入来说，这是很大一笔钱啊！尽管如此，我还是很喜欢他，因为他有一些值得赞赏的品质。我没能使自己有钱，但却结交了一些非常聪慧的人，和他们的交谈使我受益匪浅。我还读了很多书。

我们于1726年7月23日从格雷夫森德起航。至于航程中发生的事情，在我的日志中进行了详细的记载。在那些记载中，最重要的部分或许是我找到的在海上制定的、影响了我一生行为的人生规划[①]。我制定出这个规划时还很年轻，而余下的日子一直在忠实地遵守，这更值得注意了。

我们于10月11日在费城登陆，那里有许多变化。基思不再是州长了，他被戈登少校取代了。我看见他像一个普通市民一样走在街上。他见到我似乎有些羞愧，一言不发地走过去。里德小姐收到我的信后，她的朋友们以我不会回来作为理由来让她死心，劝她嫁给另一个叫做罗杰斯的人。那是名陶器工人，我还没回来时，他们结了婚。要不是这样，我见到她也会同样觉得羞愧的。里德小姐和罗杰斯在一起一直不幸福，不久就离开了他，拒绝和他同居或者冠上他的姓，因为据说此时他有另一个妻子。他虽是个不错的工匠，却品行低下。她的朋友们因为他的手艺，想让她嫁给他。他欠了债，在1727年或1728年逃到了西印度，死在了那里。凯默有了一套更好的房子，又开了一个文具店，印刷铺有了足够的新的铅字和很多工人——虽然技术不好，但看起来生意还不错。

---

① 斯帕克斯根据在雷丁誊写的副本，出版了这本“日志”，但这个版本没有“人生规划”部分。

德纳姆先生在水街租赁了一个店铺，我们在那儿销售我们的货物。我勤勉地照看生意，学会了记账，很快就成了一名销售能手。我们一同吃住。他像一个父亲一样教导我，因为他真诚地看重我。我尊敬、爱戴他，我们本来可能会一直这样快乐地合作下去。但是，在1727年2月初，我刚过完21岁生日，我们都患了病。我的病是胸膜炎，这几乎让我丧了命。我经受了很多痛苦，已经失去了生的希望。当我感觉自己在恢复时，反而很失望，甚至有些懊悔，生命不息就必须去面对不可避免的挑战和痛苦。我不记得他患的是什么病。他病了很久，最终死去了。他在口头遗嘱中给我留了一小点遗产，算是他与我的友情的象征，他让我再次失业。因为他的店被他的遗嘱执行人接管了，我和他的雇佣关系也结束了。

我的姐夫霍尔姆斯此时在费城，劝我重回本行。凯默劝诱我说他会给我更高的年薪，让我去给他管理印刷铺，那样他就能专心经营文具店了。我在伦敦听他的妻子和他妻子的朋友说，他人品很差，他们都不想再和他有任何瓜葛。我试过找商店店员的职位，却一时找不到，就又答应凯默了。我在他的印刷铺里认识了以下员工：休·梅雷迪斯是一个威尔士籍的宾夕法尼亚人，30岁，习惯干农活；他正直、理智，有着敏锐的洞察力，喜欢读书，却因为嗜酒而荒废了。史蒂芬·伯茨是个年轻的庄稼人，也习惯干农活，生性不凡，相当机智且幽默，但有点懒惰。他每周给他们极低的工资，声称随着他们的技术越来越熟练，每三个月会涨一先令，他们因此愿意为着将来涨工资继续干下去，这也是他引诱他们进他的印刷铺工作的筹码。梅雷迪斯在印刷机旁工作，伯茨是装订工。他承诺要教会他们这两种技术，尽管他自己一样也不懂。约翰是一个粗野的爱尔兰人，没有一门手艺，凯默从一个船长那里买了他四年的劳动。他也是个印刷工。乔治·韦伯，一个牛津大学的学生，凯默同样买了他四年的劳动，打算把他培养成排字工人，他现在就是排字工人。还有戴维·哈里，一个个农村男孩，他被收为学徒。

我很快就察觉，他之所以给我比之前更高的工资，是因为他想让我给他培养这些廉价的新手。而且，一旦我把他们教熟练了（那时他们都和他签了一定年限的契约），他就可以不用我了。然而，我依然很快活地干了下去，把他之前混乱不堪的印刷行管理得井井有条，还让他的伙计们注意改进他们的技术。

一名牛津大学的学生竟然卖身为仆人，还真是罕事。他还不到十八岁，他告诉了我们如下有关他的故事：他生于格洛斯特，并在那里上了文法学校。他们演戏剧时，他表现出色，因此在学生中间小有名气。他参加了“幽默社”，他写了一些散文和诗歌，格洛斯特报纸还发表了他的作品。因此他被送去牛津。他在那里待了一年左右，但是他不满足，想到整个伦敦去观光，还想成为一个演员。最后，领到三个月的补助金十五几尼后，他没有拿去还债，而是走出了城镇。他把学生礼服藏在荆豆丛里，步行去了伦敦。在伦敦，他结交了坏人，很快花完了他的金币，还找不到进入戏剧圈的门路。为了满足基本需求，他把衣服当了，但还需要食物。他饥饿难耐地走在街上，正当他不知如何是好时，一张人贩子的传单落到他的手中，上面说，只要答应到美洲服役的人将立刻受到款待。他立即去了，签了契据，被带上船，来到了这里，从未给他的朋友写信说他后来的境况。他活泼有趣、生性善良，是个很好的同伴，但闲散，没思想，而且非常轻率。

那个爱尔兰人约翰不久就逃走了。我渐渐和其余的人相处融洽，当他们发现凯默根本不能引导他们工作，而且我每天能教他们一些东西，他们更加尊敬我了。礼拜六绝不会上班，因为那是凯默的安息日，因此我有两天阅读时间。我在镇上认识的有智慧的人越来越多了。凯默本人对我挺客气的，也很尊重我。现在除了我欠弗农的钱，没什么使我不安了，那钱我无力还清，我一直不善于存钱。而弗农为我考虑，未提起这事。

我们的印刷行经常缺整套的铅字，而美洲还没有浇铸铅字的人。我在伦敦詹姆斯那里见过铸铅字，但没注意到是怎么浇铸出来的。而我这时设法造出了一个模子，把现有的铅字当做冲模，击打铅模。这是个不错的办法，可以满足需要。我还偶然雕刻了一些铜板，我造出油墨，我还是个仓库管理员，等等，总而言之，我就是个杂务工。

但是，不管我多么能干，我仍发现随着其他员工技能的提升，我的付出日渐不重要了。而且，凯默在付给我第二季度的工资时，他表示，他觉得我的工资太多了，认为我应该减少一些工资。他对我越来越不礼貌了，越来越摆起一副老板的架势，时常找碴儿，吹毛求疵。尽管他这样，我还是忍耐着，因为我认为他向我生气的原因是他的经济不景气。最终一件琐事使我们的关系破裂了。当时法庭附近发生了巨大的噪音，我把头从窗户伸出去看发生了什么事。在下面街上的凯默看见了我，就大声用愤怒的语气要我别管闲事，还说了一些责备我的话，这时所有往外看热闹的人都看到了他是如何对待我的，他当众怒斥我，这更加激怒了我。他立即跑到印刷行来，继续和我争吵，双方都恶言相向，他按照合同向我发出一个季度的解雇通知，他还说他后悔与我订立这么久的解雇警告。我告诉他说他后悔完全没必要，因为我马上就要离开。我拿上帽子，走了出去，希望我在下面看到的梅雷迪斯能照看好我留下的东西，并把它们带到我住的地方。

梅雷迪斯晚上确实来了，我们谈论了当天发生在我身上的事。他对我十分敬重。我要离开，他也不愿意继续留在那里。我开始考虑回我的老家去，他劝我不要那样做。他提醒我说凯默拥有的一切都是借债买的，他的债主已经开始不安了。他的店铺经营惨淡，常常无利销售，只为得到现金，而且常常赊商品。因此他一定会破产的，那样就会给我留下个空缺。我反对说，我没钱。他告诉我说，他的父亲对我评价甚高，而且，他和他父亲的谈话时得知，如果我们愿意和他父亲合作的话，他父亲肯定会帮我们开业的。“我的劳务期限，”他说，“到春季时就结束了。到那时，我们就可以从伦敦买来我们的印刷机和铅字了。我知道我的技术很差劲，如果你愿意的话，你付出你的行业技能，我出资，我们平分所获得的收入。”

这个提议不错，我同意了。他的父亲此时正好在城里，也同意了。他父亲见他在我的影响之下远离了嗜酒，还希望随着我们越走越近，使他在我的影响之下改掉一切坏习惯。我给了他父亲一张清单，他父亲找了一位商人，购置这些商品，直到它们运到之前这件事一直被作为秘密保守着，同时，我尽可能地在另外的印刷铺找到工作。但是我没有找到，因此闲了几天。这时凯默有希望获得印制一些新泽西纸币的生意，需要只有我能做出来的铜板，还有各种铅字。他知道布雷福德可能雇用我，就给我写了一封非常礼貌的信，他说老朋友岂能因为一时愤慨、吵几句就绝交，他希望我回去。梅雷迪斯劝我答应，因为这样我就会引导他日渐提升技术。因此我回去了，我们比之前还相处融洽。新泽西的活接到了，我为此雕刻了一个铜板，这还是美洲的第一次呢。我为纸币雕了一些花纹和核对用的编号。我们一同去了一趟伯灵顿，我的工作很出色。因为这一项工作他得到一大笔钱，他暂时不会破产了。

在伯灵顿，我认识了该地区许多显要的人物。他们当中的几位被州议会任命成立委员会，参与纸币的印制发行，确保印制没有超过法律规定的量。因此他们总是轮流监制纸币，来人常常还会带一两个朋友来做伴。我读书较多，文化修养比凯默高，可能由此他们比较喜欢和我交谈。他们邀请我去他们家，把我介绍给他们的朋友，而且对我相当客气。然而作为老板的凯默，有点被忽略的感觉。事实上，他确是个怪人。他对公共生活一无所知，喜欢粗俗地驳斥公众接受的观点，邋遢至极，对一些宗教观点过于热忱，此外，还有些无赖。

我们在那里持续工作了接近三个月。到那时我能数出我新结交的朋友：艾伦法官、州议会秘书塞缪尔·巴斯第尔、艾萨克·皮尔逊、约瑟夫·库珀，还有几个史密斯，都是议会成员，以及测量局局长艾萨克·迪考。后者是个精明而有远见的老人，他告诉我说，他年轻时刚开始是给砖匠运送黏土的，上了年纪后才学会写字，后来替测量员扛测链，现在他凭借他的勤奋，挣得不少的家产。他说："我可以预见你会把你的老板从印刷业中排挤出去，而你自己会在费城的印刷业中发迹。"他当时一点也不知道我将在费城或其他什么地方开业。这些朋友日后对我的帮助非常大，有时我对他们中的某些人也很有帮助。他们一直很敬重我，直至他们生命的尽头。

在我讲述我正式开业之前，先让你们了解一下我的伦理道德的原则，你们可以了解到它们对我今后的重大事件的影响有多么深远。我父母很早就使我有了对宗教的印象，对我灌输宗教思想，童年时代我受的是虔诚的非国教的教育。但我还没到 15 岁时，我怀疑过宗教的某些观点，在我所读到的书籍中也发现它们自相矛盾，我开始怀疑宗教本身了。我得到几本无神论的书籍，据说这些书是博伊尔布道的实质内容。结果，它们在我身上达到的效果却与预计的相反，因为它们为了驳斥自然神论而引用的自然神论者的论据，在我看来，比那些反驳它们的论据还强有力。总之，很快我就成了一个自然神论者。我的论据使一些其他人误入歧途，尤其是柯林斯和拉尔夫。但这两个人后来都害我不浅，回想起基思对我的行为（他是又一个宗教上的自由思想者），和我对弗农和里德小姐的行为，有时给我带来很大的困扰，我开始怀疑这一宗教信条或许是正确的，但不实用。我在伦敦发行的小册子，它的箴言是德莱顿的这些话：

> 存在即合理，虽然半瞎之人
> 只看见铁链一端最近的一环，
> 却没看到上边
> 权衡一切的秤杆。

从上帝的特性、他的无限智慧、善良和权威，总结得出世界上万事万物都是合情合理的。善与恶是空虚的对比，因为善恶根本不存在。这篇文章现在看起来并不像我当时认为的那么巧妙。我怀疑是否有一些错误慢慢潜入文章中我的论据里，并影响后来所有的论据，这和形而上学的推理一样常见。

我开始相信在处理人与人之间的关系时，真实、真诚、正直是给人生带来幸事最为重要的品质。我把决心给写下来了，还在我的日记本里，只要我还活着，我就会实践这个决心。《圣经》的《启示录》本身对我来说并不重要，但是我的观点是：尽管不是所有《圣经》反对的事情就都是错误的，或者《圣经》推崇的都是好的，但是这些行为被禁止的原因很可能是它们对我们不好，或者由于对我们有益而被推崇，就它们本身而言，我们得考虑事情发生的所有环境。这种带有上帝或者某个守护天使的助力的劝诫，或者因某种意外的顺境，或者是它们一起，在我没在父亲的照看和忠告的青年危险期，使我安全地出入于陌生人之间，而没有发生任何存心的严重的不道德和不公正行为。因为如果我缺乏宗教信仰，那些事情原本是可能的。我说存心的，因为我年轻、缺乏经验，以及他人的无赖行径，这些事情自身有其必然性。因此在我初入社会时，我的品德还算不错。我很重视它，而且决心坚持到底。

我们回费城不久，我们的新铅字就从伦敦到费城了。我们和凯默讲好了，他同意我们离开，那时他还不知道我们要自己开业。我们在市场附近租了一套房子。虽然现在听说要每年七十英镑才出租，那时只有一年二十四英镑。为了减轻房租负担，我们接受釉工托马斯·格德弗雷和他的家人也住进来，他们要付很大一部分房租，我们把伙食也包给他们。我们还没来得及打开我们的铅字，把印刷机整理好，我的一个朋友乔治·豪斯就给我们带来一个乡下人，他看见这个人在街上找印刷铺。我们所有的现金都用在购置各种必需品上了，这个乡下人的五先令，是我们的第一份收入，而且来得这么及时，它给我带来的快乐胜过之后挣得的任何五先令所带来的快乐。我对豪斯的感激使得我更加乐意帮助年轻的初期创业者了。

每个国家都有些乌鸦嘴，老是说国家就要毁灭了。费城也有这么个人；一个享有名望的老者，他有一副聪明的长相，但说话很严肃。他的名字叫塞缪尔·米克尔。我并不认识这位先生，有一天他在我们门前停住，还问我是不是那个最近开了个印刷铺的年轻人。我肯定地回答了他，他说他对我深感遗憾，因为开印刷铺成本很高，而这些钱将化为乌有。因为费城是个没落的城市，人们都已经处于半破产或者接近半破产状态了。尽管事实都与他说的相反，大厦新建起来，房租也涨了起来。这些对他来说都是虚妄的，因为，事实上，它们也都将是毁灭我们的元凶之一。他向我详细描述了当时已经发生，或即将发生的灾难。他离开时，我已开始有点闷闷不乐。如果我在我开业之前认识了他，估计我就不会开业了。这个人继续生活在这个渐渐衰败的城市，总是以同样的口吻宣称他的论调。他拒绝在那里购置房产，因为他认为一切都将毁灭。但最后他出了他高唱悲观论调时五倍的价钱买了一所房子，我觉得怪搞笑的。

我之前就应该提到，去年秋天，我将大多数我认识的智慧之士都组织起来，创办了一个相互提升的俱乐部，我们把它称为“密社”。我们每周五聚一次。我制定的规则如下：轮到的那个成员必须提出一个或多个关于道德、政治或者自然哲学中的任意的问题，而其他人就该问题进行讨论；三个月以内，念一次自己的文章，任何主题都可以。我们的辩论由会长主持，秉着追求真相的原则进行，不许仅仅为争论而争论，或者有急切期望成功的态度。为了避免情绪过于激烈，凡是肯定意见或者直接反驳的，过时即违禁。违者就要处以小额罚金。

最先的成员是中年的约瑟夫·布雷特诺，他是一个公证事务所的契约誊写员，生性温和友好，他酷爱诗歌，读遍了他遇到的诗。他还能写一些不错的诗歌，也擅长做一些小摆设，谈吐通情达理。

托马斯·格德弗雷，是个自学成才的数学家，他对他的本行研究很到位，后来他发明了“哈德利象限”。但对他的本专业以外的事情，他知之甚少，他也不是一个惹人喜欢的同伴，因为，像我见到的大多数数学家一样，他期望说出来的要普遍精确，认为总花精力去否认或者区分琐事会影响交谈的顺利进行。他不久就脱离了我们这个群体。

测量员尼古拉斯·斯古尔，后来成了测量局局长，酷爱书籍，有时也写诗。

威廉·帕森，本行是鞋匠，却喜欢读书，对数学了解很多，他本来是为了占星术才学的数学，后来谈到这个他自己都会笑。他后来也成了测量局局长。

细木工人威廉·摩格雷奇，是个技术精湛的工匠，同时是个稳重明智的人。

休·梅雷迪斯，史蒂芬·伯茨，还有乔治·韦伯，这些我前面有提到过。

罗伯特·格雷斯，是个有点富裕的年轻绅士，慷慨、活泼、诙谐，爱用双关语，也热爱他的朋友。

还有威廉·科尔曼，那时是个商店店员，年龄和我相当，他是我所认识的头脑最冷静、最清醒、最热心肠、品行最端正的人。后来他成为了一个有声望的商人，还是州法官之一。我们的友谊持续直至他去世，有四十多年。那个俱乐部也持续了差不多那么多年，而且是宾夕法尼亚州当时最优秀的政治、哲学学派。因为我们的问题都是提前一周准备好的，我们潜心阅读关于这几个主题的内容，以使我们在讨论时能讲得切题中肯，我们也在此养成了更好的谈话习惯。我们在俱乐部的规章制度中拟定了避免冲突的条款，由此我们的俱乐部才能长期存在，此后我还会不时提到这一点。

但我在这里提及这一点是为了说明，我当时有的成员，他们都尽力为我们介绍生意。尤其是布雷特诺，他给我们招揽了替贵格会印刷他们历史的四十印张的活，其他的是凯默完成的。因为价格并不高，所以我们为完成任务，工作非常辛苦。那是“为了祖国”式的对开本，上面还有很长的用小号铅字印制的注释。我每天排一大页，梅雷迪斯就用印刷机把它印刷出来。等我为第二天的排版工作做好准备时，差不多就是晚上十一点了，有时还更晚，因为我的朋友不时介绍来的零活会耽搁我们的速度。我一天排完一大页的决心很坚定，有一天晚上，我装好版之后，以为一天的工作结束了，不小心把一页的版碰坏了，有两页的铅字混在了一起，我立即拆开重新排好后才睡觉。这种勤奋精神，我们的邻居有目共睹，因此我们的声誉开始提升了。而且，我听说，以前在商人的夜间俱乐部上提到这家新开的印刷铺时，大家普遍认为这个印刷铺注定要失败，因为该地已经有了两个印刷铺：基梅尔和布雷福德开的。但是贝尔德博士（多年后各位和我在他的故乡，苏格兰的圣安德鲁见到了他）却给出一个相反的观点。“因为那个富兰克林，”他说，“比我所见过的同行的任何人都勤奋。我从俱乐部回家时看到他还在工作，而且第二天他的邻居还没起床时，他又开始工作了。”这番话给其余的人留下深刻的印象，后来其中一个人提出要为我们提供文具，让我们代销。但那时我们还没想过要经营文具。

我直接提到勤奋这一点，尽管看起来有点像是自吹自擂，但并不是我的目的。我的后裔会看到我写的内容，当他们读到勤奋是如何助我成功的，将会知道那一美德的意义所在。

乔治·韦伯交了个女朋友，她借钱给他把自己从凯默那里赎了出来，现在他到我这里来说愿意在我这儿工作。那时我们不能雇用他，但我犯傻，告诉了他我将要办报纸这一秘密，说或许那时我可以雇用他。我告诉他，我成功的希望寄托于：那时唯一的报纸是布雷福德办的，那报纸没什么价值，经营糟糕，枯燥乏味，但还是让他赚了钱，因此我想好报纸肯定不会失败。我要求他别出去说，但他马上就告诉了凯默，凯默就先于我提出了要办报纸的决定，乔治·韦伯又被他雇用。我对此很气愤。那时我又不能立即开办报纸，为了破坏他的计划，我就给布雷福德的报纸写了几篇总题目为《爱管闲事的人》的文章，后来布雷特诺又接着写了好几个月。这样公众的注意力都到布雷福德的报纸上来了，而凯默的计划被我们讽刺嘲笑后，人们已经不关心了。然而，他还是开办了他的报纸，但持续九个月之后——最多有九十个订阅者，他就以低价把他的报纸卖给我。而我，早就准备好接手这份报纸，立即着手了。几年后成了一个赚钱的事业。

我意识到，虽然我们是合伙经营的，但我总是以单数第一人称讲话，其原因可能是，所有的生意都是我在管理。梅雷迪斯根本不是排字工人的料，也不太会印刷，而且经常醉酒。我的朋友们都因为我和他合伙而感到惋惜，但我要尽其所能。

我们的报纸一出版，就和宾夕法尼亚州之前的任何报纸大不相同：不但文字清晰，而且印刷精美。当时伯内特州长和马萨诸塞州州议会成员发生争执，我对此发表的言论过于激烈，引起了一些领导人物的注意，使得这报纸和它的发行人常常被谈论，不到几周他们都开始订阅我们的报纸了。

后来许多人也照着他们做，这样我们的读者就越来越多了。这是由于我会写一些文章带来的良好效果之一。另一个后果是，领导人物见现在控制报纸的人也会写东西了，就鼓励我，对我施予恩惠。布雷福德依然承印选票，还有法律，还有其他一些公共印务。他把州议会致州长的请愿书印制得既粗略又满是错误。我们把它重印了一遍，印制得精致、准确，还给每一位州议会议员送去了一份。他们当然能感觉到差异所在，这使得支持我们的议员说话更有力了，他们就表决决定下一年度他们的印务都由我们包了。

我们在州议会的所有朋友当中，当然不能忘记已经提到的汉密尔顿先生，他那时从英国回来了，还是州议会议员。他在这件事情上给予了我莫大的支持，他一直支持我，直至他生命结束。

大概这个时候，弗农先生使我想起了我欠他的钱，但他并没有对我施压。我给他写了一份坦诚的信，说明了我的过失，恳请他缓一些时日，他同意了。我一有足够的钱，就连本带利还给了他，对他万分感激。这样，我那个错误在某种程度上说已经改正了。

但是又出现了一个我万万想不到的困难。梅雷迪斯先生的父亲，根据原来的约定，他给我们的印刷行出资，但他只能够出一百英镑，已经付了，但还欠另外一个商人一百英镑，那个商人没耐心了，就到法院告了我们。我们出了保释金，但很清楚：如果我们不能很快筹齐钱，这一诉讼很快就要审判裁决，到时候我们充满希望的憧憬将被毁灭，因为铅字和印刷机都将被卖掉来抵债，或许还是半价出售。

在这危难关头，我的两个朋友真正的友情使我毕生难忘。他们互不相识，各自来找我，说如果可能的话，他们自愿为我垫付所有所需款项，以使我能够独自经营。但他们不愿看到我和梅雷迪斯再合伙了，因为据他们所说，经常有人看见梅雷迪斯喝醉后在街上闲逛，也有人见他在酒馆玩低级赌博，这些都有损我的声誉。这两位朋友是威廉·科尔曼和罗伯特·格雷斯。我告诉他们说只要他们父子还有希望完成他们在协议中所说的，我就不能提出散伙，因为我对他们所做的事情很感激。但如果他们不能履行合作协议了，而我们的合作关系非解除不可，那时我就认为我可以随意接受朋友们的帮助了。

因此这件事暂时告了一个段落，当我告诉我的同伙："或许你父亲对你在我们合作中的表现不满意，因此他不愿意把本来该给你一个人出的钱，出在我们两人身上。如果是那样的话，告诉我，我将退出合作，离开此地"。"不，"他说，"我父亲确实失望了，而且的确支付不起。我不想让他苦恼。我知道我不适合印刷业。我生来是农民，傻里傻气地跑到城镇来，30岁了，还去做一个新的行业的学徒。我们威尔士的人们都将在北卡罗来纳州定居，那里土地很便宜。我准备和他们一起去，从事我的老本行。你可以找到朋友帮助你。如果你能承担印刷铺的债务，把我父亲出的一百英镑还给他，帮我还清私人的一些小债务，给我三十英镑以及一个新的马鞍，我就退出合作关系，一切交由你。”我同意了这个提议：我们把它写在了纸上，签了字，盖了印章。我给了他所要求的，他很快就去了卡罗来纳州，之后第二年他给我寄了两封长信，包含对该地区最好的描述，提及那里的气候、土壤、畜牧业等，因为他对这些本来就很在行。我把他写的信印了出来，公众对此很是满意。

他一离开，我就向我那两位朋友求助。由于我不想偏向任何一边，我就从他们那里分别借了我要借的款项的一半。我把印刷铺的债务还清了，就宣布合伙经营解散，开始以我自己的名义经营生意。我想这大约是在1729年吧。

大约在此时，群众中有了更多对纸币的需求。当时整个宾夕法尼亚州流通的纸币总共只有1.5万英镑，这个数目不久也会减少。那些富裕的人们反对增加纸币，反对所有纸质现金，因为他们认为纸质现金会贬值，就像在新英格兰一样，这会使债权人处于不利地位。我们曾在“密社”中讨论过这个问题，当时我同意增加纸币，因为我相信1723年铸造的少量货币好处很多，体现在促进贸易、就业和增加居民上，因为我现在看到所有老房子都住满了，还新建了许多房子。然而我清晰地记得，我第一次走在费城的街上，吃着我的面包卷，看到胡桃街上的从第二街到前街这一段的多数房门上都贴着招租告示：“此房出租。”栗子街和其他一些街道上的房屋也是如此，当时我以为这座城市的居民都在一个接一个地离开这里呢。

我们的讨论使得我对这个问题理解得相当透彻，我便匿名写了一本《试论纸币的性质和必要性》的小册子。总的来说，它很受普通大众欢迎。但是富人不喜欢，因为它加强了增加纸币的呼声，而且他们中间没人能写文章来回应这个小册子，因此，他们的反抗越来越弱，这样增发纸币的决议在大多数州议会议员中通过了。我在州议会中的朋友们想到我对此法案的通过有贡献，以让我印制纸币作为对我的报酬。这个工作很赚钱而且对我很有帮助。这是我能够写作所带来的第二个优势。

这些纸币的效用经过时间和实践的考验，变得非常明显，此后也没再引起更多争议。虽然我认为纸币发行是有极限的，超过那个数量极限之后将会有害无利，但由于商贸、建筑、居民人数在不断增加，很快就增至5.5万英镑，直到1739年，已增至8万英镑，自那以后到战争期间增至35万英镑。

之后不久我从我朋友汉密尔顿那里得到了承印纽卡斯尔纸币的活，当时我认为那是很赚钱的活。因为对不很有钱的人来说，小生意也是大买卖。而这些对于我来说，确实非常有利。他还给我介绍了纽卡斯尔的法律以及选举票的印制活，这一项活计一直持续到我不干这一行为止。

我现在开了一家小文具铺。我卖各种各样的空白单据——那时殖民地里出现的最标准的单据，我的朋友布雷特诺在帮我经营。我还经营纸张、羊皮纸，小贩的账簿等。我在伦敦认识一个叫做怀特麦西的排字工人，他技艺精湛，现到我这里来了，和我一同持续、勤奋地工作。我收了阿奎拉·罗斯的儿子为学徒。

我开始偿还我承接下来的店铺的债务。为了维护我作为一个商人的信誉和人格，我不仅要做到真正的勤奋与节俭，还要避免一切反面形象。我穿着朴素，从没有人见过我在无益的地方出现。我从不去钓鱼或者打猎。因为看书，我有时的确没有按时工作，但那很罕见，且不明显，也不会带来坏名声。有时为了显示我并不认为我的行业卑微，我会把我从街上纸店买的纸用独轮车推运回家。我因此总被看做是一个勤劳的、身强力壮的年轻人，而且绝不拖欠账款，所以进口文具的商人们都希望我再次光顾。其他有些人提议要我替他们代销书籍，我的事业很顺利。同时，凯默的信誉和生意都日渐衰败，最终他不得不卖掉印刷行以还欠下的钱。他去了巴巴多斯，好些年都过得很贫穷。

他的学徒，戴维·哈里，我在凯默那里工作时曾指导过他。他买下了凯默的设备，就在费城同一个地方开张了。起初我以为他是个强有力的对手，因为他的朋友能力很强，而且实力强大。因此我提议要和他合作，幸运的是，他鄙夷地拒绝了我的提议。他很高傲，穿得像个绅士，生活过得很奢侈，常在外寻求消遣和娱乐，因此欠了债，也荒废了他的事业，他的生意都没了。这样，他无事可做，就学凯默，去了巴巴多斯，他把印刷行也搬了过去。在那里，学徒雇用了当初的雇主为员工，他们经常吵架。哈里欠债越来越多，最后被迫卖掉了他的铅字，回到了他的祖国，在费城工作。买了铅字的那个人雇了凯默来操作它们，但几年后他就死了。

现在费城我的竞争者就只剩下老对手布雷福德了。他不缺钱，生活优裕，只是偶尔雇一些零工给他印刷一点东西，就算生意惨淡他也不着急。然而，因为他掌控驿站，所以大家都认为他更有机会获取消息。他的报纸比起我的报纸，被认为是更好的广告报纸，因此数量就很大，这对他来说，很赚钱，对我来说也有利。因为，尽管我是从驿站接收和寄送报纸，而别人却不知道，我能寄送是因为我贿赂了驿站的骑师，他们私下把它们寄走，也是私下里接收报纸的。布雷福德不讲情理，禁止那样做，这使我有点生气，并且因此有些瞧不起他。后来，我管理驿站时，下决心绝不像他那样做。

到那时为止，我一直和格德弗雷一家一起住，他和他的妻子还有孩子们一起住在我房屋的一部分，另一边在我铺子隔壁开了个玻璃铺，虽然他很少工作，却热衷于他的数学。格德弗雷夫人给我和她的一个亲戚的女儿做媒，她常常找机会使我们见面，到后来我真喜欢上了她，因为她本身很值得爱。附近那些老人鼓励我，常常邀请我去吃晚餐，把我们单独留下，直到最后该摊牌了。格德弗雷夫人给我们传话。我告诉她我希望能因他们的女儿获得足够偿还我的印刷铺欠下的钱，我相信那时少于一百英镑。她带话给我说他们付不起那么多的钱，我说他们可以去银行把房子抵押了。几天后，他们对此的回答是：他们不同意我们的婚姻了。他们问过布雷福德，印刷业是个不怎么赚钱的行业，因为铅字很快就会磨损，需要更多的铅字。凯默和哈里都相继失败了，我也随之很快要失败了。因此，他们不准我去他们家，他们的女儿也被禁足了。

这是真实的由于观感的改变，还是仅仅是一种计谋，他们以为我们的感情已经相当深厚，因此我们会私奔，这就会让他们有给或者不给嫁妆的自由，我就不得而知了。但我怀疑是后一个原因，这使我非常生气，之后都不再去了。后来格德弗雷夫人带回他们态度转和的消息，想让我再去，但我已经下定决心再也不与那家人有任何瓜葛了。格德弗雷一家因为我的这个举措很生气。我们之间产生了裂痕，他们搬走了，留我一个人住在一套房子里，我决定不再找人合租了。

但这件事情使我有了想结婚的想法，我就慎重考虑了一下我的情况，到其他地方去问了问朋友。我发现，印刷业普遍被认为是一个不赚钱的行业，我不能期望从妻子那边得到钱，除非从那些不合我意的女子那里。同时，那难以控制的青年情欲使我经常和那些碰到的下流女子发生关系，这既需要花钱，而且还会带来麻烦，而且使我长期处于会传染我最害怕的疾病的危险之中，尽管很幸运，我没有被传染。在这期间，我和里德夫人一家一直以邻居和好朋友的身份保持着友好的联系，他们从我住进他们家起就一直很尊重我。他们常常请我去做客，并向我询问一些关于他们的问题的意见，有时我能帮忙解决。我对里德小姐的遭遇深感同情，她总是郁郁寡欢，很少快乐，而且避免与人交往。我想由于我在伦敦的轻浮和变心，是构成她不幸福的很大一部分原因，尽管她母亲说不是我的错而是她自己的错，因为她阻止我们在我去伦敦前完婚，还在我不在时劝她女儿嫁给另一个人。我们之间的感情又恢复了，但是要结婚还得解决许多困难。她的第一次婚姻确是无效的，因为据说她前夫的前妻还活着，在英国。由于距离很遥远，这点不容易被证明。而且，据说他已经死了，但又不确定。就算他真死了，他还留了许多债，他的继承人得替他偿还。然而，我们克服了重重困难，于 1730 年 9 月 1 日完婚。我们预计的麻烦一个也没发生。她是一个善良忠实的伴侣，在照看铺子方面帮了我大忙。我们共同努力，也努力使对方幸福。这样我把我的那个错误改正得尽可能好了。

大约此时，我们俱乐部的集会不再在小酒馆了，而是在格雷斯先生特意为此留的一间小屋里。我提出一个提议：由于我们常常参考我们自己的关于讨论时的问题的书籍，那么我们把它们都放到一起可能会方便一些，那样便于参考。通过把我们的书籍聚集到一个公用的图书馆，尽管我们比较喜欢把它们放到一起，我们每个人也有使用其他人的书籍的机会，这和每人有所有的书一样有益。大家很喜欢这样，一致同意了，我们就把暂时不用的书籍放在房间的一端。书籍的数量没有我们想得那么多。尽管把它们放在一起非常有用，但由于无人管理也带来了很多麻烦，大约一年以后，这些书籍又分开了，被各自带回家了。

这时我开始策划我的第一个公共项目，就是筹划一个订阅图书馆。我起草了这个提案，请我们伟大的公证人布洛克登改写成适当的格式，在我"密社"里朋友们的帮助下，我们租出了五十个订阅户，每户最初要交四十先令，以后五十年中每年都只交十先令，每个订阅户在我们公司的有效期是五十年。随后我们取得许可证，公司订阅户增加到一百人：这是所有北美订阅图书馆的前身，现在有无数的订阅图书馆。它自身成为了一个伟大的项目，而且数量不断增长。这些图书馆改善了美洲人普遍的交谈，使得商人和农民也和其他国家的多数绅士那样充满智慧，或许，其在某种程度上为遍布殖民地的人们捍卫他们的权利做出了贡献。

备注：到此是为达到最初所说的那个写作目的，因此包含了许多对于其他家庭不重要的、小家庭的逸闻趣事。后面的内容是很久以后，应这些信件的要求为公众写的。独立革命的工作使得自传的撰写中断。

艾贝尔·詹姆士先生的来信，附我的自传说明。（于巴黎收到此信）

我敬爱的朋友：我时常想给您写信，但是总会想到信会落到英国人手里，唯恐某个印刷商或者好事之徒把信的内容印刷出来，给我们的朋友带来苦痛，我自己也会遭受不幸。

不久以前，约二十三页您亲笔写的手稿到达我处，我十分高兴，信中包含有您对令郎讲的，您的出身以及直到1730年为止的有关生平的叙述。还有附录，也是您的手稿。我誊写了一份附录随函附上，希望它可以在您今后继续写时，把前后两部分拼接起来。如果您至今未继续动笔写的话，我希望您别耽搁了。人生不定，正如传教士告诉我们的。要是善良、厚道、仁慈的本杰明·富兰克林离开他的朋友、与世长辞，致使人世间少了一本如此有趣又大有裨益的著作，一本不仅对于少数人，而且对于上百万的人们来说都有用而且饶有趣味的著作，那么世人将说什么呢？这一类作品对青少年的影响是巨大的，而且在我们的公众领导人物的日记中其作用尤为明显。它会使年轻人不知不觉地就有作日记作者的决心，成为和作者一样优秀和杰出的人。比方说，假如您的传记发表（我想一定会发表的），使得那些青年一代能和您年轻时候一样勤奋、耐心，那么，这个作品是多么有益啊！在现存的人中，或者他们都加起来，也不会有您对美国青年关于勤奋、尽职、节俭的影响那么深刻。我并不是说这部作品在世间没有其他优点和作用，远不是那样的。但这第一个作用是那么重要，我想不出其他任何东西能赶得上它了。

我把上面那封信及其详细的附件给了我的一位朋友看，后来收到他下面这封信：

本杰明·沃恩先生的来信

1783 年 1 月 31 日，巴黎

我最亲爱的先生：

当我读过了你的贵格会友人找到的，记载您人生中主要事迹的手稿之后，我告诉过您我要写封信给您说明我为何认为按他的要求把它写完整并发表出来是一件很有益的事情。但是各种事情抽不出空使得我没有时间写这封信，同时不知道该不该对这封信寄予希望。然而，现在有空了，我可以通过写这封信来使自己感兴趣或者获得教益。我要使用的说话方式可能会冒犯您这样的人，我仅告诉您我将如何称呼另外一个像您那样善良伟大，只是没有您那么谦逊的人。我会对他说，先生，我因以下动机恳请您发表您的自传：您的一生是如此显要，如果您不发表您的传记，也会有其他人发表的。或许别人写的多少会对您不利，不如您自己写得好。况且，您的传记可以介绍贵国的内部情况，他一定会吸引高尚、有头脑的人到贵国去。考虑到这些移民对这类介绍的需求，就您的声望来看，我想没有什么比您的自传产生的效果更好了。您一生的经历也和一个逐渐崛起的民族的一切风土人情紧密相关。就这方面而言，我认为对于一个真正研究人类特性和人类社会的学者来说，您的自传的有趣程度不亚于恺撒大帝和塔西佗的著述。但，先生，在我看来，比起您的人生经历对形成将来的伟人的作用，还有您打算发表的《道德的艺术》对个人道德的提升，还有对公共和家庭幸福的帮助，这些都是微不足道的理由。先生，我所指的两部作品，尤其会成为自学的崇高法则和实例。学校教育和其他类型的教育时常以不正确的方式进行，表现得像是一套指向错误目标的笨拙仪器。但是您的教育方法很简单，而且目标也是很真实的。当父母和孩子因找不到合适的谋生行路而彷徨失措时，您发现事情都是在个人的能力范围内，这相当有价值！而这对个人后期性格的影响，不但为时已晚，而且效力很微弱。人的主要习惯和好恶都是在年轻时候形成的。年轻时候，我们选定职业、追求和配偶。因此，青年时期是一个转折点；青年时期甚至还会形成教育下一代的观念；青年时期决定了一个人的公德与私人道德。人的一生是从青年时期到年老时期的过程，因此我们从青年时期就得好好开始，尤其是在我们决定我们的主要目标之前。而您的自传不仅会教会人自学，而且会教育人如何成为智者。已经是智者的人可以通过比照另一个智者的行为细节来提升自我。当我们看到我们的民族从远古时候就一直在黑暗中摸索，没有一个这方面的指路人时不禁要问：为何要剥夺对弱者的这种帮助呢？那么，先生，给儿子和父亲展示一下其需要做多少努力吧。让所有智者变得如您般智慧，也让其他人成为智慧之人。当看到政客和军人对人类是多么的残忍，那些杰出人士对于他们的朋友是多么荒唐可笑时，我们就会发现，目睹温和顺服的风气的增长，发现伟大的品格和善于持家的秉性、值得钦羡的能力与和蔼可亲的作风如何能够共存于一身，对我们是大有益处的。

当然，您也得叙述那些私人小事，这些叙述是相当有用的，因为我们想要看您在处理日常事务时体现出来的准则，而且也很好奇您是怎么处理的。这叙述即将成为一种生活指南，向人们解释本应该早有人给他们解释过的一些问题，给他们通过预见变得明智的机会。与亲身经历最接近的是阅读别人的有趣的事迹。您一动笔写您的自传就能达到这个效果。我们经历的事情和我们处理它们的方法使得您的自传有种平易近人之感，会令人深刻体会到处世之道的重要性。而且我相信您叙述这些事情时都是以别出心裁的方式，就如您在主持政治或者哲学的讨论时一样（假如我们考虑到人生的重要性和其中的过失），那还有什么东西比人生更值得加以实验使其系统化呢？

有些人善良得毫无原则，其他人成天胡思乱想，而有些人没把才智用在正道上。但是我确定，先生您写出来的，一定是又明智、又实用、又善良的东西。您对自己的描述（由于我认为我正在描述的这个与富兰克林博士类似的人，不仅在性格方面与他类似，而且个人经历也很类似）将表明您不以出身卑微为耻。更重要的是，您将证明出身跟幸福、美德、伟大是没什么必然联系的。但是要达到目的都需要一定的方法，先生，因此我们会发现，即使是您也需要拟定出使您变得如此显著的计划。同时我们会明白，虽然结局是美好的，但是达到这样的结果的方法很简单，人类普遍的智慧都想得到：即凭借本性、道德、思想和习惯。自传证明的另一点是：每个人都应等待适当时机出现在世界舞台上。我们的感觉大多集中在当下，我们易于忘记日后还有时机，因此人当调整自己的行为以适应他的整个人生。您的成功似乎应归功于您的一生，您生命转瞬即逝的每一刻都因充满知足和幸福而显得生动活泼，而非充斥着荒谬的焦躁和懊悔。这些行为对于具有美德，并且通过以其他伟大人物为榜样来提高自身修养的人来说，是很容易的，耐性是这些人们的特征。先生，您贵格会中的通信者（在此我又假定我写信的主人公与富兰克林博士相像），赞赏了您的节俭、勤奋还有节制，他认为这些品质是所有青年人必不可少的。但是他遗忘了您的谦逊以及无私，如果没有这两点，您是不可能耐心等到您发迹的时机的，也不可能在这期间生活得坦然。这是对于表明荣誉的缺乏和控制我们思想的重要性的强有力的典范。倘若这位通信者和我一样了解您的品性，他可能会说，您以前写的文章和提出的议案会使人们注意到您的自传，还有您的《道德的艺术》。反过来，您的自传和《道德的艺术》也会使人们注意到您的文章和议案。这是思想性格具有多面特点的人的一个优势，这种性格能充分利用它所有的一切。这样您的自传的用处将会更大，因为或许不知如何提升思想还有人格的人，比缺少时间和志向来做这事儿的人更多。但是，先生，最后还有一点见解，能说明您的自传的用途。这种文体似乎有些过时，然而却非常有用。您的范本或许特别有用，因为它可以和社会上的杀人犯和阴谋家的传记相比，还可以与有违人伦的隐修院里的苦行僧或者自视清高的文人的传记相比。如果它能鼓励更多人写自传，使得更多人度过一段适合写传记的人生的话，它将等于把所有普鲁塔克的所有传记加在一起。但是我厌烦于空想有这么一个人，他的每个特征只适合世界上的某一个人，我们不能因为他的特征而赞扬他，我将提出一个个人的请求来结束我的书信，我亲爱的富兰克林博士。我诚挚地期望，我亲爱的先生，让世人了解您的品质，因为恐怕政治上的争论掩盖或者诋毁了您的真实品质。考虑到您已高龄，您的品性十分审慎，以及您独特的思考方式，不太可能有他人能够充分掌握您人生中的一些事实，或者您思想的意图。除了所有这些以外，此时的大革命必然会把我们的注意力转向革命的首创者。既然革命号称是为了一些高尚的原则，那么指出这些原则如何真正影响了革命就相当重要了。由于您自己的品德将是受到彻查的主要对象，您的品行就应当（即使是为了对您那巨大的蒸蒸日上的国家和对英国和欧洲的影响）受到敬仰并且流芳百世。为了人类进一步的幸福，我一直认为有必要证明人类目前还不是邪恶、可憎的动物。更需要证明的是，合理管治可以补救人类。由于同一个原因，我急切地想让人们认可，在整个人类社会中还是有一些品德高尚的人的，因为如果我们把人类无一例外地看成邪恶的，好人也会停止做一些被认为是毫无希望的努力，或许想在人生的争夺中获得一定的收益，或许至少使他们舒适一点。那么，我亲爱的先生，请尽快着手这个著作：把您写得很好，因为您的确很好；表明您是有节制的，由于您确实如此；最重要的是，证明您是一个从小热爱正义、自由与和谐的人，如我们所见，您在您七十载的春秋里一贯如此，以此方式来实现您的信念，让英国人不仅敬重您，甚至热爱您。当他们赞赏您的国家的人时，就会很自然地赞扬您的国家。当您的国人见到英国人高度评价他们时，他们也会对英国有好感的。把您的目光放得更远一些，别仅仅停留在说英语的人们，您解决了如此多的自然和政治的问题，应该想到使整个人类有所提升。由于我尚未读过这一自传的任何一部分，仅仅认识自传的主人公，所以信中内容是我胡乱写的。然而，我确信，我所指的人生和著述（关于道德的艺术）必然会符合我多半的期望。如您能接纳我的上述意见，就更合我的期望了。如果您的自传不能满足您充满希望的崇拜者，您至少完成了两部使人们感兴趣的作品。任何人，只要能够给人一种单纯的快感，他就给生活增添了不少幸福，不然生活就因为焦虑和痛苦而变得过于黑暗了。因此，希望您能听从给您写这封信的人的恳求，我最亲爱的先生。

本杰明·沃恩

自传续编

1784 年于巴黎附近的帕西开始续写

我收到上面的信件有一段时间了，但我之前一直太忙了，现在才想起满足信中的请求。要是手头有我放在家里的笔记以用来辅助我的记忆，并方便确认日期的话，写起来就容易多了。但我指不定什么时候才能回去，恰好有些空闲时间，我会尽力把回忆起来的内容写出来。如果我还能活着回家，我会再在家中更正，以使我写的内容更加准确。

我这里没有已经写过的备份，虽然我记得我已经讲到接近创办图书馆的时期（1730 年），但我不知我是否已经描述过我是如何建立起费城的公共图书馆的，起初图书馆规模很小，现在变得相当大了。因此我就在此从对建立图书馆的描述开始吧，如果我后来发现已经讲过了，就再把它删去就是。

我在宾夕法尼亚州开业之时，在波士顿以南的任何殖民地都找不到中意的书店。在纽约和费城，印刷铺的确就是文具店。他们只出售纸、历书、民谣和一些常见的教科书等。那些好读书之人就不得不从英国订购他们的书籍了。“密社”的成员每个人有几本书。我们离开了起初聚会的小酒馆，租了一个房间来容纳我们的俱乐部。我提议把我们的书都拿到那个房间去，那样不仅方便查阅，而且对大家都有益，只要我们当中任何一个人想拿回家读，他都有借书的自由。这个提议被采纳，一段时间内还真的满足了我们。

我发现这小型的书籍收藏地很有益，就提议成立一个公共订阅图书馆，通过收集更普遍的书籍提供益处。我把提案以及必要的条款写了下来，找到一位专业的公证人，查尔斯·布洛克登先生，把这些都写成需要签订的协约形式。每一位订阅者都要付一定的费用，这些钱用以购置第一批书籍，每年再交一点会费来增加书籍。当时费城的读者太少，而且大多都是穷人，以至于我很努力也找不到五十个订阅户，大多订阅户是年轻的商人，愿意每人付四十先令，后来每年付十先令。运用这么点资金我们开始了。书籍都是进口的。图书馆每周向借阅者开放一天，读者都承诺：如果没有如期归还将赔偿该书籍的双倍价格。这个机构很快就显示出了它的价值，其他城镇和州也纷纷效仿。由于有人捐赠，图书馆规模越来越大，读书也变得流行起来。我们的民众越来越喜欢读书，没有其他公共娱乐方式能够把他们的注意力从书籍转移开。几年以后，陌生人都发现，这里的人们比起其他同类国家的人们更有文化修养，也更有智慧。

我们准备要签订上面提及的订阅合同，这个合同期限为五十年，对我们和我们的子孙都有约束力，公证人布洛克登先生对我们说："你们都是年轻人，但是你们当中不太可能有人能够活着看到所定期限过期。"我们当中好几个人现今仍活着，但是那个协约几年后就遭宣布无效，同时那个订阅图书馆被一纸特许证改成了一家永久的公司了。

我在寻求订阅者时，遇到了不少拒绝和不情愿的情况，这使我很快感觉到：在推行一些有用、可能使某人的声誉比他的邻人提高一点点，而又需要他们的帮助来推行的计划时，不要说出自己就是那个计划的首创者。因此我尽量把自己隐藏起来，说那是我的一些朋友的计划，他们请我四处去向那些看似要读书之人提议这个计划。这样，我的计划发展得更加顺利了，我之后还试过几次。这样做经常成功，因此我诚心地向大家建议这个方法。你暂时牺牲的一点点虚荣心以后会得到巨大的回报。如果暂时这事情当归功于谁还不清楚，比你更爱慕虚荣的人会承认那是他的功劳，那时甚至嫉妒都会帮你主持公道，把那些被冒领的羽毛还给它原本的主人。

这个图书馆给我提供了不断学习、提升自我的途径，为此我每天腾出一两个小时，这样就弥补了当年我父亲想让我受的教育。我只允许我有一个休闲项目，就是阅读。我从不花时间在酒馆、游戏或者各种类型的聚会上。在事业上，我依然勤奋踏实，因为这在当时是必要的。我的印刷行使我背负了债务。我自己的小孩需要受教育，在事业上，我得和在我之前就在费城开业的两家印刷铺竞争。然而，我的境况越来越顺了。我本来就有的节俭的习惯一直保留着，在我是个孩子的时候，我的父亲在教导我时，经常重复所罗门的一句箴言："如果一个人做事勤奋，那他不会站在中庸之人面前，而会出现在君王面前。"由于这句话，我认为勤奋是获得财富和名誉的途径，尽管那时我没有想象到我会站在君王面前，但这句话当时的确鼓励了我。后来，那一切的确发生了：我曾出现在五位国王面前，还曾与丹麦国王一同进餐。

有句英语俗语说："人要事业繁荣，得请教其妻子的意见。"我非常庆幸有位和我一样勤奋、节俭的妻子。她在我的事业上对我帮助极大，她帮忙折叠、装订小册子，照料铺子，替造纸商收购破旧的布料等。我们没有多余的员工，我们的食物很朴素，我们的桌子简单朴实，我们的家具是最便宜的。例如，我们的早餐长期都是面包和牛奶（没有茶），我用的是一个价值两便士的陶制粥碗和一只白镴调羹。但请注意奢侈是如何侵入家庭的，而且越来越猖獗，尽管原则上我反对它：有一天早上，妻子叫我吃饭，我发现盛食物的是一只瓷碗，还有一只银调羹。我妻子瞒着我买的，她花了二十三先令的巨额款项，她没有其他理由，只是想让她的丈夫也能像他的邻居一样用上银调羹和瓷器。这是我们家第一次出现银器、瓷器，后来几年，随着我们财富的积累，用在这些方面的钱也有好几百英镑。

在宗教信仰方面，我受的是长老会的教育。尽管那个教派的一些教义，例如上帝永恒的天意，上帝的选拔、天罚等，在我看来是难以理解的，其他一些教义是令人怀疑的，我从小就不去长老会教堂做礼拜，礼拜天是我的学习日，但我仍然保持着一些宗教信仰。例如，我从不怀疑上帝的存在；不怀疑是上帝创造了世界，上帝按照天意管理世界；最令上帝满意的公共事业是对人行善；我们的灵魂是永生的；所有恶行都会遭报应，所有善举都将得到嘉奖，不在今世就在来世。我想这些是每种宗教必不可少的，我们国家所有的宗教也都有这些内容。我很尊重这些信仰，但是程度不相同，因为我发现它们或多或少混杂有其他东西，这些东西不会激励、提升或者加强人的道德修养，却主要致力于离间我们，使我们彼此不友善相待。我认为，即使是最不好的教派也会有一些好的影响。我的这种态度使得我能避免说出任何会使人对自己的教派产生不良感觉的话语。由于我们州的人口增长了，因此还一直需要新的教堂，而且一般是通过自愿的捐献建立起来的，不管是什么派别需要捐助时，我都会尽微薄之力。

虽然我很少去公共教堂，但是对教堂正确运用的特征和用途还是了解的，我也每年定期捐钱支持费城唯一的长老会的教长和聚会所。他有时会作为朋友前来拜访，并劝我去他的教堂做礼拜，偶尔我也会去，我曾连续五个礼拜天都去了的。要是他在我眼中是个好的布道者，我可能就继续去做礼拜了，尽管那是我用来学习的时间。但是他的演讲主题不是神学上的争论，就是阐述长老会奇特的教义，所有这些对我来说都枯燥乏味、无趣、没有启发作用，由于他的讲道从不宣扬和鼓励任何道德原则，它的目的似乎不是让听者成为好公民，而是让他们成为长老会的教友。

最后，他把《腓立比书》的第四章作为他讲道的内容："最后，兄弟们，凡是真实、善良、正直、纯洁、可爱、名誉好的、有美德有可赞赏的地方的事物，都多加以思考。"我想听了以这些为内容的布道，我们不可能会不提及任何一种道德。但他只局限于五点，认为这五点就是师徒的本意，即：（1）坚持过安息日；（2）勤奋阅读圣典；（3）按时做礼拜；（4）参与圣礼；（5）尊敬教长。这些或许都是好事。但是，由于这些都不是我期待的布道内容中的好事，我再也不能从其他经文中期待我要的东西了，我因此厌腻了，再也没出席过他的讲道。之前（1728 年）我编写了一本小小的祈祷书或祈祷文，想留做自己用，题目是"宗教信仰和行为条例"。我转而使用起那一本了，再也不去公众的宗教集会了。我的行为或许会遭谴责，但是我不管那些，也不会深入解释原因。我目前的目的是联系实际，而非给他们道歉。

大约在这个时候我有了大胆而艰巨的目标：使道德完美。我曾希望无论何时都不犯任何错误；我想克服所有天生的和习惯性的，或是由于交友不慎引起的缺点。因为我知道，或者自认为我知道对与错，但我不明白我为何不能只做对的事而避免错的事。不久我就发现我所做的比我想象的要困难得多。当我警惕犯一种错误时，常常会因为犯了另一种错误而惊讶。习惯趁我不注意就发生了。倾向爱好又太强大了，根本无须理由。最后，我总结到，想完全只有美德是我们的志趣，那仅仅是一种想象的信仰，不足以阻止我们犯错。在我们形成稳定的始终不犯错误的行为模式以前，恶习必须丢掉，还必须建立好习惯。为达到这个目的，我试过下面的方法。

在我阅读时遇到的大量关于各种美德的书当中，我发现对美德的分类数目众多，因为不同的作者对不同的道德理解不同。例如，节制，有些人仅限于吃与喝，而其他人延伸至其他任何乐趣，如食欲、癖好、身体和精神上的情欲，甚至还有贪婪与野心。我主张为了明确，可以多设置一些条目，每一项下面的含义少一些，而非条目较少，每一项下面含义却很多。我把到那时我认为必须的和相宜的美德归为十三项，在每一项下面都加了一些简单的描述，充分阐明我认为该词应有的含义范围。

这些美德条目及其描述如下：

(1) 节制：食不过饱，酒不过量；

(2) 缄默：避免空谈，言必对己和对人有益；

(3) 有序：东西放置的地方、做事情的时间要心中有数；

(4) 决心：决心去做该做之事；在完成之前不言放弃；

(5) 节俭：对人对己有益才花钱，即绝不浪费；

(6) 勤奋：珍惜时间，做有益之事，避无谓之举；

(7) 真诚：不欺骗，有良知，为人厚道，说实在话；

(8) 正义：不做不利于他人的事，不逃避自己的责任；

(9) 适度：避免走极端，能容他人对己之伤害；

(10) 整洁：保持身体、衣物、住所的整洁；

(11) 冷静：不因小事或不可避免的平常事心烦意乱；

(12) 禁欲：少行房事，除非考虑到身体健康或者延续子嗣，不要房事过度，伤害身体或者损害自己或他人的安宁与名誉；

(13) 谦逊：效法耶稣和苏格拉底。

既然我的目标是要养成所有这些美德，据我判断最好不要企图一次性养成所有的美德，而要一次养成一个。每当掌握了一个之后，我会再去争取养成另一个美德，以此类推，直到我养成所有的十三种美德。由于养成前面的一些美德可以促进养成其他的某些美德，因此我按照上面的顺序来安排它们。首先是节制，因为它能使我头脑冷静、思路清晰，这对于保持警惕、避免再次回到之前的坏习惯、抵住连续不断的诱惑是必需的。养成这一个美德之后，缄默就更容易了。我设计的目的还有在提升道德的同时获得一些知识，并且考虑到交谈更重要的是用耳朵倾听，而非用嘴说个不停，因此想打破空谈和开玩笑的习惯——这种坏习惯使我只能与无聊的人交往——故我把缄默放在了第二位。这一点和下一点——有序，我想会让我有更多的时间来学习和达成我的目标。决心，一旦成为习惯，将会使我坚持不懈地去养成接下来的其他习惯。节俭和勤奋使我免于欠债，能达到富足和独立，还会使真诚与正直更容易，等等等等。我那时很同意毕达哥拉斯在他的“金诗篇”中说的有必要每日自省，我试着用以下的方法来做自我检验。

我做了一个小本子，每一页标上一个美德；每一页我都用红墨水画出七栏，每天一栏，每栏上面用字母代表礼拜几；我又用红线把这七栏画上十三个横栏，在每个横栏前面标上每一种美德的首字母；在对应的那一横栏上，我会在当天自省时发现我有过失的地方标注一个小黑点。其中一页的样板如下：

TEMPERANCE.							
EAT NOT TO DULNESS; DRINK NOT TO ELEVATION.							
	S.	M.	T.	W.	T.	F.	S.
T.							
S.	•	•		•		•	
O.	••	•	•		•	•	•
R.			•			•	
F.		•			•		
I.			•				
S.							
J.							
M.							
C.							
T.							
C.							
H.							

我决定每一周严格注意某一种美德，如此轮流持续。这样，第一周我极力注意避免打破节制这一点，而对其他的美德就一视同仁，到晚上的时候标记出一天内犯的错误。这样，假如在第一周内，标有“节制”的第一行明显没有标记，我就认为这一项已经加强了，它的对立面减弱了。那样，我就可以把注意力偏向下一条了，下一周就要使这两行都没有黑点。这样直至最后一条，我能在十三周内完成整个过程，一年可以进行四次。就像有一个花园需要除草的人，不会试图一下子把所有的草除完，因为他没有足够的精力一次除完，所以他会一次除去一块，然后下一次再除另一块。因此我想我看到自己在养成美德方面的进步后，一定会很开心，而且黑点越来越少，直到最后，循环几次后，我在又一次十三周的自省之后，发现那本小书干干净净的。

这是我从阿狄森氏的《卡托》里引用的几行诗，作为我的小书的题句：

我要坚持到底。若是上苍有灵

(一切万物、整个自然被创造出来时都在呼喊)，

上帝一定喜欢美德；

而他喜欢的一切都将被赐福。

另外还有出自西塞罗的几行诗:

啊，哲学，生命的指南，美德的探索者，罪恶的祛除者，照您的指示踏踏实实地干，总有一天会趋吉避凶的。

另外还有选自所罗门的关于智慧或者美德的箴言：

她的右手掌控一天的长短，她的左手掌控财富和荣誉。她的方式都是愉悦美好的，她的道路都是平静的。（第三章，第十六和第十七节）

我相信上帝是智慧的源泉，所以我认为在获得智慧的过程中，我需要并且可以寻求上帝的帮助。为达到此目的，我写了下面的祷告文，我把它写在我记录自省的小书的前面，以便每日使用。

啊，全能善良的上帝！仁慈的指路人！增加让我发现我真正的志趣所在的智慧吧！加强我执行智慧下的指令的决心！请接受我对您其他的子民衷心的服务，作为我对上帝终身赐福的报答！

有时我也引用汤姆森的诗歌，内容是：

光明与生命之父，至高的神明！
啊，教会我什么是善；认识至善之神！
让我远离愚蠢、虚荣还有恶习，
远离一切低俗的追求；
让我用知识、良心安宁，还有纯洁的美德，圣洁、真实、永不止息的幸福来充实我的灵魂！

“有序”的含义是我要做的事情都有给它分配时间，我的小本子中的某一页记着我一天二十四小时要做的日常事务：

清晨（5—7）

问题：今天我要做什么有益之事？

起床、洗漱和祈祷万能的上帝！计划一天的工作，做一日之决定；进行当前的研究工作，早餐。

（8—11）

工作。

中午：（12—1）阅读，或者查账，午餐。

（2—5）

工作。

傍晚：（6—9）

问题：今天我做了什么有益之事？

物归原处，晚餐，音乐或娱乐，或闲谈。反省一日之行为。

夜晚：（10—4）

睡觉。

我开始了这个自省的计划，偶尔会间断一段时间。我发现自己比我之前想象的错误要多，这令我很惊讶。但是看着它们逐渐消失，我很满足。为了避免不时换小本子，我就把之前出现的错误擦除，好又重新记载下一轮的错误，最后纸张上满是小孔。后来我把我的表格和题语都转到一本用一种光滑亮泽的厚纸制成的纪念册里，线条是用红色的墨水画的，那样经久耐用，在表格中我用黑铅笔标记我的过错，这种标记用湿海绵很容易擦除。不久以后，我一年当中只进行一遍这个过程，后来几年才进行一次，最终我完全省去了，由于我忙于旅行或者出差于国外，常常有许多事务阻挠我行使计划，但我一直带着这个本子。

关于秩序的计划给我带来了最多的麻烦。而且我发现，尽管一个印刷工人的事务会让他有固定的做事时间，但对于一个老板就不行了，他得出差，而且还要在工作之余的时间里接待商业人士。关于杂物、文件等东西的有序放置问题，我发现也是很难做到的。小时候我就没有这样做的习惯，但是由于我记忆力非常好，所以一点也不觉得放置东西缺乏秩序会给自己带来烦恼。因此，这一条让我很是伤脑筋，我常常犯错，进步不明显，而且常常重蹈覆辙。我差点儿就放弃这一条了，而且还对有那么点小缺陷很满意。就像有个人从铁匠（我的邻居）那里买斧头，他希望斧头的整个表面和斧口一样光亮。铁匠说如果他同意摇动砂轮，那他就同意磨。那个人摇动了砂轮，而那个铁匠把斧面紧紧贴在轮子上，这使得摇砂轮很费力。那个人不时从轮子那里跑过来看进展如何，最终要求就要之前那样的斧头，不用再磨了。“不，”铁匠说，“继续转动，继续。我们要它一点一点地光亮起来，它现在只是有斑点的斧头。”“是的，”那人说，“但是我想我喜欢有斑点的斧头。”我想这是件常见的事情，那些想使用这种方法的人，发现关于恶习和美德，想养成好习惯、打破坏习惯很困难。他们都放弃了这些尝试，而且总结道：“有斑点的斧头最好。”因为某些看似有道理的东西，使得我极度吹毛求疵，那是一种道德上的蠢事，如果被别人知道了，会被人嘲笑的。品行太好可能会有遭到嫉妒和仇恨的麻烦，仁慈的人会容许他自身有缺陷，给他的朋友们留点面子。

事实上，我发现自己在秩序方面是无可救药的。现在我上年纪了，记忆力衰退了，我感觉我的生活很需要秩序。但是，总的来说，尽管我没有达到当初我那么急切地想达到的道德上的完美，反倒差得很远，但是通过我的努力，比起不做出尝试的自己，我成为了一个更好、更快乐的人。就像那些意图通过模仿帖本达到书写完美的人一样，尽管他们不可能达到他们想象的那么完美，但是他们的书法在这个努力的过程中得到纠正，字写得不仅字迹清晰、方便阅读，而且还相当不错了。

我的子孙们应该知道他们的前辈一生中持久不变的幸运，直到他 79 岁写这个自传时，他靠的一直是这个方法和上帝的祝福。他在晚年会遇到什么挫折，全凭神的意旨。但是，如果它们到来，过去幸福快乐的回忆会使他更容易承受。他把长久的健康和至今还健壮的体格归功于他的节制；他把他早期境况的顺利以及发家致富归功于勤奋和节俭；他的知识使得他成为了一位有为公民，并且让他在知识界获得些许名誉。国家对他的信任以及赋予他的光荣使命应当归于他的诚恳和公正。他的脾气很温和，谈吐很有风度，这使得他能交到挚友，甚至对于年轻友人，他也是很受欢迎的，这些都要归功于他所有美德的综合，虽然他没有达到道德上的完美状态。因此，我希望，我的某些后裔能够效仿这一点，收获益处。

需要注意的是：尽管我的计划里并不是完全没有宗教，但其中却没有某一特定教派的教条的痕迹。我特意避免了这些，因为，我完全相信我的方法的实用性和其完美度，也相信它对于任何教派的教徒都适用。我还想找个时间将它们发表出来，其中不会有可能引起任何教派反对的内容。我本打算对每一条美德都写一点评论的，在其内容中我会表明养成该美德的好处所在，以及与它相反的恶习的危害性。我将把我写的书籍叫做《道德的艺术》[①]，因为它指出了获得该美德的方式方法，这比起仅仅规劝人们要做好事情来得更实在。规劝并不会指出方法并进行指导，却更像口头慈善家似的传教士——他们只叫那些赤裸和饥饿的人吃东西、要穿衣，却不告诉那些人如何或者到哪里可以得到食物和衣物。[②]

但是很偶然地，我撰写和发表评论的打算终究没有实现。有时我确有写下一些短句、推断等，以备写评论时用，我还随身带着一些。但是年轻时候我密切关注我个人的事业，后来又得关注公共事务，使得我一再拖延写这个评论的计划。因为它是一个宏大而广泛的计划，这个计划需要人全身心地去执行，一些不能预料的事务阻止了我着手写这个评论，因此至今还未脱稿。

在这一评论当中，我本想解释和运用这样一个教义：如果仅仅考虑人的本性的话，恶行并非由于它们被禁止而有害，而是由于它们有害才被禁

① 没有什么比德行更能给人带来财富的了。——富兰克林原注

② 新约《雅各布》第二章，第十五、第十六节。

止。因此，想成为一个快乐的人，得做个有道德的人，这对人很有益处。从这一情况来看（世界上有许多富商、贵族、国家和君王都需要诚实的人去管理他们的事务，而诚实之人又如此匮乏），我努力告诉年轻人没有其他品质能像正直和诚实那样容易让一个人发家致富。

起初我的美德列表只有十二条，但是我的一位贵格会友人告诉我说，人们普遍认为我有一些骄傲，在会话中常常体现出这一点。无论讨论什么，即便被承认是正确的我也不满足，并带有压倒一切的色彩，而且很傲慢，他还举了一些例子来说明。我决心要尽可能地努力克服并改正这种坏习惯和恶行，因此我在美德列表中增加了谦虚这一项，并对该词写出释义。

我不能吹嘘在养成谦虚习惯方面上我有多大的成就，但至少在表面上，我有不少进展。我常常不许自己说出一些很明显与别人的意见相悖的话，或者太过肯定的话语。我甚至和我们的“密社”的老规矩一样，不允许自己说出一些表明肯定见解的词句，例如“肯定”、“毫无疑问”等等。我反而会选用“我认为”、“我料想”，或者“我猜想某事是如何如何的”，或者“在我看来好像是”，当别人提出了一个我认为不正确的意见时，我不会很激烈地反驳他，立即提出他的观点中荒谬的地方。在回答的时候，我会说在某些情况下他的观点可能是正确的，但在目前情况下，在我看来似乎或是好像有点不同等。我很快就发现了这种说话方式的优势所在，我参与的对话都进行得更加愉快了。我提出自己意见时的谦虚的方式使得他们更易接受我的观点，并且矛盾也越来越少。当别人认为我是错误的时候，我也不感觉那么懊丧了；当我是对的时候，我也更能说服别人放弃他们错误的观点，接受我正确的观点。

最开始我很不适应这种方法，但最终还是感到自然了，我想在过去五十年当中应该没有人听我讲过武断的话吧。我想起我早年提议建立新制度或者修改旧制度的经历，我的意见当时之所以被那么多的人看重，成为议员后我之所以有那么大的影响，都是因为我谦逊的习惯（暂且不说我诚实、正直的品质）。我不是个好的演说家，因为我口才不好，总是找不到合适的语言表达自己的观点，话中总有语病，但我的见解还是会得到大家的支持。

但事实上，或许，我们的天性中最难克服的就是骄傲了。即便你掩饰它、与它做斗争、将它击垮、尽量压制克服它，但它还是存在，而且还会不时出现。或许就在这本自传中你就会遇到骄傲，因为，就算我认为我已经完全克服了它，但却可能因为我的谦虚而骄傲。

（以上内容于1784年撰于帕西。）

（1788年8月，我现将在家中撰写自传。但是我需要我记录的笔记帮助我回忆，可惜在战争中，很多笔记丢失了。然而，我找到了以下的内容。）[①]

我之前提到过一个宏伟而广泛的计划，我认为，我还是最好在此对其及其主题描述一番。首先浮现在我脑海里的是下面的一张偶然保存下来的小论文，内容是1731年5月19日我在图书馆读历史时的评论。

> 世界上的战争、革命等重大事件都是由党派推进的，受党派影响的。
>
> 这些政党的观点代表着它们的当前利益，或者它们认为的当前利益。
>
> 不同政党的不同观点却引起了极大的混乱。
>
> 尽管一个政党作为一个集体在运转，然而每一个人又都有代表他个人利益的观点。
>
> 当一个政党达到其大目的后，其中的每一个成员就会致力于达到他个人的利益。这就会使得他反对其他人，使整个政党支离破碎，引起更大的混乱。
>
> 不管他们装出什么样子，政界中很少有人会纯粹出于一个国家的利益做事。而且，尽管他们的行动确实能给国家带来益处，但却并非是从国家利益和个人利益联系在一起的角度出发的，也并非出于仁慈。
>
> 在政界中，出于整个人类利益的人就更是少之又少。
>
> 对我来说，目前很有必要把各国有道德、善良的人们组织到一起，

① 这是一本有旁注的备忘录。——译者注

成立一个道德联合党的正规团体。该团体应有适当、妥善、明智的党章制度，与普通的人只是遵守法律相比，这些道德高尚而善良的人必须更能自觉遵守规章制度。

目前我认为如果哪位有资历之人尝试成立这么一个党派，他必然会使上帝喜悦，并能够成功。——本杰明·富兰克林

我在脑中一直想着这个计划，心想要是我的事务能够允许我有那么多时间的话，我就创办那么一个联合党。我不时把一些我想到的关于这个计划的想法写在纸上，写下来的东西大多不见了，但我找到了一个原打算作为教义要旨的文件，其中包含那时我认为是各种教派的精髓，而且也没有会让任何教派的信徒反对的内容。原文是这样的：

创造万物的上帝只有一个。

他按照上帝的意旨统治着世界。

人应当以崇拜、祈祷和感恩的态度来敬拜上帝。

但是上帝最喜欢的对他的供奉是与人为善。

灵魂是不朽的。

上帝一定会奖励善行，惩罚恶行，不管今生来世。①

那时我的想法是，那一教派首先应该只是在年轻的单身汉中间传播。将被吸收为成员的每一个人不仅要宣誓赞同这些教义，而且要照前面提及的方法通过十三周自省，身体力行地实践那些美德。直到它足够壮大以前，这样的社会存在需要保密，以避免不合标准的人申请加入，但每一个成员要在他的朋友当中寻找生性聪颖、性情温和的年轻人，并谨慎小心地给他们灌输这一计划。成员要就彼此的利益、事业，以及生活水平的提高提出

① 倘若富兰克林的这种现象在他的中年可能发生，那中年的富兰克林很可能是禁欲生活的创立者了。——译者注

建议，提供帮助，予以支持。为了区别，我们称之为“自由和安乐联合会”。所谓“自由”，是指人们能够通过实践与习惯美德，从而远离恶行的自由，尤其是通过力行勤奋和节俭，没有被债务束缚、成为债权人的奴隶的烦恼。

这是我现在能收集到的关于这一计划的所有内容了，我还记得我当时把这一计划告诉过两个年轻人，他们热忱地赞成这样做。但是当时我处于困境，得忙我的生意，使我那时耽误了进一步执行这一计划的行动。而且有各种各样的公私事务让我不能脱身，使得我继续延误实施那一计划。而现在，我已经没有足够的精力和活力来创办这样的事业了，尽管我依然觉得那是一个切实可行的计划，而且可能会由于聚集大量好公民而非常有用。并非是要完成这一计划所需的看似巨大的工作量使我泄气，因为我时常想：一个能力不错的人可以造成巨大的影响，并在人类中间完成伟大的事业，倘若他能先设想出一个好的计划，然后隔绝一切可能使他分散注意力的娱乐活动和其他工作，便能使执行该计划成为他唯一的研究项目和事业。

1732 年我第一次以理查·桑德斯这个名字出版了我的历书，并陆陆续续出版了约有 25 年之久，通常被称为《穷理查德年鉴》。我努力使它既有趣又实用，后来它果然符合此要求，每年的销售量达一万册，我因此书获利不少。此书的读者很普遍，周围诸州几乎都有，我把它看成对普通民众进行指导的合适的工具——普通民众几乎不买其他书。因此我把历书中重要的日子中间的空白处写满了谚语式的句子，主要是一些灌输勤奋和节俭是获得财富、美德的途径的句子。对于不勤奋、不节俭的人，要一直很诚实是很困难的，就像一句谚语中说的，“口袋空，腰难直”。

这些谚语包含了多国多年的智慧，我把它们组成了一篇连贯的文章，并作为了 1757 年版历书的前言，就像是一位智慧的老人对参加拍卖的人的演说。把这些散句都组合到一起，可以使得它们给人留下更深的印象。这篇组合起来的文章被普遍赞赏，所有美洲的报纸都再版了这篇文章。在英国，人们用巨幅纸张翻印，以备贴在家里；它有两个法语的翻译版本，传教士和贵族们大量订购，免费送予贫穷的教徒和承租人。在宾夕法尼亚州，那里不赞成在外来奢侈品上花费过多，在它出现的几年后，人们发现它对于促进市场上货币的增长起了一定的作用。

我也把我的报纸当成一种交流指导思想的工具，为此，我常在报纸上再版一些从《旁观者》及其他道德类作家作品中的节选。有时会出版一些我自己写的最初是要在我们的“密社”中阅读的小品文。其包括苏格拉底的对话，意在证明一个邪恶的人不能被称为一个理智的人，不管他是何角色，能力如何。还有一篇关于克己的文章，表明美德只有在成为习惯之后，而且不受与之相反的癖好干扰时才算是牢靠的。这些在1735年年初的笔记中可以找到。

在我发行报纸期间，我谨慎地避免带有诽谤和人身攻击的文章，诽谤和人身攻击近年来给我们的国家带来了莫大的耻辱。当我被怂恿插入一些那类的内容时，其作者也恳求我（他们通常那样）说，他们有出版自由，报纸就像是一辆公共马车，在公共马车上，只要付款，人人都有坐一个座位的权利。我回答说，如果他非出版不可的话，我就给他单独印制，他得有足够多的份数，因为得他自己分发，我可不会把自己搭进去给他宣传一些诋毁性的文章。我既然与我的用户订制了合同，就得向他们提供一些有用的或者有趣的内容，我不会让他们订的报纸充满与他们无关的私人争吵，如果这样做了，显然对他们不公平。现在，报纸发行人当中有不少人毫无顾忌地满足个人怨恨，胡乱指责我们当中一些人品最好的人，加强敌意，甚至引起决斗。更甚的是，他们轻率地发表一些对邻近的州政府，或者我们最好的盟国的举措进行粗俗批判的文章，这可能会引起严重的后果。这些是我对年轻的印刷商的警告，他们万万不可以这样的举动来玷污他们的报刊以及他们的职业，而是要坚定地拒绝，因为他们可以通过我的例子明白：拒绝某些生意总体来看并不会影响他们的利益。

1733年，我把我的学徒期满的熟练工查尔斯登送到了南卡罗来纳州，那里需要一个印刷工。按照师徒契约上的内容，我给他配备了一台印刷机还有一套铅字，我将收取他的收益的三分之一，出的也是三分之一的费用。他是个有学问的人，诚实守信，但是他不懂记账目。尽管他有时候会汇钱给我，但我不能从他那里得到账目单，在他生前我都没得到过一份满意的合作账目单。他死后，他的寡妇继续了他的生意，她在荷兰出生，也在那里长大。我听说会计是女性教育的一部分，她不仅找到过去的交易账目，尽可能清楚地陈述并寄给我，而且之后每一季度都会按时寄来相当明确的账目单，而且把生意管理得很成功。她名声颇好，不仅养育大了一家子的孩子，而且在期限满时，她还能够从我手中买下那家印刷铺，让他的儿子经营。

我提这件事情的原因，主要是说明年轻女性的学科，比起音乐或者舞蹈，在她们是遗孀的时候，对她们自己和她们的孩子更有实用性。它使得她们不致受到欺骗而蒙受损失，而且或许会让她们能够通过自己建立起来的通信关系继续经营一家盈利的商铺，直到她的一个儿子长得足够大能够接替并继续经营，最终对家庭既有益又有利。

大约在 1734 年，我们中间来了一位年轻的爱尔兰长老会传教士，名叫亨普希尔，他天生就嗓音洪亮，而且未经准备也能讲得很好。他的布道把许多不同教派的人都吸引到了一起，并一同赞赏他。我和其他人一样，后来常去听他讲道，他的布道很少有说教色彩，却慢慢灌输要实践美德的思想，或者以宗教的话说就是积德。但是我们当中有一些自认为属于正统长老会的人不同意他的教义，而且还连同一些年长的牧师，向长老会的总交易会提出控告，指责他是异端，想使他不能传教。我成为了这位教士狂热的支持者，尽量协助他把他的拥护者都组织起来，我们怀着成功的希望奋斗了一段时间。就此事有许多表示赞同和反对的文章。尽管他是一个干练的传教者，写作水平却很低，我代他写了两三本小册子以及 1735 年四月发表在《公报》上的那篇论文。那些小册子，一般都是有争议的文章，尽管当时读者很多，但是不久就过时了，我怀疑是否还存有其中的一份。

在争论当中，有一件事大大损毁了他的事业：与我们对立的人当中有一个人听说亨普希尔的布道的拥护者很多，他想起在哪里读到过亨普希尔的布道，至少有一部分。他调查了一下，发现布道至少引用了一本英国评论中的一部分，是浮士德博士的讲道中的一部分。这次调查使得我们当中许多人都开始厌恶他，放弃了支持他的事业，也使得我们在宗教争辩中很快失败。而我一直支持他，因为我很赞赏他能够运用他人的作品给我们带来如此精彩的讲道，这总比用他自己写的很糟糕的讲义来得好。他后来向我坦诚说所有的讲义都不是他自己原创的。况且，他的记忆力好得只要读一遍讲义他就能记住。我们失败后，亨普希尔离开我们去了别处寻找更好的出路，我也退出了那个宗教团体，尽管我支持其牧师很多年，也再没回去了。

从1733年起，我开始学习外国语言了。我很快就掌握了法语，可以轻而易举地阅读法语书籍了，然后我开始学意大利语。我的一个也在学意大利语的朋友，曾常常唆使我和他下棋。我发现下棋花了我太多本来用于学习的时间，最后我提议，除非每一盘棋的赢家下达一个任务，无论是熟记语法点还是翻译等，输家要在下一次见面前完成任务，不然我就拒绝和他下棋了。由于我们棋艺相当，这样我们就能相互使对方掌握意大利语了。后来我还很吃力地掌握了足够阅读西班牙书籍的西班牙语。

我之前提到过我小时候曾在拉丁学校上过一年学，后来我完全忘了那种语言。但当我掌握了法语、意大利语、西班牙语之后，在翻阅一本拉丁文《圣经》时发现自己能理解的内容比我想象的要多很多，这激励我再次学习拉丁语，学习起来也更加得心应手了，因为之前那些语言为我铺平了学习语言的道路。

从这种情况来看，我认为我们外语教授的普遍模式有些不合理。都说先学拉丁语，在掌握了拉丁语的基础上，掌握由它衍生来的现代语言更加容易。然而我们并未从希腊语开始，以使学习拉丁语更加容易。确实，如果你能够不用阶梯而到达梯子顶端，这样下来时就更容易了；但如果你从最低的一级阶梯开始爬，当然就更容易攀上顶点了。因此我想到许多人小时候学过拉丁文，但是学了几年后，还未学到什么成果就丢掉了，他们所学到的也毫无用处，这样他们的时间就白白浪费了。最好以法语开始学习，然后学习意大利语，等等，因为，尽管花了相同的时间以后他们也同样丢掉（或许他们放弃外语的学习，也就达不到学习拉丁语的那一步），然而，他们掌握了另外一两种现代外语，或许在他们的人生中有用途。

离开波士顿十年后，我的境况也相对较好了，我回了那里一趟去拜访亲友，之前我是付不起这笔费用的。回来时，我去纽波特看望了我的哥哥，那时他已经把他的印刷行搬到那里去了。之前的冲突早已被淡忘，我们的见面相当亲热、诚挚。他的健康状况日渐糟糕，他请求我说，要是他死了，我就把他那时 10 岁的儿子带回家，让他也从事印刷业。我照做了，在让他进入这个行业之前，我送他去读了几年书。他的母亲继续经营他们家的生意，直到他长大。我赞助了他一套新铅字，他父亲留下的那一套已经磨损了。这样，我充分弥补了由于我的提前离开给我哥哥带来的损失。

1736 年我失去了一子，一个 4 岁的好孩子，他由于染了天花夭折了。我因此痛悔了好些时日，懊悔没有早些带他去接种疫苗。我提这件事情是为了提醒那些还未给孩子接种疫苗的父母，他们的孩子如果因为未接种疫苗而死的话，他们将难以原谅自己。我的例子表明不接种疫苗也同样有危险，他们肯定应该选择更安全的方式。

我们的“密社”非常有用，让其成员很满意，有好几个成员急切地想把他们的朋友介绍进来。但如果这样做了，我们就会超过之前决定的适当的名额，即十二个。最开始我们立志要对社团的存在保密，大家都遵守得很好。其目的就是避免不够格的人申请加入，其中难免有些人我们是很难拒绝的。我是反对增加社团成员的人之一，但为了不增加名额，我写了一份书面建议，建议每个成员建立一个附属社团，订立相同的规章制度，而且不告诉他们附属社团与“密社”的关系。这一建议的优势是：许多更年轻的人能通过我们的社团得到提升。这样我们可以随时了解普遍居民的意见，因为“密社”成员可以在分社中提出我们讨论的问题，然后向“密社”汇报他的那一分社讨论的经过。通过更广泛的推荐，我们可以推进我们在生意上的特殊利益。我们通过把“密社”的主张和观点传播到分社中去，还会增加我们对公共事务的影响和为民服务的力度。

这一提议通过了，每一个成员都开始组建自己的俱乐部，但是并非所有人都成功了。只有五六个人成功完成了任务，他们组建的分社有不同的名字："藤蔓社""联合社""群社"等。这些社团不仅对其社员有益，而且给我们带来了很多乐趣、信息，以及指导意义，还在相当大的程度上满足了我们最初的期望。我们的观点就某些具体的事件，影响了公众的看法，我将以时间顺序举一些例子。

我的第一次晋升是在 1736 年，我被选为州议会秘书。那年我的选举倒是一致通过了，但是次年，当我再次提名时（就像成员的选举，每年一次），一个新成员发表了一番很长的针对我的演说，他是要支持其他候选人。然而，我还是当选了，这对我更加有利，因为，除了秘书本身的薪酬以外，这个职位还给了我与议员联系的很好的机会。这时的我有了印制选票、律令、纸币，还有其他零星的公务印务，总的来说是很赚钱的。

因此我不喜欢这位新成员对我的反对态度，但他是个富裕、有学识的人，他很有才干，很有可能过一段时间他就会成为议会中很有势力的人，后来证明果然是这样的。然而，我并没有对他表现出卑躬屈膝的崇敬，以讨他喜欢，一段时间以后，我采取了另一种办法。听说他的图书室里有一本珍奇的书，我便给他写了一张纸条，说我想看看那本书，希望他能借我几天，他立即给我送来了。我一周后还给了他，写了另外一张纸条，表达我的强烈的感激之情。在议会的下一次会议上，他和我说话了（之前未曾有过），而且相当有礼貌。自那以后，他随时愿意帮我的忙，我们成了好朋友，友谊一直持续到他生命的终止。这是我所学到的一句箴言的又一个例子，那句箴言是："假如一个人曾经帮过你一次忙，那么他会比你帮过一次的人更乐意帮助你。"这件事情也表明：与其怨恨、报复、把仇恨继续，还不如精明地把不快消除来得更有利。

1737 年，维吉尼亚州的前任州长，当时担任邮务总局局长的斯波伍德上校，在处理费城邮务的账目时疏忽大意导致账目不明，被革了职，官方让我去接任那个职务。我欣然接受了，发现那样做对我非常有利。因为，尽管工资很低，但能促使我提升报纸质量的建议性的信件的往来数量明显增加，报纸的需求量以及想要插入广告的商家大大增加，这样一来，我的收入也很不错了。我多年来的劲敌发行的那家报纸却相应衰败了，我对当年他担任邮务代办期间禁止骑师递送我的报纸的行为既往不咎了，因为我已经很满足。他因为不懂得合理的记账方法而受累无穷。我提这件事情是要提醒将被雇用，帮别人管理账目的年轻人，他们通常得把账记得清清楚楚，把资金按时按额上交。能够做到这样是找新工作时的最好推荐信，还会增加生意。

现在我开始把思想转移到公共事务上去了，但是，是以一些次要的事务开始的。我认为想让费城整座城市安宁，巡夜制度是首要任务之一。巡夜原来由各区的警官轮流执行，警官预先通知若干住户随他去巡夜，那些被选到而不愿意去巡夜的人每年出资六先令，就可以免去这一项差事了。这些钱本来是用于雇用替代者的，但事实上，为此付的钱远比这个数目多，这使得治安官这一职务成为了一个利润丰厚的职务。治安官通常会收留一些乞丐，给他们喝一些酒，然后让他们一起跟着巡夜，然而，稍有地位的户主是不愿意和他们一起巡夜的。四处巡夜的工作不久后被忽略了，大多夜晚他们都花去酗酒去了。我即刻写了一封信，准备在“密社”宣读，指出了这些不合规矩的现象，尤其指出治安官不问缴费人的情况，一律征收六先令，因而造成了不公平现象，由于同样需要被巡夜保护，如果户主是一个贫苦的寡妇人家，所有财产或许不及五十英镑，而她却要付和仓库存有价值成千上万英镑货物的最富有的商人一样多的钱。

纵观全局，我提出了一个更有效的巡夜制度：雇用适合的人长期从事巡夜工作。还有，作为更为公平的分摊巡夜费用的方法，每户人家出的费用按财产比例来出。“密社”成员一致赞成这个想法，还与分社交流过，作为各分社自己想出的解决办法。尽管这一计划没有立即实施，然而，通过先让居民有面对这一变化的心理准备，使它为几年后通过的法律铺平了道路，到那时，我们“密社”成员的影响更加深远了。

大约此时我写了一篇论文（起初打算在“密社”里读出来，但后来发表了），是关于造成火灾的各种疏忽大意，提醒人们杜绝火患，还有防火须知。这被认为是很有用的一篇文章，还促使后来一个项目的形成，就是成立一个灭火团队，为了迅速灭火和在危险时刻相互协助搬运并保管财物。很快就有三十人表示愿意参加这一组织。我们组织规定，每一个成员都必须做事有条不紊，准备一定数量的适用的皮水桶，还有结实的袋子和箩筐(用于包装和运输物品)，每一次救火都必须带上这些东西。大家赞成每个月召开一次会议，并一起度过一个联欢之夜，用于讨论和交流关于防火救火的想法，这或许在救火时有帮助。

这一组织的效用不久就体现出来了。愿意加入这一组织的人员远远超过了我们认为一个消防队合适的名额，我们建议他们另外再组建一个队，他们照办了。如此这样，新的队伍一个接着一个地成立起来，直至后来数目众多，大多有房产的人都加入进来。直到现在我写到这里，我最初成立时称之为"联合消防队"的组织——尽管自从成立已有五十多年，第一批成员中，除了我和另一位比我长一岁的老人，其他全部逝世了——现在依旧存在并且发展得很好。那些在每月一次的联欢晚会上缺席的成员缴纳的小额罚款，被用于购置消防车、云梯、火钩，以及每队需要的其他有用的工具。这样一来，我料想没有哪个城市能比费城更迅速地扑灭刚燃起的大火了。自从这些组织成立以后，费城就从未有过烧毁一两间住房的大火灾，基本都是在着火的房屋烧掉一半之前就扑灭了。

1739 年我们中间来了一位从爱尔兰来的牧师怀特·菲尔德先生，他自称在英格兰是一位非凡而有作为的巡回传教士。最初他被允许在一些教堂中布道，但是，那些牧师不喜欢他，不让他使用他们的讲坛，他被迫在田野上讲道。各种教派的很多人去听他布道，我也去了。他的演说对他的听众具有非常巨大的影响，尽管他常常辱骂听者说他们原本一半是野兽一半是妖魔，他们却非常地赞赏和尊敬他。为什么会这样？这真是一个值得我思考的问题。但我也很欣慰地看到我们的居民的习性因为他的布道改善了很多。从对宗教毫无感觉，认为宗教可有可无，到现在似乎整个世界都快成宗教迷了，以至于夜晚走在街上，会听到每个家庭都在唱圣歌。

人们发现在野外集会布道不太方便，因为要受天气影响。不久就有人提议修建一座教堂，接受捐款的人一旦被指定，很快就筹集了足够的钱来作为购置地皮和修建教堂的费用。这座教堂有一百英尺长，七十英尺宽，和威斯敏斯特教堂的大小相当。它的建造是在热忱的氛围中进行的，所花的时间远比预期的短。教堂和地皮都由托管财产的管理人管理，特意留给对费城的民众有话要说的任何宗教的传教士使用。因为那本来就不是专门给某一特定的教派，而是给普通民众使用的；这样，即使是君士坦丁堡的穆夫提派遣一位传教士来向我们传布伊斯兰教，他也能找到一个随时可以使用的讲坛。

怀特·菲尔德先生离开了我们，他沿途布道去了佐治亚州。那里的殖民地刚开始不久，但是，那里的人不是勤劳刻苦、惯于劳作的庄稼汉，而是一些破产的商人及其家人和其他一些破产的债务人。那里的许多人都有懒散的习性，刚从监狱里释放出来，定居在森林里，不会开垦田地，也忍受不了刚定居时的困难，大批大批地死去，留下许多无人照看的无助的孩子。看到他们悲惨的遭遇，怀特·菲尔德先生的慈悲心肠被触动，他有了在那里建一所孤儿院的想法。在孤儿院里，那些孩子能够填饱肚子，并受到教育。在回到北方的路上，他大力宣传那一慈善事业，凭借他雄辩的口才，对他的听众的心灵产生了很大的影响，我就是其中之一。就这样，他筹集到了许多捐款。

我非常赞成这个想法，但是那时佐治亚州非常缺乏材料和工匠，有人提议以大量的成本把材料和工匠运送到那里去，但我认为那样还不如就在这里修建孤儿院，把孤儿领到这里来。我就这样建议了，但他执意要实施他的第一个计划，拒绝了我的建议，因此我拒绝了捐款。过了不久，我碰巧参与了他的一次布道，在他的布道过程中，我观察到他想以募捐结束他的布道，而我暗下决心：他休想从我这里得到一分钱。当时我的口袋里有一把铜币，三四块银元，还有五块金币。随着他的布道的进行，我的心慢慢软了下来，决定把铜币捐献出去；他的布道再次打动我，使我感到只捐献铜币会很惭愧，就决定捐献银币；最后我看到他的布道结束得如此成功，而且令人钦佩，就把我的口袋里的钱全部倒入捐盘中去了，包括金币什么的。在这次布道现场，还有另一位我们社团的成员，他在佐治亚州修建孤儿院一事上赞成我的观点。他猜想此次布道要募捐，为了预防起见，从家里出来之前把口袋掏空了。然而，布道快结束的时候，他感觉自己非常愿意捐献，为此，他特地请求站在他旁边的邻居借一些钱给他。而那人恰好是人群中唯一一个没有被打动的。那人回答道："我的朋友霍普金森，其他时候要多少我都可以借给你，但不是此时，因为你现在似乎有些不理智。"

一些反对怀特·菲尔德先生的人猜想他要把这些捐款用作自己的薪酬，但我非常了解他（他曾雇我印刷布道内容和日志等），从不怀疑他的诚实正直，我至今一直认为他是个十足的诚实之人。据我看，要是我为他做证应该比较有用，因为我们不属于同一教派。他确实曾为我皈依的宗教祈祷过，但他从未因为他的祷告已蒙垂听而感到宽慰。我们的友谊世俗而诚挚，持续到他去世。

下面的事例多少能说明我们之间的交情。有一次他从英国抵达波士顿时，写信告诉我说他很快要来费城，但是由于他的老朋友兼房主贝内泽先生已经搬去了日耳曼镇，这样他到了那里时就不知住哪里了。我回信说："你知道我家在哪里。如果你能适应我家简陋的居住环境的话，我们真心欢迎你住我家。"他又回信说，如果我能那样招待他的话，基督一定会赐福于我的。我再次回信说："不要误会，我不是看在基督的份儿上，而是看在你的份儿上。"我们的一个熟人开玩笑说，那些圣徒都有这么一个习惯，就是当接受了别人的款待时，总是把人情记在天上，而不说是自己领了情，而我却偏把人情记在了人世间。

我最后一次看到怀特·菲尔德先生是在伦敦，他向我请教关于他的孤儿院房屋的事宜，以及他想利用这些房子来开办一所大学的想法。

他的声音洪亮清楚，而且遣词造句非常了得，就算距离很远，也能够听得到他说的话，特别是不管他的听众有多少，他们都安静聆听。有一晚他在法院的一个阶梯上布道时（法院在市场街中间，第二街的西边，这两条街是直角相交的），两条街上相当远的距离全部站着他的听众。我站在市场街最远的地方，我想知道他的声音究竟可以传播多远，我就慢慢向后退到河边，发现直到我靠近前街的地方，他的声音还清晰可辨，到了前街，街上的声音才掩盖了他的声音。想象一下，那时一个以我所在的距离为半径的半圆，中间全部都是听众，我计算了一下，假定每个人占两平方英尺，那么三万以上的人都可以听到他的声音。直到看见报纸上说他曾经在田野上给二万五千个人讲过道时，我彻底信了。古代历史上也有关于将军给全军士兵大声疾呼地演说的记载，我曾经质疑过，但现在我相信了。

我经常听他讲道，到后来我都能辨别出哪些是他新写的布道内容，哪些是他在沿途讲过多次的内容了。多次重复以后，他的布道内容中的每一个重音、强调、声音的语调都十分恰当，即使一个人对他布道的内容不感兴趣，也会因为听到他的演说而很愉悦，那种情绪就如听了优美的音乐而引起的快感。这是巡游的传教士比起相对静止的传教士在讲道上的一个优势，因为后者不能够通过这么多次的预演来提升他的讲道水平。

他不时发表的作品却大大地帮助了他的敌人。倘若是在布道时不小心说错了话，或者直接提出错误的意见，后面还可以加以解释，或者利用上下文关系加以限制，甚至可以直接否认。但是文字证据是不可磨灭的，批判家对他的作品猛烈抨击，他们的理由看似十分有道理，因此他的信徒越来越少了。于是我想他要是什么也没写、没发表，或许跟随他的教徒会更多，他的教派会更庞大，而且他的名声或许会愈加远扬，即使在他去世后。由于他写了一些东西，使得他什么也不是了，还降低了他的人格。如果没有写，他的信徒们可以想象他的一连串美德，由于他们对他热忱崇拜，因此他们会期望他具有这些品质。

我的生意越来越好，我的报纸后来利润丰厚，因为有好长一段时间它是这个州和邻近的州唯一的报纸，我的境况也越来越优裕。此外，我还悟出了这句话的真理："第一次挣得一百英镑后，再去赚取一百英镑就更容易了。"钱本身是可以再生钱的。

在卡罗来纳州的合作成功了，我深受鼓励，提拔了一些表现良好的职工，在不同的殖民地以和在卡罗来纳州同样的条件给他们开设印刷行。他们当中大多数都干得不错，在我们的合同期限（六年）结束时，能够从我手中购买走铅字，继续自己经营，那样他们就可以抚养各自的家庭。一般说来，合伙常常会以争吵结束，但在这点上我很高兴，因为我和他们的合伙都是和谐地结束的，我想这大部分要归于我预先防止了误会的发生。在合同中，我明确写出合作双方应尽的义务和享有的权利，因此不可能发生什么争执。在此我提醒所有要与人合作的人，要预先避免发生不愉快，因为不管是多么德高望重的合作伙伴，也不管订立合同时多么信任对方，日后都可能会因为对生意的照看和负责不平等而发生小小的猜忌和埋怨，最后以友情破裂还有合作关系结束而告终，更甚会有诉诸法律的情况，或者其他不愉快的后果。

总的来说，我对在宾夕法尼亚州开业这一点很满意。然而，有两件事让我深感遗憾：宾夕法尼亚州没有防卫队，没有一所教育青年的高等院校。换而言之，没有民兵，没有一所大学。因此，我于 1743 年提议建立一所高等院校。那时深受尊敬的彼得斯先生，一位牧师，正好失业，我认为他非常适合管理这所学校，便对他讲了这件事情。但由于一心想着为领主服务——那样可以赚大钱，而且已经成功找到一个职位——他拒绝了我的邀请。一时找不到一个合适的人选，我就让这个计划暂时搁置。第二年，即 1744 年，我顺利提议并成立了一个“哲学研究会”。日后我的文集出版时，你们可以在其间看到我为成立那一学社而写的论文。

至于防卫问题，西班牙已经陷入与大不列颠的战争好几年了，最后法国也加入了战争，使得我们也处于危险境地。我们的州长汤姆斯曾长期致力于说服教友会控制的州议会通过一部民兵法，以及采取保证本州安全的措施，结果他的努力毫无结果。我试图在民众中间征募自愿的人成立民兵团。为促进人们加入，我首先写了并发表了一本题目为《平凡的真理》的小册子，在文中我强烈指出了我们处于毫无防备的境况，并说明，为了国防我们得组织和训练军队，并且保证，几天后将提议组织义勇军团队，广泛征募成员来加强国防。小册子立即产生意想不到的效果。有人前来问我要填写志愿书，我和几位朋友商定后拟定了志愿书样本，然后我召集市民在之前提及的大会堂开了一个会。会堂挤满了人。我准备了很多志愿书，在整间屋子里都放有钢笔和墨水。我就此对他们做了宣传，都是关于国防的，然后给他们宣读了入队志愿书，再向他们做了解释，并把志愿书分发出去，大家都积极参加，毫无异议。

群众解散后，我们把志愿书收集到一起，发现大概有一千两百份。我们在全国分发志愿书，最后志愿加入的人达到一万人。这些人都尽可能快地自己配备好了武器，自己组成连或团，自行选出了他们的长官，每周集合一次，进行体力训练，还有其他军事训练。妇女们自己筹资买了绸制军旗，送给部队，旗帜上画着我提供的各种图案和箴言。

组成费城军团的各连军官在见面时推举我为他们的长官，但我自知不适合，拒绝了那个请求，并推荐了劳伦斯先生——一位品格高尚的、有身份有地位的人。他随即被任命了。后来我又提议发行奖券，集资在城南修建一座炮台，并装上大炮。资金很快筹集足了，炮台迅速建成，城堞以圆木为边，中间填上泥土。我们从波士顿购置了一些旧大炮，但是这些还不够，我们给英国写信，要购置更多的大炮，同时，我们向我们的领主求救，尽管我们清楚获得的希望很渺茫。

与此同时，部队派遣我和劳伦斯上校、威廉·艾伦、亚伯兰·泰勒先生去纽约向克林顿州长借几尊大炮。起初他断然拒绝，但是后来我们与他的行政班子共进晚餐时，为适应那里当时的习俗，他们都喝了大量的马德拉白葡萄酒，他慢慢心软了，答应借六尊大炮给我们。接着他又喝了满满的几杯，把数量增加到了十，最后他仁慈地答应愿意让给我们十八尊。他借给我们的都是质量很好的大炮，连同十八座炮架，很快我们就运了回去，并装在了我们的炮台上。在战争持续期间，我随同军队中的其他士兵在夜间轮流在炮台处值班放哨。

我的这些举动受到了州政府和理事会的赞赏，他们把我当成密友，总是向我请教他们应该采取什么有利于兵团发展的措施。为了获得宗教的支持，我向他们提议宣布择一日设为吃斋日，以便改进我们的军团，并祈求上帝对我们的事业的祝福。他们很赞成这一建议，但是由于宾夕法尼亚州以前没有斋日，所以州议会秘书找不到之前的参照文献，不知道应该如何起草这一文献。我在新英格兰（那里每年宣布一个斋日）所受的教育再次使我有了一定优势：我按照传统的格式起草文件，并被译成德文，两种语言都有印制，在整个州散布。这给了不同教派的教士影响他们的信徒加入军团的机会，如果不是因为战争很快就结束了，可能除了贵格会外的各派成员都已经大量加入。

我的朋友认为，我的这些举措可能会冒犯贵格会，我会在州议会里失利，因为州议会里大多数都是贵格会的人。有一位年轻绅士，他在州议会里也有这一类朋友，他想战胜我，自己做州议会秘书，就告诉我说他们决定在下一次选举时把我除名，而他，出于好意劝我辞职，他认为我保持声誉地辞职比免职要更体面些。我的回答是：我读到过或听说过，一位公务员从不会问谁要一个职位。当有人给他提供职位时，他也不会拒绝，这是他的原则。我说："我赞同他的原则，而且我会更进一步。我绝不会主动要求一个职位，但也绝不会拒绝，更不会辞职。如果他们要把我的职位给另一个人，他们尽管来夺走，我是不会主动放弃的，那样就等于放弃了在适当时候报复我的对手的机会。"然而，在下一次选举中我又一致通过，依旧当选了。历任州长与他的理事会就军事准备问题上总是和州议会的意见相左，而州议会对这些问题很烦恼。很有可能是因为他们不喜欢我近来与那些州议会成员走得很近，如果我自愿离他们远一点，他们会很满意。但是他们不能因为我热心于军团工作而把我除名，他们找不到其他理由。

我的确有理由相信即使不请求他们协助，他们也会支持国防建设的。我发现很多人——数量比我想象的还要多——尽管不赞成主动攻击，却很赞成自我防卫。就这一问题双方发表了许多赞成和反对的小册子，有些表示赞成的小册子是一些精明的贵格会会友写的，我相信他们所写的东西会说服大多数年轻的贵格会成员。

有一件关于我们的消防队的事，使我了解了贵格会中间普遍的观点。有人提议，我们应该支持建设炮台的计划，我们可以动用消防队的约六十英镑来购买奖券。我们的制度是，关于动用资金的提议只有在下一次会议通过后方可实施。消防队有三十名队员，其中二十二名是贵格会会友，只有八人是其他教派的。我们八个人准时出席了会议，尽管我们认为总有一些贵格会成员会支持我们，但是仍不能确定可以胜出。只有一位贵格会成员，詹姆士·莫里斯先生出席，他持反对意见，对这一提议的提出深表遗憾，因为据他所说，贵格会教友全部反对这一提议，这将引起争端，甚至可能导致消防队解散。我们告诉他说解散倒是不至于，因为我们是少数人，如果他们反对，投票时胜出我们，按照规定我们就要少数服从多数。讨论议案的时刻到了，有人提议进行表决。他允许我们按照规定走一遍过程，但是，因为他确信地告诉我们，好些成员都打算出席投反对票的，为公平起见，我们应该给他们一点点时间。

在我们就此争执时，一位服务员过来告诉我说下面有两位绅士想和我说话。我下去了，发现是我们的两位贵格会会友。他们告诉我有八位贵格会会友刚刚在附近的一个小酒馆里。他们说如果有必要的话，他们一定会出席会议，并投赞成票，但是他们请求我们最好不要叫他们来协助，因为如果他们投了赞成票，他们的长者和贵格会会友会责难他们。这样一来，我确定了这次投票我们会胜出，就上了楼，假装犹豫了一会儿，然后答应延迟一个小时。莫里斯先生认为这样做十分公平。不过和他一样持反对意见的人一个也没出现，他非常惊讶。一个小时结束后，我们进行了表决，结果是八比一，而且，二十二位贵格会教友，有八位都准备和我们一样，投赞成票，还有十三位缺席，很明显，他们不是要反对这一措施。后来我估计反对与赞成的比例应该是一比二十一，因为这些人全部都是贵格会的忠实信徒，在其中的声誉也很好，而且也清楚此次会议的议程。

德高望重、学识渊博的洛根先生，他一向是贵格会教友，他给其他教友写了一封信，表明他赞成防御性战争，而且有强烈的论据支持自己的观点。他给了我六十英镑用于购买修建炮台的奖券，而且指示说中奖了的话，要把全部的奖金投入那一事业。他告诉了我一个他以前的雇主威廉·佩恩的关于防御性战事的故事。他年轻时候，作为威廉·佩恩的秘书，跟着领主威廉·佩恩从英国过来。那时正值战争时期，他们的船只被一艘配有武器的船只追赶，估计是敌人的船。他们的船长准备防卫，但却告诉威廉·佩恩以及和他一起的贵格会教友，说他不需要帮忙，他们只要躲进船舱就好。除了詹姆士·洛根，他选择留在甲板上，船长命令他看守一尊炮。最后，由于料想中的敌人被发现是朋友，因此战斗没能打起来。当秘书到下面去报告消息时，威廉·佩恩严厉指责他，说他不应该留在甲板上，还参加保卫船只的工作，这与贵格会的会规相违背，特别是船长都没有要求出动之时。被当众责备后，这位秘书很是恼怒，回答道："我是你的仆人，为何您没有命令我下来，但是在有危险之时您又愿意我留在上面帮忙保卫船只了？"

州议会里大多是贵格会会员，我在其中待了多年，常看到由于他们原则上就反对战争，所以当国王要他们批准发放军事补助金时，就出现进退两难的境地。一方面，他们不愿直接抗拒而冒犯政府；另一方面，他们不愿违反他们的原则而顺从君王的旨意，因而触犯他们的朋友——贵格会大多会友。因此他们尽量找借口避免遵守这一类指令，而每当无可推脱不得不顺从时，他们又会想出各种各样的假装顺从的办法。最终他们形成了一个惯常办法：把钱的用途标上"供国王使用"，但从不过问款项的具体用途。

但是如果不是国王直接要用，那么这个短语就不适合了，还需要其他的标注。比如，新英格兰政府需要火药（我想是为防守路易斯堡用的），就请求宾夕法尼亚州援助，汤姆斯州长极力主张援助火药，但是由于火药具有战事性质，州议会无法划拨资金买火药，但是他们表决出划拨三千英镑来援助新英格兰，款项由州长管理，用于购买面包、面粉、小麦及"其他粒状物"。有些参事想让议会更加为难，建议州长不要接受这一笔款项，因为它不符合他的要求。但是州长回答道："我要接受这笔款项，因为我很清楚它的意义，'其他粒状物'就是火药。"他相应地购买了火药后，他们再也不反对了。

在我们的消防队里，每当害怕我们提议购买奖券不能通过时，我就想到这件事情。我对我们的一位成员辛格先生说："假如我们的提议不能通过，我们就把这一款项用于购买一辆消防车，贵格会会友不会反对那样做的。到那个时候，我们相互提名任命对方为购买消防车的监督人，再买一尊大炮，那当然也是一架‘火机’咯。”“我明白了，”他说，“你在州议会中这段时间以来，进步很大。你的双关语可以和他们的‘小麦和其他粒状物’媲美了。”

贵格会会友所承受的困境都是由于他们的一项原则：所有战事都是不合法的。一旦宣扬开这一原则，即使日后他们改变主意，也不能轻易将它解除。这使我想起另一个在这一方面更加谨慎的教派，那就是德美浸礼会。德美浸礼会成立后不久，我就认识了其创始人之一，迈克尔·福利。他向我埋怨道，有其他教派的信徒无端污蔑他们，说他们有令人厌恶的信条和惯例，而事实上根本没有此事。我告诉他说，新成立的教派经常会遇到这样的事情，为停止这类污蔑，我想最好把他们的信条还有原则公之于众。他说他们当中也有人这么提议，但是没有通过，他说，有如下原因：“当我们首次作为一个教团聚集到一起，上帝启示我们，使我们看到了一些当初我们视为真理的教条其实是谬误，而其他一些我们认为是错误的教义，反而是正确的。上帝会不时指引，我们进一步改进了我们的教义，我们的错误慢慢减少。现在我们也不敢断言我们的进展已经达到极好的地步，或者我们的精神、神学知识已经很完善了。我们惧怕如果一旦公布我们的教义的话，就会感觉是被其束缚着，或许就不愿意继续改善；而我们的后继者更会如此，因为他们会把继承他们的长者的所作所为当成神圣的事情，绝不偏离。”

这样谦逊的教派恐怕是史上绝无仅有的，其他任何一个教派都认为自己的教派拥有所有真理，与之不一致的都是错误的。就像一个在雾中行进的人，他前面一段距离之外被雾包裹，后面一段距离以外和两边田野中的人们也是如此，然而靠近他的地方很清楚，而事实上他和其他人一样被迷雾包裹。为避免这种进退两难的事情发生，近些年，贵格会的成员渐渐拒绝州议会议员和地方行政官的公务性职务，宁愿选择放弃权利以保全他们的教义。

按照时间的先后顺序来说的话，我早就应该提这一件事。我于 1742 年发明了一种更好的给屋子取暖用的开放式火炉，又能节能：空气进来的同时就已经被加热了。我给我的一位老朋友罗伯特·格雷斯先生看了模型，他有一个翻砂厂，发现随着需求量的增大，浇铸这些炉子的铁盘可以赚很多钱。为了推广销路，我编写并发表了一本小册子，题为《就宾夕法尼亚州新发明的火炉的说明》：如何制造和操作这种炉子；比起现有的任何给屋子取暖的方法，这种炉子的优势所在；驳斥一切反对使用这种炉子的论证等。小册子的效果很好。汤姆斯州长非常喜欢小册子中介绍的火炉的结构，他提出要给我几年的专卖权。但是我拒绝了，因为我不想要专卖权，因为就这件事情我有一个原则，即由于我们从别人的发明中获得了许多便利，倘若我们能有一次机会以我们自己的发明来为他人服务，那将会是很愉悦的，并且我们应该无偿慷慨地把我们的发明与他人分享。

然而，伦敦的一位铁器商人从我写的小册子中僭取了许多内容，把它改装成了他自己的东西，把火炉做了一些反而影响操作的小小改变，在伦敦获得了专利，据我所知，他还因此富裕了起来。这不是唯一的一个别人从我的发明中获得专利的例子，虽然并非总是成功。我从不与他们争夺专利，因为我不愿意通过获得专利而赚钱，也不喜欢争端。在本州和邻近诸州，许多人家都使用了这种炉子，这为居民节约了不少木材。

和平到来了，因此军队的事情告一段落，我把注意力又集中于成立一所大学上。第一步是汇聚一些积极的朋友的想法，这些朋友中，“密社”中的朋友占很大一部分；下一步是撰写并发表一本小册子，题为《关于宾夕法尼亚州的青年教育的提议》。我在常住居民当中免费分发这些小册子，一旦我认为他们已经阅读过这个提议，并对此有了心理准备后，我就开始为开办和运转一所高等院校进行募捐活动。捐献的款项在五年内分五次支付，这样一来，我料想募捐数额会更大。而结果也确实是这样的，如果我没记错，数额达到了五千英镑。

在这一系列计划的序言中，我把这次募捐当做了诸多爱国绅士的计划，而非我一个人的。我一般不会把自己当做公益事业的发起人展现给公众。

为了尽快实现这一计划，捐款人自己从他们当中选出了二十四人作为财产受托人，并且任命那时的检查总长弗兰西斯先生，还有我，来拟定这一院校的管理章程。拟定好后，租了校舍，请了教师，我记得学校就在那一年（1749 年）开始上课了。

随着学生人数的不断增多，教室很快便不够用了。我们正在寻找一块位置适中的地皮，准备修建校舍。正当此时，上帝赐给了我们一所现成的大房子，只要稍加修改，便会很合我们的意。房子就是之前提到的由怀特·菲尔德先生的听众们修建的，我们是这样得到这所房子的使用权的。

需要注意的是，对这幢建筑捐款的是各个教派的人。提名这幢建筑和其地面的托管财产管理人时大家十分谨慎，避免任何教派占优势，因为害怕到时候有人会利用这种优势，罔顾最初的用意，把整所房屋留给某一教派使用。因此，每一教派都任命了一个人，即英国国教、长老会、浸礼会、摩拉维亚教等教会各任命一人。这些人当中倘若有人去世，就会再从信徒当中选举一个人来接替。碰巧摩拉维亚教的理事与其他教派的理事不和，因此他死后，大家决定不再选举摩拉维亚教的教徒做理事了。当时的问题是，以这种方法，如何在选举新理事时避免其他某一教派选举两个理事。

有好几个人被提名，但由于上述原因都未通过。最后有人提到了我，因为他通过观察得出我是个十分正直的人，不属于任何教派，以此说服了其他理事。当年修建这座会堂时的热情早就不见了，理事会无法找到新的捐款来支付地皮租金，以及其他与会堂有关的债务，这使得他们相当为难。此时我是两方面的理事（会堂和学院的）了，我有很好的机会与两个理事会商谈，最终使其达成了合约。会堂理事会把会堂托付给学院理事会，后者负责还债，遵照修建会堂的原意在大厅里空出一定空间供要布道的牧师使用，还要开办免费教育贫困青年的学校。双方订立合同，学院方要偿还债务，因此拥有房屋连同地基。我们把高大的会堂分成两层，每层又隔成若干间屋子作为教室，又另外买了一些地。整块场地不久就非常合我们的意了，学生都搬了进来。与工人订立合同、购买材料、监督等工作都落在了我的肩上。我很愉悦地进行着这些工作，因为那时这还并不干扰我个人的生意——我一年前和一位十分能干、勤勉、诚实的伙伴，戴维·霍尔先生合伙了，他已经为我工作了四个年头，我非常了解他的为人。他从我手中接过印刷铺的所有工作，按时付给我应得的利润。后来我与他合作长达十八年之久，对双方来说都十分成功。

不久，学院理事会从州长那里领到一张执照，组成了一个团体。来自大不列颠的捐款，还有领主们捐献的土地，使得他们的资金增长了，州议会迄今也捐献了不少。就这样，费城大学成立了。我一直是它的理事会成员之一，至今快四十年了。看到大量的青年在那所大学受到教育，由于他们提升了的才能而出众，在公共事业上是有为之人，为国增光，我十分欣慰。

如我前面所述，我从私人事业退出时，对我挣得的不多却足够的财富比较满意。我确保了我余生有足够的资金来满足哲学研究，还有消遣。我购买了从英国来这里演讲的斯宾塞博士的所有装置，较容易地完成了我的电实验。但是大众却以为我很闲了，抓住我要我为公众服务，政府的各部门几乎同时要我效劳：州长要我加入和平委员会；市政府选我做市议会议员，不久又选我做市政委员会委员；最后市民选举我为州议会议员，在议会中做他们的代表。我比较愿意担任后面那一职位，因为我已经厌倦了坐在那儿听别人辩论了——作为州议会的一个秘书，我根本就没有机会参与进去，有时这些辩论无聊得使得我在纸上画一些数字矩阵、圆圈，或者其他任何东西来自己取乐。同时我认为当州议员后，我能够做出更大的贡献。我并不是说我对于这一职位的提升毫无感觉，当然那是很荣幸的事，因为考虑到我卑微的出身，对于我来说，那可是了不得的事情。让我特别高兴的是获得这种职位表明这是由于公众对我的自发的赞赏，全然不是我靠恳求得来的。

我试图做过一些和平委员会的事务，出了几次庭，也开庭听人诉讼过。我发现以我的这点法律知识，要做好治安推理的工作是远远不够的。因此我慢慢脱离了这一职务，推托说我还得担任在州议会中的更重要的职务。每年我都当选州议员，连续十年之久，我从未请求哪位选举人投我的票，也从不直接或者间接表达任何我希望当选的愿望。在我当州议员时，我的儿子当了州议会的秘书。

第二年，我们将与印第安人在卡莱尔就一个协约谈判，州长给州议会送信提议说，议会得提名一些成员，与参事会中的部分参事一同组成谈判委员会。州议会指派了州议会议长（诺里斯先生）和我。我们奉命前去卡莱尔，与印第安人会了面。

由于这些人有酗酒的癖好，每当此时，就喜爱争吵，场面非常混乱，我们就严厉禁止向他们出售任何酒。当他们抱怨这一限制时，我们告诉他们假如在谈判期间他们能够保持清醒，我们会在谈判结束后给他们大量的糖酒。他们答应了，而且很守信，因为他们弄不到酒喝。谈判有序地进行了，最终达到了双方满意的结果。谈判结束后，我们如他们所愿给了他们糖酒。那是一个下午，他们男女老少有接近一百号人，就住在城外的一座临时搭建的方形木屋里面。晚上，听到他们当中发出了一阵巨响，委员们就走出去看看发生了什么。我们看到他们在四方形木屋中间燃起了篝火，他们男男女女都喝醉了，争吵着，厮打着。仅借着昏暗的篝火的光，我看到他们黑糊糊的身体半裸着，手持火把相互追逐、打斗着，还伴随着可怕的叫喊声，这种场景像极了我们想象中的地狱。吵闹丝毫没有要减弱的迹象，我们就回去就寝了。半夜里，他们中好些人跑来擂我们的门，要更多的糖酒，我们没有理会他们。

第二天，他们意识到他们不应该打扰我们，于是派了三个酋长来向我们道歉。发言的人承认他们错了，但把错误推卸到糖酒的身上，接着又尽力宽恕糖酒，说道："创造万物的神灵使得万物各有用途，不管他指定某物具有何种用途，那种东西都必须有那种用途。既然如此，当他创造出糖酒的时候，神说道'让这东西给印第安人喝醉用吧'，我们就照做了。"确实，假如上帝的旨意是要肃清这类野蛮人，使他们让位于地球上的垦殖者，那么糖酒很可能就是上天注定的手段了。它已经使以前住在沿海区域的部落消失了。

1751 年，我的一位好友，托马斯·邦德医生，想在费城开办一所医院(一个用意良好的想法，有人认为这计划是我想出来的，但是最初的确是他想到的)，用于接治贫穷的病人，不管是不是本州的居民。他热心积极地努力为此搞募捐，但是这一提议在美洲是件新鲜事，最开始没有得到很好的理解，就没怎么成功。

最后他来找我，恭维我说，他发现要成功实行公益事业的计划，没有我参与是不行的。“因为，”他说，“我去进行募捐活动的时候，人们时常问我：‘关于这件事情你有询问过富兰克林吗？他认为怎么样？’当我告诉他们我还没有向你咨询过（因为觉得那和你的职业不太相关），他们就委婉地拒绝了捐款，说他们会考虑的。”我询问了他的计划的性质和可能的用途，他给了我一个令我满意的回答，所以最后不仅我自己给这个计划捐了款，还热心地动员别人也募捐。并且，在进行募捐之前，我通过在报纸上发表于此有关的文章，努力使人们的思想对此有所准备。在这类事情方面，我常这样做，而这恰恰是他没有做的。

捐款后来更加积极踊跃了，但是后来又开始减少了，我发现如果州议会不帮忙的话，这些资金是不够的，因此我打算提议申请州议会补贴，并照此做了。代表乡村的议员开始并不赞成这个计划。他们反对说这所医院都是为市区中的人们服务的，因此市民应该承担此费用，而且他们疑惑市民本身是否一致同意此计划了。我的看法与他们相反，认为这一计划普遍受到市民的赞同，毫无疑问能够从市民当中集到两千英镑的捐款，他们认为我的想法是过高的期望，完全不能实现。

我的计划是建立在这样的情况之上的，我请求提出一个议案：将捐款人按照意愿分成若干组，并给予每个组一定的津贴，这一请求得到公认了。州议会考虑到，如果他们不喜欢，可以随时否决这一议案。我把重要的条款作为条件提了出来，即“经议会决定，将捐款人分成若干组，选定他们的理事和财务主管，通过他们的募捐筹集一定数额的资金（这些资金的年利息就将用于支付之前提到的医院里的穷苦病人的伙食、看护、治疗和药剂费用)，也将再次给现任州议会议长证明，议长当依法签署并通知州斯库给该医院的财务管理员两千英镑，分两年付清，每年付一次，用于支付创办、修建等费用”。

此议案在这一条件下通过，因为之前反对州议会出钱的那些议员现在得知他们可以毫无花费便能换得慈善家的美名，就同意了此议案。在募捐之时，我们强调了该议案中有条件的许诺作为促进捐款的动机，由此每个人的捐款数额将会加倍，这样，这个附属条件在两方面都起了作用。捐款很快就达到了所需的数额，我们提议并获得了政府补助，这使得我们能够执行我们的计划。一座便捷美观的建筑很快就建成了。长期以来的使用证明了这一机构非常实用，并且至今还开办得很成功。在我的记忆里，没有任何政治策略的成功实施给我带来过这样的快感，或是在事后想起之时，我能很快原谅自己使用了一些策略。

大概此时，另外一位计划发起人，牧师吉尔伯特·坦南特，来请求我帮助他获得修建一座新教堂的捐款。这座教堂拟归他手下的长老会教友使用，那些人曾经是怀特·菲尔德先生的信徒。我不愿由于经常要求我的民众捐款而使他们不喜欢我，便果断拒绝了。然后他请求我列出一张名单，上面是凭我的经验认为慷慨和热衷公益事业的人。当别人在我的请求之下捐款后，又让其他需要钱的人对他们垂涎，我认为那不太合适，因此也拒绝那样做了。然后他请求我说至少给他一些建议吧。“那我倒愿意，”我说，“首先，我建议你对所有你认识的可能捐款的人说这个计划。然后，给那些你不确定他们是否会捐款的人说明此计划，并给他们看已经捐款的名单。最后，别忽略那些你确信不会捐款的人，因为有些人并不是你想的那样。”他笑了，并谢过我，还说他会听取我的建议的。他这样做了，他向每一个人募捐，结果捐款数额比他想象的要大得多，他用这笔钱在拱门街修建了一座宽敞典雅的教堂。

尽管我们的城市规划得整齐美观，街道宽阔而笔直，并以直角相互交错，但是却因为长期未整修而不妙：下雨天，沉重的马车的轮子使路面成为泥潭，很难前进；天气干燥时，尘土又漫天飞扬。我曾住在泽西市场附近，每当看到居民们蹚着泥水购买食物时，就备感心酸。后来终于有人在市场中间的一长条地方铺上了砖块，这样，一旦他们进入了市场，脚下的路就是稳固的，但是去市场时他们的鞋面上全是泥。我就此跟人讨论过，还就此写了文章，最后我终于看到，在市场和居民住宅之间的人行道铺上了石板。在一段时间里，这石板路面使人们很容易就去市场了。但是街道的其他地方没有铺，每当马车经过时，车轮扬起的尘土又落在石板上并堆积起来，不久石板路面又满是泥土，又没人清理，因为当时城市里还没有清洁工。

几经询问过后，我找到一个贫穷但勤劳的人，他愿意通过每周清扫两次，并把每户人家门前的垃圾清理走，这样负责保持路面清洁，每户每个月付给他六便士。然后我就印刷了一张纸给邻近的居民，说明出一点资就可以获得的巨大的益处：更轻松地保持房屋清洁，人的脚不会再把泥土到处带起；商店也会由于顾客更容易走进商店而客流更多；而且在刮风的天气，不会有灰尘吹到他们的货物上面，等等。我把这种宣传纸各家发了一份，一两天之后四处看了看有哪些人家愿意出这六便士。结果他们全部都签了，不久就很好地实行了。城市中的所有居民都对市场周围路面的整洁很满意，这给大家都带来了方便，而且这使得大家普遍期望所有路面都铺上一层材料，大家更加愿意为此出资。

不久我拟了一个把整个城市的路面都铺一遍的议案，并在州议会中提了出来。那是在我去英国之前（1757 年），直到我离开后才通过，当时估定数额的方法有所改变，我认为那不太好。但是除了铺路以外，还有关于路灯的条款，这是很大的改进。是一位已故的普通百姓，约翰·克利夫顿先生，他在家门外放了一盏灯，给了人们用路灯照明这一想法的启示。有人认为路灯的提出者是我，但那的确属于那位先生。我仅仅按照他的例子，只是在灯的形状方面做了改进，改造后的灯与起初我在伦敦买的球状灯有所差别。伦敦提供的球状灯在以下方面不是很方便，空气不能从下面进去，因此烟不能很快出去，而仅仅在球状灯泡内旋转，很快就黏附在灯壁上，不久就会挡住灯泡发出的光。此外，假如每天都要把灯泡擦拭干净的话很麻烦，一不小心就会把它们碰碎，使得它们毫无用处。因此，我建议用四块平整的玻璃围在灯泡周围，上面带有长烟囱来排走烟雾，下面有缝隙可以让空气进入，填充排走的烟雾的空间。这样，灯就可以保持洁净了，不会像伦敦的灯泡在几个小时内就变得灰暗，而是一直保持明亮直到天明。即使一不小心擦坏也仅仅是一块玻璃，很容易修理好。

我有时就想，福克斯克花园里的球形灯能利用下面的小孔来保持干净，为何伦敦人不从中得到启发，也学着在他们的路灯灯泡下面造一些孔。他们确实这样做了，但是，他们路灯下面的孔是别有用途的，即用亚麻线穿过这些孔，这样就能很快把火焰引到灯芯。而另一用途，引进空气，似乎他们没有想到。因此，每当路灯亮起几个小时以后，灯光就变得暗淡起来，伦敦街道的照明情况就很糟糕了。

说起这些改进，我想起我在伦敦向福瑟吉尔博士（他是我认识的最杰出的人物之一，也是公益事业的伟大推动者）提出的一个建议。我看到晴天人们从不打扫街道，尘土被带得到处都是。但是一下雨，尘土就变成了泥土，深深地陷在人行道上，除了穷人用扫帚开出的一条小道，根本就过不了。后来人们费力地把泥土收集起来扔进上头敞开的马车里，但是车子上下颠簸，道路两旁还是会撒上泥土，这让行人很是烦恼。人们不扫道路上的灰尘的原因是，扫起的灰尘会飞进商店和房屋内。

一个偶然事件使我知道，打扫街道其实花不了多少时间。一日早晨，我在我位于克雷文街道的家门口，看见一位穷苦的妇女拿着一把白桦枝做的扫帚，在扫我门前的人行道。她看上去苍白虚弱，像是大病初愈的样子。我问她是谁雇用她去扫那里的，她说："没人雇用我，但是我很穷，就去扫有教养的人家门前的地，希望他们能给我一点钱。"我请她把整条街都打扫干净，许诺然后我就会给她一先令。当时是九点，而十二点时她就来领这一先令了。看她开始时很缓慢，我很难想到她那么快就打扫好了。我叫我的仆人去检查扫得怎么样，他回来说整条街都扫得非常干净，所有尘土都放在中间的街沟当中，一下雨泥土就会被冲走，这样，人行道，甚至阴沟都会变得很干净。

这样我就明白了，既然如此虚弱的一位妇女能够在三个小时内扫完这么一条街，那么一个强壮的男子很可能只需要一半的时间。我在此要提出，在狭窄的街道上，如果只有街道中间一条排水沟，会比人行道旁一边一条更加方便，因为当整条街上面的雨水从两边向中间汇合时，水流的力度足够强，可把所有遇到的泥土都冲走。但是如果分成两条排水沟，水流的力度很弱，一条也清理不干净，只会使泥土遇到水后，在马车车轮和马蹄下飞溅到人行道上，使得人行道路面泥泞不堪，有时还会溅在行人的身上。我与那位善心的博士交流的提议如下：

> 为了更有效地打扫和保持伦敦与威斯敏斯特的街道，我提议与几个值夜人签订合同，让他们在晴天时扫除尘土，在雨天里把泥土耙干净，每个人负责巡视他的区域里的几条街道和巷子。他们得配备扫帚等清洁用具，由他们自行保管，放在一定的位置，以便他们雇用穷人扫街使用。晴天就在商店和窗户打开之前，把灰尘扫成距离合适的堆，并用有盖子的车子把所有尘土运走。
>
> 泥土耙来不能堆积在路上，以免再次被车轮和马蹄带起来。清扫工配备有若干车辆，其车身不是高高地装在车轮上，而是低低地装在滑盘上，下面是格子底，这样盖上稻草，泥土就会一直在里面，而且还能够让水（水占据大部分重量）从中渗漏下来。这些车子放在适当的距离处，泥土将用手推车运到车子那里，车子将停在原地等水排干，然后再用马匹把泥土运走。

后来我还怀疑过提议后面的部分的可行性，由于有些道路非常窄，放置泥车可能会占去大部分通道。但是我还是赞成前一个，就是要求在商店开门之前把泥土扫起来运走，这对于白日较长的夏天是非常可行的。因为，有时早晨七点走过河滨街和舰队街，看到虽然天已经亮了，太阳已经升起三个小时，我却看不到哪怕一家店铺开门。伦敦的居民宁愿选择过烛光照亮的生活，白天睡觉，却常常抱怨烛税和蜡的价格过高，真是好笑啊。

有人认为这些小事不值得注意或插手，而且他们认为尘土仅仅会吹入某一个人的眼睛，或者某一家店，这没有什么要紧的。但是这在人口集中的城市当中是非常常见的。这种事情经常发生，这就会造成一定的后果，使得这件事就不再是小事了，或许那时他们就不会严厉地非难那些注意到看似细微的事情的人了。人类的福运并不是那些极少发生的幸运带来的，而是那些日常生活中的便利带来的。因此，如果你教会一个贫穷的年轻人自己修面，并把自己的剃刀保养好，这些给他的生活带来的福运胜于你给他一千几尼。钱很快就会用光，只剩下愚蠢地花掉了钱的懊悔。而如果教会他自己修面，可以免去等待理发师修面的烦恼，和有时不干净的手、理发师烦人的口腔异味以及钝刀可能带来的痛楚。他可以选择在最方便的时间自己修面，而且整天可以因为使用卫生的工具修的面而心情愉悦。带着这样的想法，我写出了前面几页，虽然可能有点冒昧，但我希望它的内容能有一些启发性的东西，有时候或许对这座我喜爱的城市（我已经在这座城市里快乐地生活了好几年了）有点用处，而且，对我们美洲的某些城镇可能也有用。

一段时间以来，我被美洲的邮务总长委任为他的会计检查员，职责是管理几个邮局并监督邮局的职员。1753 年他去世了，我和威廉·亨特先生继承了他的职位，一同被英国邮政总长任命为美洲邮政总长。迄今为止，美洲的邮局从未向英国的邮局缴纳过什么。如果能够从邮局的盈余中获得足够数额的钱，我们的年薪将有六百英镑。要想达到这一目标，需要做一些改进。其中有一些最开始难免很费钱，以至于在开始的四年，邮局欠我们的年薪超过了九百英镑，但是不久邮局就开始偿还我们了。直到我被英国政府的大臣们莫名其妙地免职（后面我还会讲述）时，我们使得邮局给国王的供奉比爱尔兰邮局的高出三倍有余。自从把我免职后，他们一分钱也没有得到过。

邮局的事务使我去了一趟新英格兰，那里的剑桥大学主动授予了我文学硕士学位。康涅狄格州的耶鲁大学之前也给过我这样的荣誉。这样，我没有在任何大学学习，却获得了来自这些学校的荣誉。他们赠予我学位是由于我在自然哲学中电方面的改进和发现。

1754 年，与法国的战争风云再起，各殖民地委员在贸易委员会的命令下在阿尔巴尼集会，与印第安人“六个民族”的酋长商讨如何防御彼此国境的问题。汉密尔顿州长收到此命令后，就告知了议会，要求他们准备适当的礼品，好在开会时赠予印第安人，并且提名议长（诺里斯先生）以及我，连同汤姆森·佩恩先生，还有州议会秘书彼得斯先生作为代表宾夕法尼亚州的委员。尽管议员们不愿意在宾夕法尼亚州以外进行谈判，议会还是通过了此提名，也提供了礼品。我们大约在六月中旬与其他代表会面了。

在我们去那里的途中，我提出并拟订了一个把所有殖民地都团结在一个政府之下，以便防卫和实现其他重要共同事业的计划。经过纽约时，我把我的计划给詹姆士·亚历山大先生还有肯尼迪先生（两位在政事方面学识渊博的绅士）看了，他们的赞同使得我在会议上冒险提出此计划的决心更加坚定。结果好些委员们都有类似的计划。我们首先讨论了一个前提问题：该不该成立一个联邦。这一点在会上被一致肯定。然后，我们任命一个委员会（由每一个殖民地各派一位代表组成）商讨关于联邦的各种计划并做出报告。我的计划碰巧比较受欢迎，被采纳，并做出了一些修改。

根据这一计划，联邦将由总统一人管辖，总统由英王任命并听任其指挥。内阁会议的会员由各殖民地州议会中的代表选举。这样的讨论每天都在与印第安人的事宜同时进行。克服重重困难与反对意见之后，计划终于一致通过了，并把抄本送至贸易委员会和各州的州议会。这一计划的结局很奇特：各地州议会不赞成这一计划，因为他们都认为联邦政府的特权太大了；但是在英国，人们又认为这个联邦政府太民主了。

因此贸易委员会也不赞成这个计划，也没有提请英王批准。但有人提出更好的计划，说那个计划更适合。按照此计划，由各州州长和其各自的参政会的部分成员商量练兵和修筑炮台等事宜，所需的费用由大不列颠的国库先垫付，后由议会向美洲征税来偿还。我的计划及其理由可以在已经发表的政治论文集中找到。

那年冬天我在波士顿，和雪莱州长就这两个计划谈论了许多。我们之间的部分谈话内容也可以在这些政治论文中找到。人们用不同的甚至是自相矛盾的理由来反对我的计划，使得我都开始怀疑那是否真是个好办法。时至今日，我依旧认为如果当时采用了我的计划，对大西洋两岸都是好事。

那些殖民地足够团结，能够保卫自己，就不再需要英国的军队了。当然，后来的向美洲征税，还有因此引发的血腥争斗，都可以避免了。但是这一类错误不是第一次了，历史上有许多由国家和君王造成的错误。

环视这适合居住的世界，
知其利益或知道去追求的人是多么少！

那些执政的人，手中的权力很大，考虑和实施新的计划一般都嫌麻烦。因此优秀的公众议案很少是经过深思熟虑而被采用的，反而大多是被时事逼迫才采纳的。

宾夕法尼亚州的州长把我的计划交给了州议会，还表达了他对此计划的赞同："在我眼里，此计划判断明了，有理有据，因此推荐州议会仔细严谨地考虑。"然而，在我缺席之时，议会在某位成员的操纵之下讨论了这一计划，而且不加考虑，草率地否决了该计划，我认为很不公平，而且很伤我的感情。

那年在去波士顿的途中，我在纽约遇到了我们的新州长莫里斯先生，他刚从英国回来，我和他之前很熟。他听从委任来接替汉密尔顿先生，后者厌倦了领主对他的束缚，辞了职。莫里斯先生问我，是否他也会像之前那位州长那样遇到不愉快的行政任职生涯。我说："你不会，相反，如果小心别与州议会发生争执，你将会有很顺利的任职生涯。""我亲爱的朋友，"他说，"对于避免争端，你有何建议呢？你知道我好争论，那是我的乐事之一。然而，为了表明我对你的建议的重视，我会尽量避免的。"他喜欢争辩倒是情有可原的，他口才好，是个机灵的诡辩家，因此在争论性的对话中他一般会获胜。他在这方面从小就受过训练，据我所知，他的父亲常常饭后坐在桌旁，让他的孩子相互争辩作为消遣。但是我认为那样的训练是不明智的，因为，据我观察，那些好争辩、抗辩和辩驳的人通常在事业中都会倒霉。虽然有时也会获胜，但是他们从不招人喜欢；人们的喜爱对他们其实更有益处。后来我们分开了，他去了费城，而我去了波士顿。

回来时，我在纽约看到州议会的决议案。从这些决议案看来，尽管他答应我要尽量避免发生争执，但是看起来他和他的议会的关系异常紧张。而且他还要在任多久，他们之间的矛盾就会持续多久。我也参与了这场争斗，因为，我一回到州议会，他们就让我参与各种各样的辩驳他的演说和文章的委员会，而这些委员会总是让我起草这样的文件。我们的回复及他的文章都相当刻薄，有时还有粗鄙的谩骂话语。由于他知道了我是为议会那一方写的，见面之时难免争执一番。但是他性情温和，我们之间并没有因为这样的争辩而产生私人关系的不和，我们经常一起吃饭。

当这一公共争论到高峰期时，有一天下午，我们在街上相遇了。“富兰克林，”他说，“你和我一起回家消磨一晚吧。我有些朋友，你会喜欢他们的。”他挽着我的手臂，把我领到了他家。我们边饮酒边愉快地交谈，饭后他开玩笑地告诉我们他很赞成桑丘·潘沙的想法。当有人提议给桑丘·潘沙一个政府时，他要求那最好是黑人的政府，因为，如果他和他的人民意见不合，他就把他们卖了。他的一位坐在我旁边的朋友对我说：“富兰克林，你为何总是站在这些该死的贵格会会友这一边呢？你把他们卖了不是更好吗？奴隶主会给你一个好价钱的。”我说：“州长还没有把他们抹得够黑呢。”他的确尽力在他的文章中把议会抹得一片漆黑，但是他刚一抹上，议会议员就马上擦去，并通过辩驳反而抹到他的脸上。这样，他发现他把自己抹黑了，就和汉密尔顿先生一样，厌倦了这种争斗，也辞了职。

这些公务上的争执根本原因在于领主，他们是我们世袭的州长。每当为了防守他们的领地而需要用钱时，他们总是难以置信的吝啬，要求他们的代理人，除非明文规定他们巨大的财产得以豁免，否则就不能使任何必要的征税议案通过成为法令。他们甚至要和他们的代理人订约，以使他们遵守这些要求。尽管州议会三年以来坚决反对这种非正义的行为，最后还是屈从了。最后接任莫里斯州长的丹尼上尉，大胆地拒绝了这些要求。这件事情的来龙去脉我将在后面讲述。

但是我的故事讲得太快：还有几件发生在莫里斯州长任职期间的事情值得一提。

在一定意义上，对法战争已经开始了，马萨诸塞湾准备进攻克朗波因特，派遣了昆西先生到宾夕法尼亚州，派遣鲍纳尔先生（后来的鲍纳尔州长）去了纽约，请求援助。由于我在州议会，熟知议会里的情况，又是昆西先生的同乡，因此他请我凭借我的地位帮助他。我口述了他向州议会发表的演讲内容，这一演讲的效果很好，州议会通过了数额为一万英镑的决议，用以购买粮食。但是州长不同意他们的议案（那一议案包括这一援助款和其他给国王的津贴），除非在议案中插入一条，免除领主因此需要缴纳的财产的税额。尽管州议会非常希望他们对新英格兰的援助能有效实施，但却全然不知该如何去做。昆西先生在州长身上下了很多工夫，希望他能同意，但他不为所动。

后来我提议了一个不需要州长就能办到的方法，就是用贷款局局长的汇票。根据法律，议会有权开具那种汇票。那时贷款局里确实没有现金，所以我提议这些汇票应在一年之中都可以兑现，而且有5%的利息。我想有了这些汇票，购买粮食应该很容易了吧。议会毅然采用了此提议。单据立即被印制出来，而我则被指定签署和推销这些汇票。收回这些汇单的经费是当时全州的纸币现金的利息以及消费税的收入。众所周知，用这些钱购回汇票是绰绰有余的，因此他们对汇票很信任，不仅出资购买粮食，而且许多有闲钱的人还将这些钱投资于他们认为很有利的汇票上。汇票在手上时有利息，而且任何时候都可以当钱用，因此买汇票的人很积极，几周内就买完了。这件重要的事情就这样以我提出的方法解决了。昆西先生在一份措辞堂皇的备忘录中，表达了他对议会的谢意。他完成使命后，非常高兴地回去了，自此与我结下了最深厚诚挚的友谊。

英国政府不愿意各殖民地按照奥尔巴尼的提议联合起来，也不希望这个联邦有自己的国防，生怕他们军事实力太强。此时英国政府对各殖民地怀着猜疑和嫉妒的态度，派了布拉多克将军领着两个英国的正规军团渡海到美洲驻守。布拉多克将军在弗吉尼亚州的亚历山大登陆，然后进军美国马里兰州的弗雷德里顿，在那里暂歇，等候车辆。我们的议会得到消息说，这位将军对我们的议会有极其强烈的成见，因为他认为州议会反对他的军队。所以议会希望我去拜访他，以邮务总长的身份而非州议会议员的身份去，假装与他商量如何快速稳妥地传递他与各州州长的信件，因为他必然会与这些州长长期相互通信，各州州长提议邮费由他们承担。此次远行由我儿子陪同。

我们在弗雷德里顿找到了那位将军，他正焦躁地等待被派去马里兰州和弗吉尼亚州的边缘地区收集车辆的副官归来。我和他待了几天，每天与他共同进餐，有充足的机会使他消除偏见。我给他讲述了为了配合他作战，在他到达之前，州议会所做的事情，以及议会还将做的一些事情。我将要离开之时，找到的车辆及副官们回来了，看似仅有二十五辆，而且有的还不能使用。那位将军和其他军官都十分惊讶，认为此次征途没了继续的可能，到此结束了。他们怒斥英国政府无知，让他们在一个缺乏运输工具的地方登陆。他们至少需要一百五十多辆马车来运输粮食、行李等物品。

我随口说很遗憾他们没有在宾夕法尼亚州登陆，因为在那个州，几乎每一个农民都有一辆车。将军立刻抓住了这句话，说道："那么，先生，您在那里有地位，应该能帮我们弄到那些车辆吧。拜托您了。"我问他怎么酬谢那些车辆的主人，他让我把我认为必需的条件写在纸上。我拟出了条款，他们同意了，并立即准备了一份委托书和训令。我一到达兰开斯特，就登了一则广告，公布了这些条款。这条公告是个很有意思的短文，迅速引起了巨大反响。我将全文插入，内容如下：

公告

1755 年 4 月 26 日，兰开斯特。

兹因英王陛下的军队将在威尔港集结，需要 150 辆每辆配备 4 匹马的运货马车，以及 1500 匹鞍马或驮马。军官布拉多克将军授权于我，让我订立雇用上述车与马的协议。我谨此通知，我将从即日起到下周三晚上在兰开斯特办理此事。下周四早晨到周五晚上在约克办理。我将按下面的条款租用车辆、牲口联队及单独的马匹。条款如下：1.

每辆配有良马四匹和车夫一名的马车，每日将得到15先令；每匹配有马鞍等的良马每日得到2先令；每匹没有配备马鞍等的良马每日得到18便士。2.各种车马的租用费用均从在威尔港与军队会合时算起，车马必须在5月（下个月）20日之前往威尔港报到。除了以上规定的租金以外，在往返途中还会有一定的津贴。3.所有车马应由我和主人家共同选定的公证人加以估价。如果在租用期间丢失任何车马，将加以赔偿。4.签订合同时，如有需要，可预支车马主人七天的费用，余下费用将由布拉多克将军或者军需官在解雇时或需要时支付。5.车夫或者照看车马的人不需履行士兵的任务，也不需履行除驾车或者照料马匹以外的职务。6.车马运抵军营的所有燕麦、印度玉米，或者其他马饲料，除了饲养马匹必需的以外，一概由军队买下，以备军用。

备注：我的儿子威廉·富兰克林已得授权与坎伯兰县的任何人订立此类合同。

本杰明·富兰克林

致兰开斯特、约克，以及坎伯兰各郡县的居民的信

朋友们！同胞们！

几天前我去了弗雷德里顿的军营，将军和军官由于缺乏运货的车马而烦恼，我们州最有可能帮到他，因此他们期待本州施以援手。但是，我们的州长和州议会的意见不合，不想提供资金，也没有为此采取任何措施。

有人提议立即派遣配备武器的军队到这些州来，强占需要的车马，并且逼迫所需的人数去驾马车和照看车马。

我生怕英国士兵带着这样的目的进入本州各郡，尤其考虑到他们

目前的恼怒以及对我们的怨恨，将使居民遭受许多不便，因此我更愿意麻烦一点，试着用公平合理的方法来解决这个问题。本州边缘地区的居民曾向州议会诉苦说他们缺钱，现在你们就有了一个得到并分配一大笔数目的机会。因为，如果这次征伐继续一百二十天的话（看上去多半会），这些车马的租金将达到三万多英镑，将用英国货币的银币和金币支付你们。

这种服役很轻松，因为军队很少每天行进十二英里以上，而这些车马搬运的东西都是军需用品，肯定会和军队同步，不会比军队行进得快。而且，为了军队的使用起见，无论是在行军或者扎营时，军队都会把车马放在安全的地方。

如果你们真如我所想的那样，是英王陛下善良忠诚的子民，现在你们就能够做出一些可以接受的容易的贡献。倘若你们因为忙于种植，不能单独提供马车、四匹马和驾车的人，那么三四家合起来就可以了，一家出车，一家出一两匹马，一家出车夫，租金你们可以按比例分。假如有了这样优厚的待遇和合理的报酬，你们仍不肯自愿效忠的话，那么你们的忠诚就值得怀疑了。国王下达的任务必须完成。那么多勇敢的战士不远千里来保卫你们，可不能因为你们迟疑是否要完成你们应尽的职责，而让他们不能成功完成任务。车马是必须要有的，因此他们可能会采取强硬的手段，到时候你们就会很痛苦，而且也没人会同情你们。

这件事情对我并没有特别的利益关系，因为除了满足我行善的愿望之外，我得到的只有奔波的辛劳而已。如果这个办法不能成功获得所需的车马的话，我就会在两周内报告那位将军。我想那位轻骑兵约翰·圣克莱尔爵士会立即带着兵马冲进宾夕法尼亚州的，那是我不愿意听到的，因为我是你们最诚挚的朋友和怀有善意的人。

本杰明·富兰克林

我从将军那里领到了大约八百英镑，用于预支给车马的主人的租金等。但是那些钱是不够的，我又垫付了两百多英镑，两周之内，150辆马车，259匹驮马都准备好向军营行进了。公告上许诺说车马如有损失，将照价赔偿。然而，那些车马的主人声称他们不认识布拉多克将军，或者质疑他的诺言是否可信，坚决要我为此担保，我同意了。

有一天晚上我和丹巴上校军团的军官们共进晚餐时，他告诉我说他为他的部下们担忧，因为军官们普遍都不富裕，在这个米珠薪桂的地方，要购买这次穿越蛮荒之地的漫长征途中所需要的日用品，他们不堪重负。我表示很同情他们的处境，决定替他们想一些补救措施。然而，我对他只字未提我的打算，但是次日早晨给一个有权支配公款的委员会写了一封信，热心地把这些军官的情况告诉了他们，引起他们的注意，并提议送一些食物和日用必需品给他们。我的儿子有一些军营生活经验，了解其需要。他给我列了一张清单，清单内容也包含在我的信中。委员会同意了，而且办理得很迅捷，使得我儿子得以押运着这些物品和车马同时到达。这些日用必需品总共有二十包，每一包里面包含：

方糖6磅；

格洛斯特奶酪1枚；

优质黑砂糖6磅；

优质黄油1小桶（20磅）；

优质绿茶1磅；

优质武夷茶1磅；

陈年马德拉白葡萄酒2打；

优质咖啡粉6磅；

牙买加酒2加仑；

巧克力6磅；

芥末粉1瓶；

优质饼干50磅；

优质熏腿 2 只；

胡椒半磅；

干舌半打；

优等白酒醋 1 夸脱；

米 6 磅；

葡萄干 6 磅。

这二十个大包都包装得很好，由二十只马匹驮着，连同这些马，都是送给军官的。一位军官一个包、一匹马。收到这些东西，军官们非常感动，两个军团的上校都写信给我表达他们诚挚的谢意。将军也对我帮他弄到车马等举动很满意，立即付了我垫付的钱，并再三感谢我，还请求我继续帮助他运送粮食。我也接受了这一任务，在听说他战败之前我一直忙于此事，我个人为此垫付的钱就有一千多英镑，我寄了一张账单给他。幸运的是账单在战争前几天到达了他的手中，他立即给我寄了一张价值一千英镑的汇票，并且令军需官把余款下次给我。我认为能收回这一笔钱算我走运，因为之后我从未收回余额。这件事以后我还要提到。

我认为这位军官是一个勇敢之人，在欧洲的某些战争中他可能会是个优秀的将军。但是他过于自信，对正规军的作战能力估计太高，低估了美洲殖民地和印第安人的作战能力。乔治·克罗根，我们的印第安语翻译，带领了一百名印第安人加入了他的军队。如果他好好地对待他们，这些人可能是很好的作战向导或者侦探兵，对作战大有用处。但是他瞧不起他们，还怠慢他们，于是他们纷纷离他而去。

有一天我和他交谈时，他向我稍微提及了一下他的一些作战计划。“攻下杜肯堡之后，”他说，“我将进军尼亚加拉。在攻下那里之后，如果还有时间的话，就去弗兰特纳克。我想时间是有的，因为杜肯堡不可能会花掉我三四天时间。那样依我看就没什么会阻碍我去尼亚加拉了。”之前我就反复考虑过，当他的军队在狭长的道路上进军时，他必然会把队伍拉得很长。这样的队形可以因森林和丛林而被切断。我还记起我曾经读到过，之前有1500个法国人入侵到易洛魁，遭到了失败，因此，我对此次征伐有些怀疑，也有些担心。但我只是大胆地说了："的确，先生，如果你带着配备有这么多大炮的优秀的部队安好地到达杜肯堡的话，由于杜肯堡的防御工作尚未完成，还听说驻军不多，所以一定不久就能攻下。但我担心的只是印第安人的埋伏可能妨碍你进军。他们经验丰富，因此在掩护和偷袭方面都很擅长。你的队伍必然拉得很长，接近四英里长，可能会遭受他们侧面的偷袭，会被阻断成几段，而由于距离问题，被阻断的队伍不能相互支援。"

他笑我无知，回答说："这些荒蛮的人或许对于你们不专业的美洲军队确实是很可怖的敌人，但是对于国王的正规的和训练有素的军队而言，先生，他们根本不值一提。"我觉得和一个军人争辩他职业上的事情是不大合适的，就没有再说了。然而，敌人并没有如我担心的那样趁机攻击暴露在他们面前的漫长队形，而是不加骚扰地放任这支队伍前进，直到离目的地九英里的地方。那时队伍的人比较多（因为队伍刚过了河，先行部队也等着全军过河再行军），这块林间空地也比先前经过的任何树林都开阔，先头部队受到了树林背后密集的火力袭击，直到那时，将军才第一次发现敌人靠近了。先头部队已然被打蒙了，将军就催促大军前来援助。但是由于要通过马车、行李和牲口，队形十分混乱。很快敌人从他们的侧面开了火。军官们骑在马上，目标鲜明，很快就一一倒下了。士兵们拥成一团，没有人指挥，或者没听到指挥，就站在那里等着被枪击中。直到三分之二的士兵都被打死之后，大家都惊恐万分，整支队伍都狼狈地逃跑了。

每个驾车的人都从车里拉出一匹马，逃走了，其他人也立即效仿。这样所有的车子、粮食、大炮和军火都留给了敌人。那位将军受了伤，好不容易才被救出来，他的秘书官雪莱先生就在他旁边中弹而亡。86名军官中，63名伤亡；1100名士兵中，714名阵亡。这1100名士兵是从整个军队中挑选出来的，其他的留给了丹巴上校，他们要运送更大部分的军火、食物和行李。逃掉的士兵并没有受到追击，他们逃到丹巴上校的军营里，所带去的惊恐使丹巴上校和他的部下都惊慌起来，尽管他有一千多名士兵，而进攻了布拉多克将军的敌人不过是四百个印第安人和法国人。他们并没有向前行军，设法挽回失去的颜面，而是下令把所有的军火和食物都销毁了，这样就没什么拖累了，也好有马匹帮助他们逃回殖民地。当时弗吉尼亚州、马里兰州和宾夕法尼亚州的州长命令他把军队驻扎在前线，以保护居民。而他一直匆匆行军直至他到达费城，才感觉有了安全感，在那里居民反倒可以保护他。这件事情第一次使我们美洲殖民地的人民怀疑，我们对英国正规军推崇之至的想法也许是没有坚实的根据的。

而且在他们登陆经过村子的第一次行军当中，他们抢劫剥削居民，使得一些穷苦的家庭完全被摧毁。违抗的居民则会遭到侮辱、虐待和监禁的处罚。这件事情足以让我们唾弃这些保卫者了，假如我们真的需要人来保卫的话。这与 1781 年我们的法国友人的行为差异何其大。当年我们的法国友人经过我们居住者最为密集的地方，接近七百英里，没有发生一起损失一头猪、一只鸡甚至一个苹果的事情，也无人为此抱怨。

将军的一位副官奥姆上尉受了重伤，和将军一起被救了出来，他一直和将军住在一起，直到几天后将军死去。奥姆上尉告诉我说，将军第一天一句话也没有说，只是在晚上说："谁能料到呢？"第二天他又沉默不语，最后只说了一句："下次我们就知道如何对付他们了。"几分钟后就去世了。

秘书官的笔记，连同将军的所有命令、指示和通信信件，都落入敌人的手中。他们挑选了一些，翻译成了法语，并打印出来，证明英国在宣战前就已经具有敌意了。在这些信件中我看到了将军写给英国政府大臣的信，信中大力赞扬了我对他的军队所做的贡献而让他们注意到我。戴维·休姆几年后也成了赫特福德勋爵的秘书官，后来康威将军任国务大臣时，他又做了康威将军的秘书官。他告诉我说，他在国务大臣的档案中看到布拉多克的信件，信中大力赞扬我。但是，这次远征失败使我所做的贡献看起来没那么大的价值了，因此这些赞扬从未在我身上起过作用。

我只从布拉多克将军本人那儿请求了一个奖励，就是命令他的部下不能再去征募我们购买的奴隶了，而且把已经征募的释放了。在我的请求之下，他欣然同意了，好几个奴隶回到了他们的主人身边。而军权移交给丹巴上校后，丹巴就不那么慷慨了。他与其说撤退倒不如说逃跑，之后他待在费城。我请求他把他征募的兰开斯特的三个穷苦农民的奴隶释放了，告诉了他已故将军关于这一方面的命令。他对我许诺说，如果奴隶的主人能到特伦顿（他往纽约行军的话，几天后就会到达那里），他就会把奴隶释放了。这些贫穷的农民跋山涉水，破费很多钱，去了特伦顿。而到了那里他又拒绝履行誓言，让那些农民损失惨重，失望至极。

车马损失的消息一经传开，所有车马的主人都来向我索取我担保的赔偿费。他们的要求给我带来了很大的麻烦。我告诉他们赔偿款已经在军需官手中了，而付款的命令必须由雪莱将军下达。我向他们保证说我已经向雪莱将军申请了赔款，但是他离这里有些远，回复不能很快到达，请求他们要有耐心。但是这些都不足以满足他们，甚至有人开始指控我。最后雪莱将军派遣了几名委员来调查各人的要求并支付了赔款，才把我从这可怕的境况中解救了出来。这些款项高达两万英镑，如果都由我偿还的话，我会破产的。

在我们接到战败的消息之前，两位庞德医生带着募捐册前来找我募捐，集资举办一场巨大的烟火，便于我们得知攻下杜肯堡的消息之后狂欢用。我很严肃地说，当我们确知需要狂欢庆祝之时再来筹备也为时不晚。他们对我没有立即响应他们的提议很是惊讶。“怎么？”其中一个说道，“你该不是怀疑攻不下这个堡垒吧？”“我不能说肯定攻不下，但是我知道战争的事情是说不定的。”我给他们说了我怀疑的原因，募捐就暂时搁置一边，计划的人因此避免了一件会使他们懊悔的事情：准备烟火晚会。后来庞德医生有时说，他不喜欢富兰克林对不祥之事的预感。

在布拉多克战败之前，莫里斯州长就写了一篇又一篇的咨文去骚扰议会，企图强迫州议会在免除领主财产征税的前提下，通过为本州的防卫集资的法案。他还否决了所有那些没有免除领主财产税费的议案。他加紧逼迫议会，由于现在处境越来越危险，本州的防卫工作需求就越来越大，他达到目的的希望也越来越大了。然而州议会没有屈服，坚信正义站在他们那一边，认为如果他们让州长篡改他们的财政议案得逞，那么他们就放弃了一个重大的权利。最后一批议案中的一个，涉及拨款五万英镑。他只修改了其中的一个字。议案说“一切动产和不动产，都得纳税，领主的亦然”。他把“亦”改成了“不”，一字之差，意思却大不相同。我们一直把州议会对州长咨文的答复寄给我们在英国的朋友，但是，当战败这一噩耗传到英国后，这些朋友就纷纷指责领主不应向他们的州长下达这样卑鄙的不公平的训令。有的人甚至说既然他们阻挠了该州的防卫，那么他们就失去了在此问题上的权利。州长们受此舆论的压力，就命令他们的课税收税官不管州议会通过的州防经费是多少，都必须捐献五千英镑。

州议会接到此通知后，就接受了这五千英镑作为他们应缴纳的税款的代金，接着就提出一个新的议案，附有免税条文，因此议案就通过了。我是处理此经费的委员之一，根据这个决议，拨款共达到六万英镑。我积极地参与了这一议案的起草工作，使其得以通过。与此同时，我起草了一个成立和训练志愿兵团的议案。我很容易就使其在议会当中通过了，因为在议案中我谨慎留意让贵格会会友保持他们的自由。为了组织成立志愿兵团必需的民兵，我写了一篇对话性质的文章①，以提出、阐述并反驳所有的反对意见。这篇对话文章被印刷出来，我想效果很好。

当城市和乡村的几个连正在组织和训练时，我答应了州长的请求，去接管西北边的边防。敌人常在那里出没，我要做的是组织军团，修建一连串的炮台，以保护居民。尽管我知道自己不太够资格，我还是接任了此项军事任务。他给了我全权的委任状，给我一包空白的军官委任状，给我认为合适的人选。在招募民兵时我倒觉得没什么困难，很快就招了560名由我统率的民兵。我儿子在上次对加拿大的战役中是一名军官，就当了我的副官，对我帮助很大。印第安人烧毁了纳登荷——一个摩拉维亚教徒居住

① 这篇对话文章和民兵法案发表在《绅士杂志》的1756年的二月和三月版。——富兰克林原注

的村落，并且屠杀了当地居民。但我认为那里是修建炮台的优势位置。

为了进军纳登荷，我在伯利恒集结军队，那里是摩拉维亚教徒的主要居住区。我惊奇地发现，纳登荷的毁灭使得伯利恒感受到了危险，他们的防御措施做得非常之好。该地的大多建筑都被栅栏围住了；他们还从纽约购买了大量的枪支弹药；甚至在他们高大的石头房子的窗户与窗户之间放了许多铺路石，妇女们可以用来向任何企图入侵的印第安人的头部砸去；那里也有武装了的教友们看守，像其他城市的守备队一样有条不紊地轮班看守。和大主教斯潘根贝格交谈时，我提到了我所惊奇之处：因为我知道他们获得了议会的特许，赦免他们在殖民地的兵役。我还以为他们确实是严肃地反对当兵的呢！他回答我说，那不是他们既定的规则之一，只不过在他们获得议会特许时，有人认为他们的信徒中有很多是反对服兵役的。然而，这次他们发现只有很少人保留了这种信仰，似乎他们不是欺骗了他们自己，就是欺骗了州议会。但是常识加上对目前的危机的考虑，足以强大到克服那些古怪的观念。

我们在一月初开始修建炮台。我派遣了一个支队到米尼辛克去，命令他们在较高地区修建一个炮台以起保护作用，又给另一支队下达相似的命令让其去了较低的地方。我决定和剩下的军队去纳登荷，那里更需要一个炮台。摩拉维亚人给我提供了五辆马车来装运我们的工具、粮食、行李等。

就在我们离开伯利恒之前，有十一位被印第安人从他们的农场赶出来的农民，跑来请求我给他们枪支等武器，这样他们可以回去营救牲口。我发给他们每人一支枪和一些适用的子弹。我们还没有行进多远，天就开始下雨了，而且第二天也一直下雨。途中又没有居民可以让我们避雨，直到晚上我们才找到了一户德国人家，在他的柴房里我们紧紧地拥成一团，湿得像落汤鸡一样。幸亏在途中我们没有遭到袭击，因为我们的武器都是最普通的，而且我们的士兵不能使枪机保持干燥。印第安人能够想出巧妙的办法保持枪机干燥，而我们不会。就在那天这些印第安人遇到了上面提到的十一个贫穷的农民，那些农民被杀了十个。逃掉的那一个说他和他的同伴的枪打不出去，因为枪机被打湿了。

第二天天气晴好，我们继续进军，到达了荒无人烟的纳登荷。附近有一个锯木厂，旁边还留有几块木板，我们利用这些木板很快就为我们自己建造了一些军用房。由于我们没有帐篷，因此在这种寒冷的季节里，我们修建临时的兵用房是十分有必要的。我们的第一项任务是把我们发现的尸体掩埋得更好，之前乡下人只是把他们草草掩埋而已。

次日早晨我们设计了炮台，选择了台基，炮台周长为455英尺，因此我们需要由455根直径为一英尺的木头紧密排成的栅栏。我们有70把斧头，立即全部被用去砍伐树木，我们的士兵都擅长伐木，因此效率很高。看到树木倒得如此快，当两人开始砍伐一棵松树时，我好奇地看了看手表，他们只花了六分钟就砍倒了一棵树。我发现树的直径有14英寸，每棵松树可以制成三根长达18英尺的栅栏，一端是尖的。在准备这些的同时，其他士兵在周围挖了三英尺深的战壕，那些栅栏要插在那里。我们去掉了马车的车身，拔掉连接前后的钉子，把前后轮分开，这样我们就有了十辆马车，每辆有两匹马，用于将马栅栏运到炮台那里。栅栏立好以后，我们的木匠在沿着栅栏的里侧搭了一个木板制的梯子，大约有6英尺高，使士兵可以站在上面从枪眼里射击。我们有一门旋转炮，装在一角上，装好后我们就开了一炮，告诉印第安人（如果听得见的范围内有印第安人的话），我们有这样的装备了。这样我们的炮台（如果我们如此简陋的栅栏也称得上如此宏伟的名称的话）在一周之内完工了——尽管每隔一天就大雨倾盆，士兵们也无法工作。

这件事情使我明白，当人们有工作时，是非常满足的。因为在他们工作的日子里，白天他们温厚愉快，在他们完成整整一天的工作之后，晚上也过得很愉悦。但在我们闲着的日子里，他们就难以控制，喜爱争吵，对食物挑三拣四，总是发脾气。这使得我想起了一位船长，他的原则就是让他的水手们一直工作。有一次他的大副禀告他说，他们已经把工作做完了，也找不到什么可以做的了。“哦，”他说，“让他们去洗刷锚吧！”

不管这是如何简陋的炮台，它也足以防御没有大炮的印第安人。发现我们已经安全地安定下来了，而且必要的时候也有撤退的地方，我们就冒险结伴搜索邻近的地区。我们没有发现印第安人，但是却发现了他们在附近的山上观察我们的行踪的地方。这些地方有一种巧妙的装置，似乎值得一提。那时是冬天，火对他们来说是必需的。但是如果火在地面，那么火光会暴露他们所在的地方，因为远处可见。因此他们挖了直径大约为3英尺的洞。我们观察到他们是如何用斧头从森林里烧焦的木头上砍下木炭来的。他们用这些木炭在洞底烧小火，我们还在林间和草丛中发现了他们身体的印记，他们围着洞口匍匐躺着，脚放在洞里，这样可以保持脚的温暖，这对他们来说很有必要。这样生的火发出的光、火焰，甚至烟就都不会暴露他们。看起来他们的数量不多，且似乎已经知道我们人数众多，就算要袭击我们，他们的胜算也不大。

有一位热心的长老会牧师比蒂先生充当了我们的军中牧师，他向我抱怨说士兵们都不来参加祷告会，也不去听他的劝诫。他们应征入伍时，曾向他们许诺，除了军饷和伙食以外，每天还有一吉耳兰姆酒，会准时发给他们，上午一半，晚上一半。我注意到他们喝酒倒是十分准时的，于是我对比蒂先生说："若是让您去管理兰姆酒或许有点屈尊，但是如果您等到祈祷完毕后再去发酒的话，或许他们就会围在你的身旁了。"他喜欢这个想法，就接任了这个职务，有几个人帮助他酌酒。发酒进行得很顺利，祈祷会出现了从未有过的全勤和准时的情景。因此我认为比起用军令来惩罚那些不出席宗教仪式的士兵，还是这个办法效果更好些。

我刚完成这一项工作，在炮台里储备好了粮食，就收到州长的来信。他告诉我说他已经召集好了州议员开会，如果边境的局势已经稳定，我不再需要留在这边的话，他希望我能够出席会议。我议会的朋友也写信劝我如果可能的话就回去开会。我打算修建的三个炮台已经完成，居民们在炮台的保护下满足地在农场上劳作着，我决定回去了。更好的是克拉珀姆上校，一位新英格兰的军官，对于与印第安人作战颇有经验，他正好来访，同意担任指挥官一职。我给了他一张委任状，在全军面前宣读了这张委任状，把他作为军官介绍给了全部士兵，以他的军事才能，我想他比我更加适合做指挥官。我给他们讲了一些规劝的话之后就离开了。我被护送到伯利恒后，在那里休憩了几天，从疲劳之中恢复过来。第一个晚上，在舒适的床上我却难以入睡，因为这与我在纳登荷裹一两床毯子就睡在我们木屋的地板上的区别太大了。

在伯利恒之时，我对摩拉维亚教徒的习俗有所了解：有些摩拉维亚教徒陪伴过我，对我非常友好。我发现他们实行的是共产，伙食是大家共享的，宿舍也是许多人共有的。在宿舍里，我发现他们的天花板下面有等距离的气孔，我认为这些气孔是交换气流用的。我去参加了他们的礼拜仪式，欣赏到了优美的音乐，是他们用小提琴、双簧管、笛子、单簧管等乐器演奏的。我了解到他们的布道不像我们平时那样，对男女老少混合的信徒讲的，而是有时聚集已婚男子进行布道，有时是给他们的妻子布道，然后是年轻男子、年轻女子、小孩子，都是分别聚集听讲道的。我听到的是给孩子们的讲道，孩子们进来坐在一排排的长凳子上。男孩子们由一位年轻男子（他们的导师）带领，女孩子们由一年轻女子带领。讲道的内容似乎相当符合他们的年龄水平，而且是以亲切愉快的口吻讲的，劝导他们做好孩子。他们表现得井然有序，但是看起来脸色苍白、不健康。这使我怀疑他们是不是太多时间都被关在屋里，或是运动量太少了。

我了解了摩拉维亚教徒的婚姻习俗，想明确他们是否真是以传说中的抽签方式决定配偶的。他们告诉我，抽签决定配偶只是在特殊的情况下才用。在一般情况下，当一个年轻的男子想结婚时，他就告诉他们族里的长者，长者又去询问管理年轻女子的年长的妇女。由于青年男女的长者都非常了解他们门下的脾气和性情，可以清楚地判断什么样的婚姻最为合适，一般情况下男女双方都是同意他们的决定的。但是，例如，他们认为两三个年轻女子同时适合一个年轻男子的话，那种情况下就会用抽签的方法决定配偶。我不同意那种方法，如果婚姻不是当事人自己选择的，他们当中有人会感到非常不幸福。告诉我此事的人回答道：“就算是当事人自己选择，也可能会不幸福。”的确，我不能否认这一点。

回到费城后，我发现兵团的事情进展得很顺利，除了贵格会会友，其他的居民几乎都加入了。他们按照新的律法自行编成连队，选出他们的上尉、中尉和少尉。B博士来拜访我，他告诉了我他在宣扬关于军团法律方面所做的努力，并认为这些努力功劳甚大。在这之前我一直以为这一法律的通过都是由于我写的《对话》。然而，我想他说的也有道理，就让他保持他的意见。我想在此情况下，这是最好的办法。军团的军官们在会上选我当军团的团长，这次我接受了。我忘了我们有多少个连，但是我们有一千两百位英俊的士兵游行，还有一队炮兵。他们带有六门铜质野战炮，炮兵已经能够很熟练地操作这种野战炮，其每分钟能发十二发炮。在我第一次检阅了我的军团之后，炮兵们把我送回了家，还坚持要在我家门口放几个礼炮，以向我致敬，炮弹把我的电学仪器上的几块玻璃震下来摔碎了。事实上我的新荣誉和这玻璃仪器一样脆弱，因为不久以后我们的军团制度被英国政府废除了，我的军衔也被撤销了。

在我当团长的短时期内，有一次在我出发去弗吉尼亚州之前，我的团队中的军官们认为他们应该护送我出城，直到下渡口。当我正在上马时，有三四十个人穿着他们的服装骑着马来到我家门前。之前我对这一计划一无所知，不然我就加以阻止了，因为我天生不喜欢显摆威风。他们来了，我十分懊悔，因为此时我无法使他们不送我们了。更糟的是：我们出发时，他们一路上拔剑骑马行进。有人写了一份关于此事的报告给领主，他很生气。当他在宾夕法尼亚州时，从未得到过这样的荣誉，他的州长也从未得到过。他说只有王室的亲王才配受到这样的待遇。这或许是真的，但是无论过去还是现在，我对此都不太了解。

这种不明智的举动大大增加了领主对我的敌意，虽然之前他就已经因为我在议会中就他的财产税务问题表现出来的言行很憎恨我了。我一直强烈反对这种免税特权，更不要说我还严厉谴责了他就此表现出的吝啬和不义。他向内阁控告我说，我对于英王完成任务是一个巨大的阻碍。他说我在州议会中的影响颇大，反对合理的筹款议案。他以我此次列队游行为例告诉我的上司，说我想从其手中夺过州政府的管理权。他还请求邮务总长埃弗拉·福克纳爵士免除我的职务。但是他没有得逞，我仅仅受到埃弗拉爵士委婉的警告而已。

尽管州长和州议会之间不断地争斗，我也参与了其中很大一部分斗争，而我和那位州长之间也有以礼相待的一面，我们没有私人之间的不和。我有时会想他对我很少抱怨或根本就不抱怨，或许是因为我写他的文章的回复时的职业决定的。他曾是一位律师，或许认为我们只是诉讼案件中争执双方的律师而已，他是领主的律师，而我是州议会的律师。因此，他有时会友好地来访，向我咨询一些较难的观点，有时（尽管不是经常）会采取我的意见。

我们合作为布拉多克的军队采购食物。当布拉多克战败的惊人消息传来，州长迅速传我去和他共同商量如何防止边疆的居民逃亡。我已经记不得我提出的建议了。但我认为，应该给丹巴写信，劝他如果可能的话，把他的军队驻守在边境，保护那里的居民，只要殖民地的援兵一到，或许他就可以继续征伐。当我从边境回来后，丹巴和他的军队忙于其他军务，他就让我率领殖民地军队去征伐边境，攻下杜肯堡。他提议任命我为将军。我的军事技能没有他说得那样好，而且我相信他的恭维有些言不由衷。但或许他想到我的名气，我在州议会中的影响力，我努力通过给他们拿军饷的议案，或者还有此项决议可以免去领主的财产税务，这些都对招募士兵有促进作用。他发现我没有他期待的那么积极，此计划就此放弃。他不久就离开了政府，他的职务由丹尼上尉继任。

在我叙述这位新任州长在职期间的相关事情之前，容我说说在学术研究方面的事，以及我是如何获得并积累了一些名声的。

1746 年，我在波士顿遇到一位斯宾塞博士，最近他从苏格兰过来了，还给我演示了一些电学实验。由于他不太专业，实验进行得不太完美。但对于我来说这是个新东西，我对它很感兴趣，也很喜欢。我回到费城以后，作为伦敦皇家学会的会员之一的柯林斯先生送了我们的订阅图书馆一根玻璃试管，附有做这种实验时的使用说明。我借此机会热切地重复我在波士顿看到的实验。经过多次练习，我能够熟练地做那些实验了，而且还能迅速做出从英国寄来的书报中提到的实验，还增加了几个新的实验。我做了多次练习，其实是因为有一段时间，我家挤满了来看这新奇实验的人。

为了让我的朋友能帮我分担一点，我就让玻璃厂为我制造了几根类似的玻璃管。这样我的朋友也能做这些实验了，至少表演者多了一些。在这些朋友当中，金纳斯利先生是最主要的一位，他是我的一位很有才的邻居。当时他正失业在家，因此我鼓励他以表演实验来挣钱，我为他写了两篇演说词，他的实验按此顺序进行，以此方式讲解实验，这样能够由浅入深，使人一步一步地理解。他为此购买了一套精美的仪器，以前由我自己制造的所有粗糙的小机件，现在都由仪器制造商做得很精致了。他的演说出席者很多，而且令人相当满意。一段时间以后，他走遍整个殖民地，四处演示他的实验，挣了一些钱。在西印度群岛，要完成这些实验是很不容易的，因为空气中的湿度太高。

因为我们对柯林斯先生赠送玻璃试管和其他物品很感激，我认为我们应该让他知道我们把他赠送的礼物用得有多么成功，于是给他写了几封信，在信中对我们的实验进行了描述。他把我们的信在英国皇家学会中念了出来，起初他们都认为这些实验不够引人注意，不足以在他们的会刊上发表。我把我为金纳斯利先生写的一篇关于光与点的相似性的文章寄给了米切尔博士（我的一位朋友，也是那一协会的成员），他写信告诉我说那篇文章已经在学会里读过了，但受到那些行家的嘲笑。但是这些文章被福瑟吉尔博士看到后，他认为这些文章的价值非常高，不能将之埋没，就建议把它们登载出来。后来柯林斯先生把它们交给了盖夫，让他刊登在他的《绅士杂志》上。但是他选择把它们单独印制成一本小册子，福瑟吉尔博士给小册子写了序言。盖夫似乎看到了利益所在，加上后来陆续寄过去的文章，小册子就变成了一本厚厚的四开本的论文集，出了五版，但是稿费他却分文不出。

然而，在一段时期以内，那些文章在英国并没有引起广泛的注意。一位在法国甚至全欧洲都享有盛名的哲学家布冯伯爵，偶然看到了一本这样的论文集，他就请求达利巴尔先生把这些文章翻译成了法语，并在巴黎印制出来。这一轮文集的发表冒犯了诺雷神父，他是宫廷的自然科学导师，在做实验方面很能干。他想出并发表了一个关于电的理论，当时引起了一场轰动。起初他不能相信美国能出现这样的著作，还说肯定是他的对手为了公开反对他而在巴黎捏造出来的。后来，他确信了在美国费城有一个富兰克林（他曾怀疑过的），然后他就写了很多文章，主要是针对我的。在文章中他为自己的理论辩护，否定我的实验和已经从实验中得到的结论的真实性。

我一度想过回复他，而且已经开过头，但是细细想来，我之前的文章是对实验的说明，任何人都可以重复试验、验证结论，如果不能证明结论是正确的，那我就百口莫辩了。文章的结论仅仅是作为推测的结果（而非武断的教条）提出来的，因此我又何必劳烦自己去为之辩解呢。而且想到两个使用不同的语言的人之间的争辩，或许会因为翻译不准确而导致误解对方的观点，从而加长争辩的时间。这位神父文中的很多内容都是由于译文中的一个错误引起的。我决定让我的文章自己澄清，认为最好还是把从公务中挤出来的时间花去做新实验吧，而非因为一些做了的实验而争论。由此我从未回复过诺雷先生，后来的发展证明我不回他的信是对的。我的朋友，皇家科学协会会员勒罗依先生替我辩护，驳斥了他的观点。我的书被译为意大利语、德语还有拉丁语系的语言。书中所持的观点被欧洲的科学家们广泛采用，他们抛弃了诺雷神父的观点。除了巴黎的 B 先生（他的门徒和信徒），临死前他看到他是自己理论的最后信奉者。

我的书因其中提出的一个实验（由达利巴尔先生和德罗先生在马莱完成的）而迅速广泛地受到关注，该实验的目的是把闪电从云层中引下来。这在世界各地引起轰动。德罗先生有一套科学实验的装置，他讲授那一分支学科，负责重复进行他所谓的那些费城实验。当这些实验在国王和议会面前演示过之后，巴黎所有好奇的人都来看这些实验。我在此就不再赘述那一重要的实验以及后来我在费城用一个风筝成功完成的实验给我带来的无限乐趣了，因为这两个实验都在电学史上有所记载。

一位英国的物理学家，莱特博士，在巴黎时给他的一位英国皇家学会的朋友写过信，他在信中说我的实验在国外的知识界受到高度重视，而且对于我写的这些文章在英国竟然未受到重视而惊奇。英国皇家学会由此重新考虑之前在他们中间读过的文章了。著名的华生博士就之前给他们读过的那些文章，以及后来我寄到英国去的关于电学的文章做了一个总结性的概述，并且对其作者赞赏有加。后来这一总结概述发表在他们的社刊上。伦敦英国皇家学会的一些成员，尤其是才智聪慧的康顿先生，用一根尖棒证实了把闪电从云上面引下来的实验。他们的实验都很成功，很快他们就改正了之前对待我的态度。甚至我都没有申请，他们便把我选为他们中的一个成员，而且决议说我可以不缴纳例行的入会费——总共二十五几尼。后来他们一直免费赠送我他们的会刊。他们还赠送给我 1753 年戈弗雷·科普利爵士获得的金牌奖章。在颁发此枚奖章的典礼上，学会会长马格斯菲特勋爵发表了一篇非常客气的演说，对我大加赞赏。

我们的新州长丹尼上尉，把之前提到的奖章从英国皇家学会给我带了回来，在费城为他开的招待会上他把奖章颁发给了我。同时他用礼貌的言辞表达了他对我的敬意，如他所说，他已经了解我的品性很长一段时间了。晚饭后，参加宴会的人都喝起酒来（这是当时的习俗）。他把我叫到另一个房间告诉我说，他英国的朋友向他建议让他和我做朋友，因为我能够给他最好的建议，能够有效地帮助他，使他的政治事业顺利。因此他想要知道所有的事情，好对我有一个全面的了解。他请我告诉他一些事情，还向我保证，只要在他的职权范围内，他会尽力为我效劳的。他也给我讲了很多关于领主对本州的好意，说如果那些长期以来反对领主各项措施的人能够放弃反对，让领主和他的臣民恢复和谐的话，那将对我们大家，尤其对我，大有益处。他说大家认为能促成这件事的只有我一人，而且我可能会得到适当的认可和酬劳，等等。那些在喝酒的人们见我们没有迅速回去，就叫人给我们送来了一瓶马德拉白葡萄酒，州长就痛饮起来，他喝得越多，他的恳求和许诺就越多。

我的回答是这样的：感谢上帝，我的境况很不错，无须领主帮助。作为议会的议员，我也不可能受到任何来自领主的恩惠。然而，我和领主之间并没有私人恩怨，因此只要他提出为民众的利益的公共议案，我将会是最积极拥护的人。我过去之所以反对，是因为领主提出的议案很显然是以损失民众的利益来满足领主的利益的。我很感激州长对我的敬重，还有他会依靠我的能力范围内的一切事情来使他的政途尽可能的顺利，同时希望他没有带来不幸的指示，这种指示曾使他的前任束手无策。

他并未就此做出解释，但是当他后来与议会共同谋事时，这样的情况又发生了。我们继续争执，而我还像过去一样地积极抵制，因为第一次要求州长对业主指示通知州议会的请求是我起草的，以后对于这些指示的意见也是我执笔的（这些可以在当时的决议案中还有我后来发表的《历史回顾》中找到）。但我们两人之间没有敌意，我们经常走在一起。他是个学者，见过世面，而且谈吐相当有趣，让人觉得很愉悦。是他第一个告诉我，我的老朋友詹姆斯·拉尔夫还活着。他被认为是英国最重要的政论家之一，曾在弗雷德里克亲王和国王之间的争端中被雇用，因此获得一年三百英镑的酬劳。他作为一位诗人的名气的确很小，蒲柏在他的“愚人记”中指责过他的诗歌。但是他的散文却写得非常好。

州议会[①]最后发现领主坚持用指示束缚他的代表（州长），这种指示既违反人民的利益，而且妨碍国王的事务，因此州议会决定向英王控告他，并且任命我为代理人到英国去提出并支持此次请愿。在那之前州议会曾给州长递送过一个决议，此议案的内容是拨款六万英镑给英王使用（其中一万英镑可以由当时的将军劳顿勋爵使用），州长遵守了领主的指示，果断地拒绝通过此议案。

我已经和一位纽约邮船的莫里斯船长说好乘他的船去英国，我的行李已经送上船去了。此时劳顿勋爵突然来到费城，如他告诉我的那样，他是来尽量调解州长和州议会之间的矛盾的，这样他们之间的分歧不至于妨碍英王的事务。因此，他想见州长和我，这样他就能了解双方的意见。我们会面了，并讨论了这个问题。作为州议会的代表，我提出了当时公务文件（这些文件都是我起草的，印在州议会的议事录当中）中的各种论据，州长却用领主的指示来辩护。据说他曾经保证要遵守领主的指示，如果违背了这些指示，他就毁了。但如果劳顿勋爵也劝他不遵守这些指示的话，他还

① 州议会的许多一致通过的决议——什么日期呢？——富兰克林原注

是愿意冒险一试的。尽管我一度认为我已经说服他劝说州长了，劳顿勋爵却不肯这样做，最终他宁愿劝服州议会遵守州长的意见。他请求我利用我在州议会里的实力来达到这一目的，他宣称如果我们继续不自己防卫的话，他就不分派英王的军队来保卫我们的边疆，那样我们的边疆就容易遭受敌人的袭击。

我告知了州议会这次见面的经过，向他们提出了我起草的一系列决议案，以此宣称我们的权利，表明我们绝不放弃这些权利，此次为军事所迫，不得不暂停使用这些权利，而且我们对这种逼迫的做法提出抗议。他们最终同意放弃那一议案，起草另一符合领主意愿的议案。州长当然通过了这一议案，之后我就可以随时渡海出国了。但是，与此同时，那艘邮船已经载着我的行李开走了，这对我来说是一些损失，对我的补偿仅仅是劳顿勋爵感谢我协助他的几句话，调解的功劳却全是他的。

他比我先出发去纽约，因为邮船出发的时间是由他安排的。那时有两艘船停在港内，他说其中一艘很快就要起航，我想知道确切的时间，这样我就不会因为我的耽误而错过船期。他的回答是："我已经放出消息说船将在下周六起航，但是我可以告诉你——只告诉你——如果你下周一上午到达码头的话，还来得及，可是不要再耽搁了。"由于渡船发生了一些故障，我到达时已经是星期一中午了，我担心船已经开了，因为那天顺风。但不久后我就听说船还在港内，第二天才开走。或许大家会认为我正要出发去欧洲，我也这样认为，但是那个时候我不了解劳顿勋爵的性格，犹豫不决是他最为突出的性格特点之一。我将举一些例子说明。我是四月初来的纽约，我想我们是将近六月底才启程的。当时有两艘邮船停在港内已经很久了，但是为了等将军的信件耽搁了，将军却总是说信件"明天就写好"。后来又来了另外一艘邮船，但还是耽搁了。在我们启程之前，第四艘船就快来了。我们的那艘船本应该是第一艘出发的，因为它停在那里的时间最久。所有船只的舱位都已经被乘客预订了，有的人急切地想出发。商人们为他们的信件担忧，还有那些替秋季货物购买的保险的订单担忧（那时正值战时）。但是他们的担忧毫无帮助：劳顿勋爵的信件还未写好。不过拜访他的人都见他整日在办公桌上忙着，就以为他会写足够多的内容。

一日早晨我亲自去拜访他以致敬意，在他的会客厅里看到一名来自费城的一个叫做英尼斯的使者，他是特地来交给将军一个丹尼州长所给的包裹的。他给了我一些我在费城的朋友写给我的信件，于是我询问了他何时回去，他住宿在哪里，这样我就好让他帮我捎几封信了。他说将军令他次日九点来取将军给州长的回信，而且必须立刻出发。我当天就把信交给了他。两周后我在同一个地方再次遇到他。“英尼斯，你这么快就回来了？”“回来了？才不是呢，我还没走哪！”“怎么会这样？”“劳顿勋爵叫我这两周内每天早上都来拿他回的信，但是至今还未写好。”“那怎么可能呢？他是那么好的作家，因为我常看到他伏在案头写书。”英尼斯说：“是啊，他就像是广告画上的圣·乔治，总骑在马背上，却寸步不前。”看起来，这位信使观察到的很有道理，因为我在英国时，听说皮特先生将这位将军撤换而选任阿姆赫斯特和沃尔夫将军的原因是：陆军部长从未收到他的报告，因此无从知道他都在做些什么。

由于每日都在期待启程，三艘邮船都到桑迪胡克去加入了舰队。乘客们都认为最好还是先上船，以防游船突然接到起航的命令，那样他们就会被留在岸上了。如果我没有记错的话，差不多六周我们都消耗着我们在海上吃的食粮，而且还需要更多。舰队终于出发了，将军还有船上所有的士兵都是去路易斯堡，打算围攻那一堡垒。所有同行的邮船都接到命令要照料将军乘的那艘船，要准备好以备他们随时出发。我们在船上等了五天，才接到一封准许我们离开的公文，那时我们才离开舰队，前往英国。另外两艘邮船仍然被他扣留着，他把它们带到了哈利法克斯。他在那里停留了一些时日，训练他的军队向假炮台进攻演练，之后他改变了主意要围攻路易斯堡，然后和他的所有部队，还有上面提到的两艘邮船，以及船上的所有乘客，回到了纽约。他不在的时候，法国人和印第安人攻下了纽约州边境上的乔治堡，印第安人还屠杀了许多投降的驻兵。

后来我在伦敦看到邦内尔船长，他指挥当时其中的一艘邮船。他告诉我说，在耽误一个月之后，他告诉将军说他的船底长满了海藻贝壳，在一定程度上肯定会影响行驶速度的，这对于一艘邮船来说是很严重的后果，于是请求允许把这艘邮船留下来清理船底。将军问他清理船底需要多长时间，他回答说需要三天。将军回答说："如果你能在一天之内完成，我就答应。否则我不答应，因为后天你一定要起航。"就这样，这位船长的请求从未获得批准，后来这艘船被扣留了足足三个月。

我在伦敦还见到了邦内尔船长的一位乘客，由于劳顿勋爵欺骗了他，并在纽约扣留了他那么久，后来把他带到哈利法克斯，再后来又把他带回纽约，他发誓要诉讼劳顿勋爵。究竟他有没有起诉，我就无从知道了。但据他所讲，他的损失是相当巨大的。

总的来说，我很好奇这样的一个人怎么能够得以指挥大部队那样重大的任务。但是后来随着我阅世的加深，见了更多的攫取职位的方法和封官赐禄的动机之后，就不再惊奇了。在我看来，如果雪莱将军（布拉多克将军死后，把指挥军队的任务移交给了他）继续指挥的话，在 1757 年的战争中，他的战绩一定会比劳顿勋爵好得多。劳顿勋爵在这次战役中轻率用兵，花费较高，使我们国家蒙受了巨大的耻辱。因为，尽管雪莱将军没有受过军事训练，但是他通情达理，精明机智，能够倾听别人的好的建议，想出明智的作战计划，而且能迅速积极地将这些计划付诸实践。劳顿勋爵没有用他的大军来保卫殖民地，而是在哈利法克斯不务正业地搞游行，把他的军队完全暴露了，就这样失掉了乔治堡。此外，他通过长期禁运粮食出口，假装是为了避免敌人获得粮食供给，而实际上是为了压低粮价，以便军队中的伙食承包人能够从中渔利。据说，他有受贿的嫌疑，这样搅乱了我们所有的商业活动，让我们的商业活动无法继续。后来禁令撤销时，他忘记了通知查尔斯顿，卡罗来纳州的船队大约停留了三个月之久，他们的船底被蛀虫噬坏了，在他们的归途中大部分船只都沉没了。

作为一个不懂军事的人，指挥军队肯定是一个繁重的负担，因此我想，雪莱应是很高兴自己被免职。我出席了劳顿勋爵接任时纽约给他举行的接待会。虽然雪莱已经被免职，他也出席了。会上有许多军官、市民以及陌生人，因此还在附近借了一些椅子，有一把椅子很矮，正好分给了雪莱先生坐。我坐在他旁边，察觉到他的椅子很矮，就告诉他说：“他们给你的位置太低了。”他说：“没关系，富兰克林先生。我觉得‘低位置’最舒服了。”

如我之前提及的，当我被扣在纽约时，我收到之前替布拉多克采办粮食的所有账单，其中有些账单我还来不及从我雇用的各个采办员那里收回。我把这些账单送到劳顿勋爵处，希望他支付余额。他命令主管人员对这些账单进行彻底审查，那位军官一一核对付款凭据，确定账目和差额准确无误后，劳顿勋爵就应允给我一张发款员的支票。然而，这件事情一再推迟。尽管我经常如约去取支票，但我一直没有拿到。最后，就在我离开之前，他告诉我，经过慎重的考虑后，他决定不把自己的账目和前任的账目混在一起。他说：“当你到了英国以后，你把你的账单呈送国库，他们马上就会把余额付给你。”

我提过，但毫无效果，我被迫在纽约逗留了很久，不得不支付很多额外的费用，因此我要求马上偿还，不能再拖延支付而为我增添麻烦，因为我没有因我的效劳收取任何佣金。他说：“先生，你就别企图让我们相信你一无所获了。我们更了解这类事情，而且我们知道凡是涉及给军队采办军需用品的人实际上都是在填自己的腰包。”我使他相信我并没有这样，我没有因此赚取一文钱。但他似乎一点也不相信我，后来我的确听说有人在这种事情上发了大财。至于我的余额，至今还没有人支付，后面我还要提到。

我们起航之前，我们那一艘邮船的船长大大地吹嘘他的船有多么快捷，但不幸的是，刚行驶时，那艘船是96艘出航的船当中最慢的一艘，这令他非常懊恼。船长对于船航行速度缓慢的原因进行了很多猜测，有一次我们靠近一艘差不多和我们一样慢的船，而那艘船却超过了我们，船长命令所有的人都站到船尾去，站得尽可能靠近桅杆。包括乘客在内，一共有四十人，我们站在船尾时，船的速度加快了，不久就把邻近的船只远远地落在后面，这证明了船长的猜测，船头的东西太重，似乎是因为大桶大桶的水都放在船头。他命令把桶都搬到船尾去，之后船恢复了他本来的性能，成为速度最快的船。

船长说这艘船的航速曾经达到过每小时十三海里，等于每小时十三英里。船上的乘客当中有一位海军的肯尼迪上尉，他认为那是不可能的，没有船能够行驶得那么快，肯定是计程绳上的标度有误，或者在扔计程绳时出了问题。他们两人打了赌，等有足够的风力的时候就能一决胜负。于是肯尼迪仔细检查了测量线，觉得是标准的以后，他决定自己投掷计程绳。几天以后，风很顺，风力也足够强，邮船船长认为船速到达了每小时十三海里，肯尼迪进行了测量，最后承认自己打赌输了。

我描述上面的事实是为了说明下面的一点：据说造船技术有一个缺点，就是一艘新船造好以后，在试航以前不能得知其性能如何，是不是一艘好船。因为即使按照好船的模型造出来一艘船，反而往往被事实证明是一艘速度很慢的船。我想部分是因为海员对装货、装帆和驶船方式的观点各不相同，每个人的观点自成一个系统。同样一艘船，在一位船长的判断和命令下进行装货，可能比在另一位船长的命令下进行装货要行驶得更快或者更慢。此外，造船的人、装船的人和驾船的人是同一个人的可能性非常小。一人制造船体，另外一个人给它装帆，第三个人装货并驾驶。这些人当中没有一个人能够完全了解其他人的想法和经验，因此，当这几个方面合起来以后，就很难得到正确的结论了。

即使仅仅是海上驾船这一个方面，我看到在连续的值班时间内，不同的船员的做法就不尽相同，尽管风力并无变化。一个海员会把帆篷扯转得比另一个海员控制得更对或者更少一些，因此看起来似乎并无规律可循。我想可以设计出一套实验，第一，确定要使航速快，最合适的船身的形状是什么；第二，桅杆最合适的尺寸和位置；第三，帆篷的形状、数量，以及随着风向不同的各种扯帆的方法；最后是装货的方法。现在是一个崇尚实验的时代，我想一套设计精确和相互配套的实验一定对此大有帮助。因此，我相信在不久的将来，一些聪颖的科学家会从事这样的研究，我预祝他们成功。

在航行途中，我们好几次都被敌人追击，但是我们的速度比任何船只都快，三十天以后我们就到达近岸水域了。我们的海上测量很准确，船长根据他的判断把我们带到靠近我们的码头（法尔茅斯）的地方，如果夜里我们的航速够快，早晨我们就能停在港口了，而且在晚上行驶还能避免被敌人的私掠船注意到，因为它们常在海峡附近出没。于是我们扯起了所有的帆，因为那天风很顺，风力也大，我们一直向前行驶，快而顺利。为了避开锡利群岛，经过观察后，船长决定了航线。但是在圣乔治海湾似乎时常有一股向岸流，经常使海员遭欺骗，曾经导致了克劳兹利·肖福尔爵士的舰队沉没。这股向岸流似乎就是发生在我们身上的事故的原因。

我们的船头安排有一位巡航者，他们常叫他“仔细看着前方”。他总是会回答“是，是”。但或许他正闭着眼睛处于半睡眠状态。他也只是机械地回答，因为他连我们正前方的光都没有看见。光被副帆遮住了，因此掌舵的人和其他值班的人都没有看见，但是由于船身偶然一偏，他们发现了光，发出警报。我们当时已经很靠近那束亮光了，那束光在我看来有马车轮那么大。那时正值午夜时分，我们的船长又早早睡着了。而肯尼迪上尉跳到了甲板上，看见了危险，就命令掉转船头，所有风篷都扯开了，这一举动对桅杆来说是很危险的，但我们避开了礁石，幸免于难，因为当时我们正向着装有灯塔的礁石驶去。这次脱险让我强烈地感受到灯塔的效用，使得我决心鼓励在美国多修建灯塔——如果我能够活着回到美国的话。

次日早晨，通过垂测等方法，发现我们已经驶进港口了，但是大雾弥漫，挡住了我们看到陆地的视线。大约九点，雾开始散去。雾从水中升起，就像是剧院里的幕布，我们看见了幕布后面的法尔茅斯市镇、港内的船只，还有周围的田野。对于那些长时间以来只能瞧见茫茫大海的人来说，这是最令人愉悦的景色。同时，让我们更宽慰的是我们不用再因为战争而担心了。

我和我的儿子立即就出发去伦敦了，途中稍作逗留，去参观了索尔兹伯里平原上的史前巨石柱，还有威尔顿的彭布罗克勋爵的私邸以及古玩。我们于 1757 年 7 月 27 日到达伦敦[①]。

---

① 坦普尔·富兰克林和他的子嗣出版的自传到此结束。接下来的内容是富兰克林博士在生命中的最后一年写的，最初在比格克罗先生 1868 年的版本中以英文发表。——编者查尔斯·艾略特注

我在查尔斯先生为我提供的住处安顿下来后，就去拜访了福瑟吉尔博士，有人向他大力推荐了我，同时人们也劝我去向他请教诉讼的程序。他反对轻率地向政府提出控诉，他认为首先应当私下和领主商谈，通过朋友们的调停和劝导，或许领主们愿意友好解决。后来我就去访问我的老朋友，彼特·柯林斯先生，我们经常来往通信。他告诉我约翰·汉伯里（弗吉尼亚州的大商人）要求我一到就通知他，他会带我去格兰维尔勋爵家，勋爵是当时议会的议长，希望尽快见到我。我同意次日早晨同他一起去。汉伯里邀我同坐他的马车去了那位贵人的寓所，他很客气地接待了我。他就美洲的现状提了一些问题，进行了谈论后，他对我说："你们美洲人对你们政体的性质有一种错误的看法，你们争论说国王对州长的指令不是法律，认为你们可以自行决定遵守与否。但是，这些指令与下达给一位出国的公使用于约束一些细微琐事的袖珍指南不同。这些指令首先由熟知法律的法官们起草，然后由议院考虑、讨论，或许在议院会加以修改，最后由法律签署。这些是国法，因为英王是'殖民地的立法者'。"我告诉勋爵说我对于这一点从未听闻。我通过特许状得知，法律是我们的州议会制定的，的确要呈递给英王得到他的同意，但是一旦准许以后，国王不能废除或者修改。没有国王的同意，州议会不能制定永久性的律法，反之亦然。他试图使我相信我完全错了。然而，我并不这样认为，与格兰维尔勋爵的谈话使我对于英王政府对我们的想法稍有担心，我一回到寓所就把谈话记录了下来。我记得大约在二十年以前，内阁向国会提出的议案当中有一条，说让国王的指令成为殖民地的法律，但众议院否决了这一议案。当时我们还崇敬他们，把他们视为我们自由的朋友，以1765年他们对我们的举动来看，他们当初拒绝授予国王统治权是因为他们想为自己保留那一权力。

几天后，福瑟吉尔博士已经和领主们谈过了，他们同意在春园的T·佩恩家中与我会面。在谈话的最初，双方表示愿意寻求合理解决，但是我想双方的"合理"各有意义吧。接着我们讨论了我们控诉的各点，我还一一举了例。领主们极力为他们的行为辩解，我也解释了议会的举措。当时我们越说越远，毫无达成协议的希望，但是他们最后决定让我把我们要指控的项目都以书面形式写下来，并许诺要加以考虑。我很快就照做了，但是他们把我写的文件交给了他们的律师费迪南·约翰·帕里斯，他处理过他们与邻州的巴尔的摩勋爵的诉讼案件，这一案件持续了七十年之久，领主们与州议会争执中的所有文件都是他写的。他是一个生性傲慢，脾气暴躁的人，我之前曾偶然在州议会的复文中，对他的文件做过比较严厉的抨击，因为他的文件的观点很肤浅，措辞蛮横。他就在心中与我树起了敌意，我们一见面我就感受得到。我拒绝了领主让我和他单独讨论这些诉讼点的提议，除了领主本人，我拒绝与任何其他人谈判。然后他提议他们把文件交与检察长和副检察长，询问他们对此的意见。在那里还差八天就一年了，他们一直未给予回复。这段时间内我经常请领主们给予回复，但是除了他们还未收到检察长和副检察长的意见以外，其他什么消息也没有。他们究竟什么时候收到的检察长和副检察长的意见，我就不知道了，因为他们没有告诉我。但是他们给州议会送了一份冗长的由帕里斯起草和签署的文件，提起我的控诉文件，说我粗鲁无礼、措辞不当。同时他还为他们的行为做了肤浅的辩解，最后表示如果州议会派遣一位正直的人去和他们谈判，他们愿意和解，以此暗示我不是那个人。

所谓措辞不当和粗鲁无礼可能是因为我写的控诉文件中没有加上他们的尊称“宾夕法尼亚州真正绝对的领主”。我省略了，因为我想在控诉文件中没有必要，这一文件的目的在于把我口头的话语用文字在纸上表达出来。

但是在此耽搁期间，议会已经说服丹尼州长通过了一个议案，内容是领主的财产也要像普通民众的财产一样纳税，这一直是争执的焦点所在，州议会也不答复州长的文件了。

但是当这一议案送达英国时，领主们听了帕里斯的建议，决定反对由国王加以批准。于是他们在枢密院里向国王请愿，接着枢密院就定期审案，领主们雇用了两个律师来反对这一议案，我也雇用了两个律师来赞同这一议案。他们辩护说，这一决议旨在向领主征收财产税，以减轻民众的负担。如果这一议案继续有效的话，由于民众对领主们有偏见，领主们在赋税方面只能任由人民支配，他们无疑会破产。我们回答说这一议案并无此意，也不会有这样的影响。我们还说估税员都是诚实正直的人，他们发誓要维护公正和平等，如果增加领主们的税额，他们每人从减少他们的税额方面能获得的利益微乎其微，他们绝不会因此违背誓言。根据我的记忆，这是双方陈词的要旨。此外我们强调了这一决议被废除的严重后果，因为我们已经发行了十万英镑的纸币用于英王的事务，现在在普通民众中间流通，废除此决议的话，人民手中的纸币就毫无价值，会导致无数民众破产，将来发放补助金的可能性非常小。我们特意强调了领主们损人利己的品性，仅仅因为他们无端地害怕他们的财产会负担过重的税务，就怂恿造成这样一场普遍的大灾难。讲到这里，当律师们在辩论时，曼斯菲尔德勋爵（枢密院的一位大臣）站了起来，向我示意，把我拉到秘书室里，问我是否真的认为执行这一决议对领主们一点损害都没有。我肯定地回答了他。他说："那么，你应该不会反对立约担保这一点吧。"我回答说："一点也不反对。"然后他把帕里斯叫了进来，经过一些讨论过后，双方接受了曼斯菲尔德勋爵的建议。枢密院的秘书就起草了一份这样的文件，我和查尔斯先生都签了字，查尔斯先生是宾夕法尼亚州日常事务的代理人，当曼斯菲尔德勋爵回到枢密院后，这一决议最终得以通过。但是枢密院要求做出某些修正，我们也保证将这些修正放在附随法里，但是州议会却认为无此必要，因为在枢密院的指令到达之前，一年的税已经收过了。他们委任了一个委员会来监督估税员的工作，这一委员会中有好几个都是领主们的朋友。经过仔细调查，他们签署了一个报告，证明估税工作是完全公平无私的。

州议会认为我订立的契约的第一部分是对宾州的一大贡献，因为那巩固了当时在全国流通的纸币的信用价值。我回来时，他们正式地向我表示感谢。但是领主们却因为丹尼州长让这一决议通过而愤恨，他们扬言要撤销他的职务，威胁要控告他违背了契约的指示。然而他是奉将军之命而为的，而且是为英王效劳，由于他在英国宫廷里有一些势力，根本不把他们的威胁放在眼里，这威胁也从未实现……（未完）

附录：

富兰克林人生中的重大事件

富兰克林的自传于1757年终止，留下一些重要事迹未记录。因此，将他生命中的重大事件，从他出生起，以下面的顺序进行详述似乎是可取的：

1706年 他出生于波士顿，在老南教堂接受洗礼。

1714年 8岁，进入文法学校。

1716年 成为他父亲的蜡烛制造业的助手。

1718年 成为他当印刷工的哥哥詹姆斯的学徒。

1721年 写了民谣，并把它们印刷出来，沿街出售；匿名给《新英格兰报》投稿，而且成为临时编辑；成为了一个自由思考者和一位素食主义者。

1723年 打破师徒契约，去了费城；在凯默的印刷室里找到工作；放弃了素食主义。

1724年 基思州长说服他自主创业，前往伦敦购置铅字；在伦敦也靠本行工作，发表《论自由与必然，快乐与痛苦》。

1726年 回到费城；在一家干货铺当过职员以后，做了凯默印刷行的主管。

1727年 成立“密社”，或叫“皮围裙”俱乐部。

1728 年 和休·梅雷迪斯合伙开了一家印刷铺。

1729 年 成为《宾夕法尼亚州报纸》的所有人和编辑；匿名发表《试论纸币的性质和必要性》；开了一家文具店。

1730 年 和黛博拉·里德结婚。

1731 年 成立费城图书馆。

1732 年 以笔名“理查德·桑德斯”发表了第一部分《穷理查德年鉴》。这部年鉴持续发表了 25 年之久，汇聚了他自己的智慧和一些醒世名言。在汇聚和形成美国人性格（那个时候，美国人的性格纷繁复杂而且异常分散）方面起了巨大的作用。

1733 年 开始学习法语、意大利语、西班牙语还有拉丁语。

1736 年 被选为州议会职员；成立费城联合消防队。

1737 年 被选为州议会议员；被委任为邮务副部长；规划城市公安机关。

1742 年 发明开放式火炉，或者叫“富兰克林”炉。

1743 年 提议成立一所高等教育学院，1749 年被采纳，成为宾夕法尼亚州大学。

1744 年 成立了“美国哲学会”。

1746 出版了一本小册子，《平凡的真理》，是关于有纪律的防卫的必要性，成立了一个军事组织；开始做电学实验。

1748 年 卖掉了他的印刷行；被任命为和平委员会的一员，被选为公共委员会的一员，同时成为州议会的议员。

1749 年 被委派为一位与印第安人谈判的委员。

1751 年 帮助成立了一所医院。

1752 年 用一只风筝发现闪电其实是放电现象。

1753 年 由于这一发现获得科普利奖章，而且被选为英国皇家学会的一个成员；获得耶鲁大学和哈佛大学的文学硕士学位；被任命为联合邮政部长。

1754 年 被委任为代表宾夕法尼亚州的委员之一，到奥尔巴尼参加殖民地代表大会；提出一个把各殖民地联合起来的提议。

1755年 为布拉多克将军的军队筹备粮食；获得州议会同意帮助英王的远征军；通过成立志愿军队的议案；被任命为上校，接任此职位。

1757年 向议会提出在费城街道铺路的议案；发表了他著名的《致富之路》；去英国为州议会为何反对领主们进行辩护；仍然是宾夕法尼亚州的代理人；和英国的科学家以及文学家建立了友谊。①

1760年 由于枢密院的妥协得到担保，决定把领主们的财产贡献给公共财政收入。

1762年 获得牛津大学的荣誉博士学位；回到美国。

1763年 花了五个月在北部殖民地视察邮政局的工作。

1764年 在再次竞选州议会议长时，被宾派打败；作为宾夕法尼亚州的代表被派去英国。

1765年极力阻止通过《印花税法案》。

1766年 关于《印花税法案》的通过问题在下议院受到审查；被任命为马萨诸塞州、新泽西、佐治亚州的代理人；访问了哥廷根大学。

1767年 出访法国，出席法庭。

1769年 设法为哈佛大学采办到一个望远镜。

1772年 当选法国科学院外交部副部长。

1774年 被免除邮务部长一职；影响托马斯·潘恩移居美国。

1775年 回到美国；被选为第二次大陆会议的代表；加入秘密通信委员会；被委任确保与加拿大的合作的委员之一。

1776年 加入起草《独立宣言》的委员会；被选为宾夕法尼亚州的宪法委员会的会长；作为殖民地代理人被派到法国。

1778年 缔结《美法同盟条约》和《美法友好通商条约》；被法院接受。

1779年 受命任驻法全权大使。

1780年 任命保罗·琼斯为“联盟”的指挥官。

1782年 签署初步和平条款。

---

① 《自传》写到这一年，富兰克林就与世长辞了。

1783 年 签署最终和平条约。

1785 年 回到美国；当选宾夕法尼亚州的州长。

1787 年 再次当选州长；作为一名建立联邦宪法的代表被派送出去。

1788 年 从公共事务中退休。

1790 年 4 月 17 日，逝世。他的坟墓在费城的第五街和拱街交会处的墓地。

约翰·伍尔曼日记

The Journal Of John Woolman

〔英〕 约翰·伍尔曼

主编序言

1720 年，约翰·伍尔曼出生于新泽西州的北安普敦一个信仰贵格会教派的家族，1772 年在英格兰的约克郡与世长辞。从孩提时候起，他就是一名热心的公谊会[①]成员。他的《日记》是在他去世后于 1774 年发表的，它充分地展现了他的生活方式，和他在工作中的精神。但是，他的谦恭仁厚使他在反对贵格会的蓄奴运动中的重要性体现得不那么明显。

在公谊会教友们定居美洲的早期时光，他们就像殖民者同伴一样毫不犹豫地加入到了蓄奴运动中。但是，1671 年，当乔治·福克斯到访巴巴多斯时，他为蓄奴这种与公谊会宗教信条相违背的行为感到震惊。他的抗议，与其他人对此的抗议一起，星火燎原般从一个地区扩散到另一个地区。1742 年，伍尔曼还是新泽西州一个小店的年轻店员，曾有人要他开一张贩卖一位黑人妇女的销售单。之后他良心不安，遂开始反对蓄奴运动，并将之作为了毕生的事业。不久之后，他与他的合作教友们开始了艰苦的徒步

① 公谊会又称贵格会——译者注

旅行，到各地游说，呼吁其他人一起来反对奴隶制。此次运动的结果就是，各种各样的年会一个接一个的决定：解放是一种宗教责任。而且，在伍尔曼逝世后的二十年里，公谊会已经废除了奴隶制。但是，他的影响并没有就此停止，因为基本上很大程度的解放热情都源于他的辛勤劳动。

他自己在《日记》中的讲述，使其成为一部极其简约，但富有魅力的文学作品。这是关于他的品格的最好诠释，他的热情、纯洁的动机、宽广的胸怀以及他那敏锐的精神见解使他成为了美国未被册封的圣人之一。

查尔斯·艾略特

第一章

1720—1742

他的出身和门第；一些说明在他年轻的时候，宗教、圣恩对他的影响的事例；他第一次进入部门工作以及他年轻时关于蓄奴的思考。

我常有一种冲动，要把我所经历的关于上帝的仁爱记录下来。我在36岁的时候开始了这份工作。

我于1720年出生于新泽西柏林顿郡的北安普敦。我还不到7岁时，就感受了上帝的仁爱。当我刚开始启蒙之时，父母就开始教我读书。有一天，我们一群小学生放学后，当他们一路玩耍的时候，我却另找了一个地方，坐下来念《启示录》第二十二章："他指示我一道纯净的、流淌着生命之水的河流，明亮如水晶，从神和羔羊的宝座流出来。"当我阅读的时候，我心里非常渴望，渴望去寻找那个我相信上帝为他的仆人们准备的纯洁居所。当时我所坐的地方和心中的甜蜜，至今记忆犹新。这一次和其他我认为高尚的经历对我影响极大，使我每每听到其他小孩说了脏话之后，心中就会十分烦恼。因为上帝一如既往的慈爱，我免受了那种罪恶。

父母虔诚的教导经常出现在我的脑海，当我和一些顽皮的孩子在一起时，这对我就十分有用。我们家小孩子多，每逢星期日，父母就让我们坐在一起轮流念《圣经》或其他宗教书籍，其他人则静坐，少有交谈。每当回想过去，我总觉得父母这样做很好。从我所读过的和所听到的，我相信古时的确有些人在上帝面前行为正直，比现在我知道或者听说过的人好得多。当我还是小孩子时，想到现代人的言行不如古人坚定，心里就很烦恼。

在这儿，我要提一下在童年时代发生的一件不寻常的事。有一次，在去邻居家的路上，我看见一只知更鸟坐在它的巢中，当我走近时它飞开了，但因巢中有一群小知更鸟，所以它飞来飞去，而它发出的叫声更表达了它对小知更鸟的无限关怀。我捡起石子向它投去，有一块石子击中了它，它坠地而亡了。最开始的时候，我还为我的“丰功伟绩”备感高兴，但一会儿，我便觉得恐怖了，因为我的闹着玩，竟然害死了一只尚在哺乳期的无辜生灵。我见它已死，就想：这些它如此关爱的小知更鸟，现在一定会因为缺少母亲的哺乳而死亡。在经过一阵痛苦的思索之后，我爬上了树，把一巢小知更鸟都弄死了，心想：这样总比让它们饿死好些。在这个故事中，我相信《圣经·箴言》中所说的“恶人的怜悯是残酷的”。我继续行走，但是在接下来的几个小时里，除了我的残暴行为，我什么都没有想，十分困扰。就这样，上帝的慈悲遍及他所有的造物，他给人类制订了一种原则，这鼓励了人类善待一切生灵。如果人类遵守这个原则，就会变得慈悲和具有同情心；但是，如果人类经常甚至完全置之不理，人们的心智就会封闭，背道而行。

我 12 岁时，有一次父亲外出，母亲因我做错了事指责我，我却以不逊的言语回应母亲。接下来的那个星期日，我同父亲做完礼拜回家，父亲告诉我，他知道了我对母亲的无礼行为，警告我以后注意点。我深知自己的错误，又惭愧又惶惑，沉默不语。因此，我知道了我的邪恶，我十分懊悔。一回到家，我就把自己关起来，向上帝祷告，请求他的原谅。我已经记不清楚，这之后我有没有再这样对我的父亲或者母亲说过无礼的话，尽管我在其他事情上还是会表现得愚拙。

我 16 岁的时候，开始喜欢和一些朋友嬉戏，尽管我能避免渎神的言行。但是，我知道我内心种植了一株野葡萄。然而，慈悲的天父却没有完全放弃我。有时通过他的宽容，我会严肃地思考自己的行为方式。回想我的堕落，我十分悲伤。因为不能接受指责，我变得越来越虚荣，也越来越后悔。总而言之，我越来越远离真理了，正逐渐走向毁灭。每当沉思走过的弯路和犯过的错误时，我就会为此哭泣，泪如雨下。

随着年岁逐增，所认知的事物增加，我走的道路就愈发艰难。尽管我在阅读《圣经》和思考一些神圣事情的时候曾找到过些许安慰，现在已经不再有当时的感觉了，但我知道，我已经远离基督的羊群，再也回不去了。因此我在认真思考的时候会不安，年轻的浮华和消遣反而成了我最大的快乐。在这条道路上，我发现了很多与我相似的人，我们是在不利于结成真正友谊的条件下联合起来的。

很快，上帝就“赐予”我疾病，我甚至怀疑我自己能否康复。然后，黑暗、恐怖和惊愕紧紧困扰着我，甚至在我极端痛苦和悲伤的时候。我想：与其看到这些，还不如不来到这个世界上。我十分困惑，而且我的身体和灵魂都深受折磨，我躺在床上哀叹自己的生命。因为已经冒犯了上帝，我没有勇气向他诉说我的苦难。但是，因深感自己的愚驽，我在他面前卑微地伏下。终于，那如烈火、如铁锤般的话语把我敲醒并感化了我叛逆的心。我深深地痛悔。在上帝宽宏的仁慈中，我找到了内心的信仰，而且我保证：如果上帝愿意让我恢复健康，我将诚诚恳恳地侍奉他。

痊愈之后，这种心情持续了很久。但是，逐渐地，那无知的虚幻思想又影响了我，和轻浮的年轻人的来往使我忘记了对上帝的誓言。上帝总是这样仁慈，在我痛苦的时候细心地安慰我。现在，我却不知感恩，又开始做一些愚蠢的事。有时，我深深地自责，但是，却不至于低迷到呼求别人的帮助。虽然，我不会去做一些可耻的事情，但是，填补空虚、追求快乐却是我生活的重心。我依然喜爱和尊敬那些虔诚的人，有他们的地方我就会感到敬畏。我亲爱的父母经常劝告我要敬畏上帝，他们的劝告在一段时间内对我有作用，但是，却没有足够深刻，使我正确地祈祷，当诱惑来临之际，我又深陷其中了。有一次，在嬉戏中度过了大半天后，当我睡觉的时候，发现床边的窗台上有一本《圣经》。我翻开，一眼就看到了“我们当蒙羞而卧、以耻蔽身”。我知道这就是我的处境，它和这句话的意思正好吻合。我多少有点自责，睡觉的时候心中不安，但是，我很快又将之抛诸脑后了。

时间流逝，我的心充满了嬉戏欢乐，想象的愉快场面也只不过是一片虚幻，就这样，我 18 岁了。我开始觉得上帝对我的灵魂的审判犹如熊熊火焰一般，回顾过去的生活，我对未来深感忧虑。我经常黯然神伤，渴望摆脱这种空虚浮华的生活，然后，我的内心又开始倾向于这种生活，因此内心十分矛盾。有时我做一些荒唐的事，之后又会感到伤心困惑。然后，我又决定要放弃这虚幻的生活。但是，我又想在内心保留其精华的部分。我不够谦卑，所以找不到真正的平安。因此，几个月来，我心中十分困扰。我的意愿不肯顺服，一切努力均属徒然。最后，在上帝持久的眷顾下，我开始皈依主。一天傍晚，我阅读了一本宗教作品后，独自在外漫步，谦卑地祈求主的帮助，帮助我摆脱这空虚的生活对我的诱惑，因而主降下神恩，帮助了我。我学会了背负十字架，在主的面前顿觉神清气爽。但是，我没有保持那种胜利的力量，因此我又跌倒了，心中十分痛苦。我来到荒凉孤寂的地方，流着泪向上帝认罪，谦卑地祈求他的帮助。我可以虔敬地说，当我在患难中，他便救济我；当我蒙羞时，他叫我接受教训。他不但引导我认真地看清了我是怎样远离了真理，而且让我学会了如果要过上帝忠实的仆人所过的生活，就不要随意选择自己的伙伴，一切欲望都须接受上帝的指示。在悲伤和自卑的时候，这些教导长存我心。我感受到了基督在战胜私欲时的强大力量，因此更加坚定不移。我还年轻，相信在那时，独立的生活最适合我，我能够和那些经常诱惑我的伙伴保持距离。

我坚持参加聚会。在星期日的下午，我主要读《圣经》和其他的一些好书。我相信，真正的信仰源于人的内心生活，那里，内心爱并尊敬造物主——上帝，学会行使真正的正义和善良，这不仅是对全人类，也是对那些残忍的生灵而言的。正如内心受某种内在原则的推动，爱那看不见和不了解的上帝，也在同一原则下，爱那无形的世界。既然他的气息使生命之光照耀在一切动物及有知觉的生物中，那么，如果我们说，我们爱那看不见的上帝，却同时残暴地对待那由他创造或者源于他的最微小的动物，岂不是自相矛盾？对于其他教派和教义，我并不视之为狭隘。我认为，无论哪一教派，凡以真诚之心爱上帝的人，必都蒙他悦纳。

因为生活在十字架之下，而且朴实地顺从正道的启示，我的心灵一天比一天明亮。从前的朋辈对我有种种猜测，因为我发现独居最安全，而且把一切的改变深藏我心。当我静静地思考自身所发生的改变时，却找不到适合的语言来表达。我观看上帝在他有形创造物中的作为，满是敬畏。这时候我心中常有忧伤悔悟之情，对他人所生的爱心亦普遍增加。凡经过同样道路的，定能了解我的这种心境。那些真正谦逊的人，在他们的脸上总能看见真实的美。神圣之爱所发出的声音必能有和谐的气息，平和的情绪必在性格上显出严正的气概。但是，那些没有此种感觉的人是不会显露出这种气质的。这一块白石和上面所写的新名，除了那些具有此种品质的人以外，无人知晓。

现在，尽管我内心已得到增强，足以背负十字架，但是我发现，我仍然处于危险当中。我有许多弱点，经不住诱惑。每当有这种感觉的时候，我就躲到一个安静的地方，含泪恳求主的帮助，主总是仁慈地垂听我的祈求。

这时，我是和父母同住的，在大农场里工作。这对一个种植者来说，有很多的机会学习。我总是在冬天的夜晚和其他闲暇时刻提升自己。在我21岁的时候，经过父亲的同意，开始为一个身兼店主和面包店主的商人看店记账。在家里时我过着隐居生活，这时到了生意场上，可能有许多伙伴，因此，我心中常呼求慈悲的父亲——上帝，求他帮助我。在为公众服务的工作中，能够以我在那隐居生活中所学到的一点点谦卑和无我的心，来侍奉仁慈的救世主。

我的雇主在离我父亲家大约五英里、离他家六英里的芒特霍利开了一个店，因此，我独自居住在那里，替他看店。我在那里安顿下来不久，就有几个年轻人来找我，其中也有我之前认识的，他们以为我还和之前一样，喜爱空虚的生活。每逢这个时候，我就会暗暗呼喊，祈求主赐我以智慧和力量，因为我感觉到了困难将我包围，又开始哀叹过去的愚蠢，竟然认识了一些放荡不羁的人。我现在离开了父亲的家，才发现我的天父的仁慈超出了我的期望。

白天的时候，我跟很多人打交道，因此会经历很多考验。但是，早晨、晚上的时候，我经常独自一人，因此我得以用感激的心承受，有祷告之灵时常在我身上，我感到我又重获力量。

不久之后，我从前的伙伴对我不再存什么希望。我开始和一些言行于我有益的人来往。现在，我发现上帝正借着耶稣基督的爱使我脱离许多污秽，并在这世人所无法完全领悟的茫茫人世中作为我恒久不易的救助。在这天理愈加明智时，我对于那些仍然深陷于泥沼中，像我过去一样的青年人不免深觉惋惜。这种悲悯和热爱之心越来越强，以至于无法再隐藏于自己心中。我怀着惶惑的心参加了聚会，试图真心领会上帝的旨意。有一天，我鼓足了勇气站起来，在会上开口说话，但我没有完全遵守上帝的启示，所说的话超过了他所指示的。不久我知道了我的错误，好几个星期都心中烦扰，没有亮光，也没有安慰，几乎没有一件事叫我满足。我想起上帝，心中愁烦。在深刻的痛苦中我向他祈求帮助，他差遣圣灵来安慰我。然后，我感到我的冒犯得到了原谅。我的心变得平静。我真诚地感谢仁慈的救世主对我的宽容。在这六个星期之后，我觉得神圣之爱的泉源已开，可以说话了，所以在某次会上发言后，颇觉平安。我在十字架底下变得谦卑和遵守纪律，因此，更能明白内心纯洁的灵魂。有时候一连数星期我都会在静默中等候，直到觉得自己已经准备好了，可以像话筒一样替主对他的教徒传声的时候我才会站起来。

纯洁坚定的内心会产生一种助人为乐的热切愿望。并不是所有的基督教徒都要去布道，只有那些灵魂已经接受了检验和训练的人才有资格。礼拜的方式多种多样，但是，能否成为一个真正的耶稣基督的牧师，这需要检验他的灵魂和心灵。首先要让他们内心纯净，然后再给予他们一种对其他人的正义感。我心中牢记着这一真理，并接受教导，小心留意启示，唯恐站起来说话时以我自己的意志为重，凭着世俗的智慧说话，因此背离了传搯福音的正确道路。

在处理事务方面，我可以说是以事实为依据，这是值得感恩的。我的雇主一家人对我都很敬重，他们在我到芒特霍利两年之后，移居到了那里。

在我来这里几个月后，我的雇主从一条船上买来了几个苏格兰仆人，把他们带到芒特霍利贩卖，其中有一个人患病死了。在病危之时他神志昏迷，曾伤心地不断咒骂着。在埋葬了他的第二天晚上，我独自一人睡在他死时的那间房里。我知道我有点胆怯，然而，我也知道我没有伤害他，我只是尽我的职责照顾他。在那种情况下，我不能叫任何人与我同睡。但是，每一次磨炼都是一种激励，让我为上帝服务。因为当我有困难的时候，我找不到其他人以寻求帮助。

当我大约 23 岁的时候，我又有了许多新的、神圣的明悟，是关于全能的上帝对他造物的关爱和保佑，包括人——他最高贵的有形造物。我愈加确信完全信依靠他对我是最有益的。我重新立志：在一切事上都将服从内在的道德准则，对于世俗的事务，绝不超过真理所指示的途径。

在所谓的圣诞节期间，我看见许多人——城里和乡下的都有——拥入酒吧，饮酒嬉戏，败坏彼此的品格。看见这种情形，我心中极其难过。有一家酒吧里面狂欢纵饮的情形特别厉害，我觉得自己负有劝说这家主人的责任。当时我年纪尚轻，城里有些年长的朋友原可以出来说话，我心里虽愿意这样，却终究放心不下。

这个任务很艰巨，因为我读过全能的上帝对先知以西结所说的话——关于他作为一个看守人的责任。因此这个职责就更加明显了。我流泪祷告，恳求上帝的帮助。慈爱的上帝果然给了我一颗顺从的心。在一个合适的时机，我进入了那家酒吧。看见店主人混在许多顾客当中，我就把他叫到一边，以敬畏主的心向他说了主所托付给我的事。他友好地领受了，从此以后对我更加尊重。过了几年他中年亡故，这叫我常常想起在那件事上我若忽略了责任，此时良心必受谴责。我衷诚地感谢慈爱的上帝，由于他的帮助，我才得以履行他所付托的责任。

我的雇主要卖出一个黑人妇女，并让我书写一份契据，他就等着人来将她买走。这件事来得很突然。一想起我得写一份贩卖同类的文书，我心中极为不安。后来我又认为雇主雇用我是论年给酬的，这样做是出于主人的命令，而且购买这黑人妇女的又是我们会社中的一位老年人。这样一想我也就把贩奴契据写下了。可是到了他们成交时我心中非常难过，所以我对主人及那位老年朋友说："我认为买卖奴隶和基督教的原则是相违背的。"说了这话之后我心中稍觉舒坦，可是过后我常常回想这件事，认为如果我能够不管后果，毅然拒绝书写贩奴契据，必能获得良心上更大的安宁。因为买卖奴隶之事是违反我的良心的。不久我们公谊会中的一个年轻人让我为他书写一份奴隶转让契据，因为他新近买了一个黑奴。我告诉他，我不会随意书写这类契据。虽然在公谊会当中，还有其他地方有许多人蓄养奴隶，可是我不认为蓄奴是合理的事儿，因此不能代他书写契据。我诚意地对他解释，他也承认，他心中并不以蓄奴为是，只是这黑奴是他妻子的朋友所赠送的。

第二章

1743—1748

他的第一次宗教之旅是前往东泽西，想要推销并学会贸易；第二次是前往宾夕法尼亚州、马里兰州、弗吉尼亚州和北卡罗来纳州；第三次是前往西泽西和东泽西州的一部分；第四次是纽约、长岛、新英格兰；第五次到达了马里兰州的东海岸和特拉华州南部诸郡。

我所敬爱的朋友亚伯拉罕·法林顿即将造访该省东部的一些公谊会教友。他没有同伴，邀我同往。我和几位教友商议之后，同意和他结伴。我们于1743年9月5日出发，当晚在布伦瑞克的一家酒馆举行晚会。这地方并没有教友居住，可是房间里却挤满了人，赴会的人都很肃静。之后我们又到安布伊，在法院内举行聚会，前来参加聚会的有些是议会议员，他们在镇上负责省里的一些公共事务。在上述两地我的同伴受了感动，以福音之爱布道。之后，我们到达了伍德布里奇、拉威和普莱恩菲尔德，我们又举行了六七次聚会，因为当地没有公谊会教友，所以前来参加的主要是长老会教徒。我亲爱的教友经常宣讲生命之道，而对于我来说，经常整个聚会我都保持沉默。但是，当我说话的时候，总会小心谨慎，因为我只讲开启真理的话。我心中常深受感动，也获得了很多有用的经验。我们出来已有两个星期了。

大约就在这时候，为了买卖之事，有好几家人牵涉在某些困难的问题中。一些事务似乎表达不清，大家也没有理解，因此引起了有关方面的愤激，一位有地位的朋友大闹脾气。我一向敬重这位朋友，所以在这件事过去以后，我很想向他提出关于他处理这事的态度的问题。可是我比他年轻很多，在经验方面他又比我丰富很多，因此我觉得很难开口。考虑了几天，且在内心寻求主的帮助之后，我服从了主的命令，把这事郑重地提出来了。这任务颇不容易，但他的态度很好，相信我所说的对他对我都有益处。

我为雇主工作已有数年，雇主在贸易上的经营规模越来越小。我想了一些做生意的其他方式，心想：该怎样在做生意遇到困难的时候进行推销呢？

由于信奉真理，我对外在名利的欲求已非常淡薄，却努力学习满足于平凡的生活。虽然收入微薄，但可以解决生活中的很多困难，我想，这对我来说就是最好的了。我也遇到过一些颇可获利的机会，但是，我都没有接受。我相信，这更需要谨慎，也可能遇到更多的麻烦。我明白一个在主的庇佑下生活的人，所需要的不多，而那些渴望成功的人，是无法得到满足的。因为，他们的财富增加了，贪欲也随之增加了。我早就考虑好了，没有事情能妨碍我倾听上帝的声音。

我的雇主虽然现在是一个零售商，但却兼营裁缝生意，他雇用一个奴隶为他工作。于是我动了学习裁缝的念头，心想：若能从事裁缝业，兼营一些其他生意，也尽可以维持一种平淡的生活了，无须干大买卖。我向雇主提起这事，说妥条件，从此在空暇时间我就和那个裁缝一道工作。我那时认为是主指定这桩生意给我，所以这虽然与人的愿望不尽相符，但我仍然学会知足。通过耶稣基督的启示，我知道具有谦卑之心是有福的，所以尽力追求。而且有时我诚挚地恳求，在那里我的灵魂被包围在神圣之光和慰藉之中，因此原本困难的事情都迎刃而解了。

很久之后，雇主的妻子去世了。她是一位善良的女人，深受邻居们的喜爱。他放弃了他的铺子，于是我们分开了。之后我就经营起了我自己的裁缝店。这个时期我经常去做礼拜及修行，深觉上帝的爱在我心中与日俱增。在他的爱中，我盼望访问宾夕尼亚和弗吉尼亚的教友。我希望能有一位旅伴。我把这事向好友艾萨克·安德鲁斯提起。他告诉我，他心中亦有这种意念，也想去马里兰州、弗吉尼亚州和卡罗来纳州的一些地方。经过一段时间以及数次商议之后，我觉得只要时机允许，我们就可以结伴上路了。我在月会上把这件事告诉了教友们，他们都同意我出去，我们的团体分别发给我们证书，他从哈登菲尔德而来，我从伯灵顿动身。

我们于1746年3月12日出发，在切斯特县的北部和兰开斯特附近举行了几次聚会。在其中的一些地方，基督的爱得到了弘扬，使我们团结起来为他服务。然后我们渡过了萨斯奎汉纳河，在一个名为“红土”的新开垦的村镇举行了几次聚会。开拓荒芜地区的人一般都很贫穷，工具有限，要盖房子，要清理荒地、建筑围篱，要种植谷物，要纺织，还要教育儿女。凡访问此地的教友都应该同情他们处境的困难。尽管他们给了我们最好的招待，但对一些来自城市或者开垦已久的地方的人来说依然很简单，但这也可以使基督的信徒满足。有时候我们在天父的爱中充满着喜乐，神灵的影响让我们渡过难关。荣耀归于主！

我们继续行进，到达了曼诺奎诗、费尔法克斯郡、霍普韦尔和谢南多厄，我们多次聚会，其中有些十分有益。下午，我们从谢南多厄出发到达弗吉尼亚的教友聚居的地方。第一天晚上，我们和向导在林中过夜，把马拴在旁边。向导的马非常瘦弱，我们既年轻，又有良马，所以第二天就和他分手了。两天之后，我们到达了弗吉尼亚的朋友约翰·查格尔的家。我们在去弗吉尼亚的途中，参加了很多聚会，给当地居民以精神上的洗礼。总体来说，和之前的居民比起来，给这些定居了很久的人们布道，我们的任务更加艰巨。但由于天父的善良，活水泉源及时涌出，给了我们鼓励，并振奋了那些忠诚的心灵。之后我们到达了北卡罗来纳州的珀奎曼斯，在那里，我们举行了几次大型的聚会。我们发现那些地方的人更易开化，尤其是年轻人，大有希望。接下来，我们又转向弗吉尼亚，参加许多我们从前参加过的聚会，在主耶稣基督的仁爱中，教友们尽力工作。之后我们从此地又往山区行去，沿詹姆斯河而上，到了一个新的移民区，与当地居民举行数次聚会。他们当中有些人新近加入公谊会，成为了我们的会友。在旅途中我们遇见了一些忠诚的教友，他们对一个民族堕落的原因极其关注。

从弗吉尼亚，我们在霍家渡口渡过了波掩马可河，基本上拜访遍了马里兰西岸的教友，也参加了他们的聚会。我们在他们当中苦心工作，满怀对真理的爱，忠诚地履行我们的职责。在归途上我们参加了许多不同的聚会，由于主的眷佑，我们于1746年6月16日到家。在神灵的庇佑下，我们抑制住了自己的私欲。我的同伴和我一路上都很和气，我们分手的时候，几乎都有了兄弟之爱了。

在这次旅行中有两件事情值得提起：第一是关于我所受的招待。如果我吃喝住宿的人家是依赖奴隶劳动而生活的，我心中总感觉不安。因为我的内心向着主，有时，我发现一路上我都有这种感觉。如果招待我的人家是亲自担负一大部分的劳动，而且过着节俭的生活，不使仆役担负过于繁重的工作的，我心里就会好受一些。若遇奢侈人家，使奴隶做繁重的工作，我心中就会十分痛苦，因而我常常找机会私下和主人谈论，表示我的态度。其次就是，当地人从非洲贩进奴隶，白人和他们的子女就不必劳动。这是我经常认真思考的问题。随着这种贩奴贸易和这种生活方式的增加，在南方的各省我看到了如此多的罪恶和腐败，因此，这片土地一片黑暗。尽管现在很多人愿意过这种生活，但是在不久的将来，他们肯定要付出惨痛的代价。这种思想不止在我心中出现过一次两次，而是已坚定地植根在我心中。

回家不久，我对于沿海一带教友的关怀与日俱增。1746年8月8日，经朋友们一致赞同，我又离家，同行的是我亲爱的朋友和邻居彼得·安德鲁斯，即上次和我结伴旅行的安德鲁斯的弟弟。我们参加了塞勒姆、五月岬和大小蛋港的聚会。我们也参加了巴纳德、纳霍金和马讷、斯奎安的聚会，以及在什鲁斯伯里举行的年会。对于那些上帝关爱的人来说，因为这种安慰和帮助，因为主的善良，使得路途坦荡，我们也时时领受着主的仁爱。我们出门22天，约略走了340英里的路。在什鲁斯伯里的年会上，我们遇到了我亲爱的朋友——迈克尔·莱特福特和亚伯拉罕·法林顿，他们在那里尽心工作。

这一年冬季，我的姐姐伊丽莎白·伍尔曼因患天花去世，享年31岁。

近来我心有所感，想前往访问新英格兰一带的教友，刚好又有机会和我亲爱的朋友彼得·安德鲁斯结伴同行，于是我们向我们的月会取得了证件，于1747年3月16日动身。我们赶上了在长岛举行的年会，会上有从英格兰来的朋友塞缪尔·诺丁汉；从宾夕法尼亚州来的约翰·格里菲思、简·霍斯金斯和伊丽莎白·哈德森；从切斯特菲尔德来的雅各布·安德鲁斯。这些人当中有的很有讲道的才能，借着主的恩泽，我们举办了好些有益的聚会。会后我和同伴拜访了长岛的教友，因为主的仁慈，我们很顺利地完成了工作。

除了参加教友们的聚会之外，我们也参加了在锡托基特举行的大会，与会的人多属于其他教派。我们又参加了奥伊斯特湾的一个聚会，是在一处住宅中举行的，与会人数颇多。前一个聚会的宣言不多，但我仍觉得那是一个好聚会；后一次聚会，生命之泉涌流，真是一次应当以感恩之心纪念的聚会。参观了长岛以后，我们就渡海过去，经过奥布朗、九朋和新米尔福德诸地，沿途参加聚会。在这些边远的殖民地区我们遇见了好些人，由于基督之灵的影响，他们摒弃了空虚的生活，愿意在精神上向主靠近。他们都是长老会教育出来的人。长老会的许多年轻会友，在过去往往把时间浪费于嬉戏之上。但是，他们当中一些重要的年轻人，由于深受基督之灵的影响，愿意谦虚地背负十字架，不愿再过空虚的生活。这些人在他们所确信的事上坚定不移，对他们的一些伙伴有良好的影响，因此，借着真理的力量，他们当中的一些人很关心自己灵魂永恒的福祉。在一段时间内，他们常参加长老会的公共敬拜，此外还有他们自己的聚会，这种聚会曾得到他们牧师的准许，牧师本人有时亦亲自参加他们的聚会。但是，一段时间之后，由于他们对于某些宗教问题的判断和长老会的规例不相符合，他们的聚会不再被认可。而那些人坚守自己的责任，怀着忠心，遇到了很多困难。不久他们的聚会就停止了，他们当中一部分人仍回到长老会，但另外有些人则加入了基督教。

我曾和这些加入基督教的人谈话，想给予他们帮助和启发。我相信，他们当中有些人已经明白了崇拜的性质，这崇拜是源于精神和对真理的崇拜。阿摩司·鲍威尔，一个来自长岛的朋友，陪我拜访康涅狄格州。这里居住的多半都是长老会的教徒，总体上他们对我们很有礼貌。经过了三天的旅程后我们抵达罗特岛，和教友们相见。我们拜访了纽波特和达特茅斯一带的教友，然后到了波士顿，再向东行，一直到了多佛。在离多佛不远的地方，我们遇到了从英国来的托马斯·加斯罗普，他那时正在那里参观。我们从纽波特乘船到楠塔基特，在那里待了接近一个星期，然后又到了达特茅斯。参观完这一带之后，我们从新伦敦穿越松得海峡到达长岛，在回家的途中，我们参加了几次聚会。我们于 1747 年 7 月 13 日到家，这次旅程共约 1500 英里，海路旅程约 150 英里。

总的来说，在这一次旅行中，我们有时候显得非常软弱，在沮丧的情况下工作，但有时由于圣爱彰显，我们在真理的影响下亦大感振奋。一些新的经验告诉我们要保持内心的宁静。无须寻求言语，只须相信真理，并将真理传播给那些渴望真理的人。我亲爱的旅伴和我同属于一个会，且几乎同时参加教牧工作，彼此在工作中有了内在的默契。他比我年长 13 岁，他肩负了较重的担子，是教会骨干之一。

这时我心中盼望能往特拉华州南部诸郡及马里兰州东海岸拜访教友，恰好有机会与老友约翰·赛克斯结伴同行。于是我们领取了证件，于 1748 年 8 月 7 日出发，曾参加南部诸郡教友的聚会，也参加了利特尔·克里克举行的年会，参加了东海岸多数的聚会，然后取道诺丁汉回家。我们在外约六星期，走了约 550 英里的路。

有时候我们心中感觉非常沉重，但由于主的仁慈往往得蒙振奋。我的经验告诉我，“在患难的日子，他就是依靠”。虽然我觉得我们的教会在这一带日趋衰退，但我相信有一些忠心侍奉主的人在这里，他们努力工作，他们也会面临许多困难。

第三章

1749—1756

他的婚姻；他的父亲之死；他到新泽西州北部和宾夕法尼亚州的旅行；关于蓄奴的思考，以及几次造访教友；来自大会的使徒书信；长岛之行；考虑做生意和烈酒以及昂贵服装的使用；写给教友的一封信。

大约在这时候，我认为自己应当成家了，并开始认真地考虑伴侣问题。我的心倾向于主，盼望他赐我智慧，叫我所进行的选择合乎他的旨意。主果然乐意赐给我一位好女子，她叫莎拉·埃利斯，我们于 1749 年 8 月 18 日结婚。

1750 年秋天我的父亲塞缪尔·伍尔曼因发烧而去世，享年 60 岁。他一生十分关爱他的孩子，让我们在小时候即知敬畏上主，让我们于心中铭记什么是真正的美德，特别注重培养我们的慈悲品德，非但对穷苦之人如此，对一切我们管辖下的生物亦然。

1746 年，从卡罗来纳州回来后，我对蓄奴问题有了一定的意见，我曾将手稿给父亲看，他详细校阅了，并作了若干修正。他满意我对这个问题的关注。他临终生病的时候，有一夜我在看护他，当时他已知道自己没有康复的希望，但理智仍甚清醒。他提起关于稿件的事，问是否已准备交给出版社。在进一步交谈后，他又说："我一向反对压迫黑奴的事，现在我对他们的关心和往昔一样。"

在他健康时我曾依照他的意思写好他的遗嘱。那一夜他让我念给他听，我念了，他表示满意，然后说他知道他离世的时候已经到了。又说他生平虽有许多缺点，可是他时常感应到真理的强大以及上帝的爱和善良，甚至现在他也这样觉得，所以他确信在离开世间以后将进入一个更快乐的天堂。

第二天他的妹妹伊丽莎白前来看望他，告诉他，他们的姐姐安妮于数日前去世了。然后他说："我想安妮是安详地离开这世界的。"伊丽莎白说她确是如此。于是他又说："我也会安详地离开。"那时候他身体很虚弱，他说："我盼望不久便能得到安息。"他继续在沉思中，神志清醒，直至临终。

1751 年 9 月 2 日，我想去拜访新泽西州北部大草原地区的教友。我们的月会同意我的计划，我到那地区后在居民中间工作，内心十分平静。

1753 年 9 月，我和好友司约翰·赛克斯结伴，得到了教友们的同意，准备旅行两周，访问巴克士郡一带的教友。我们按照所接受的福音之爱布道。通过他对那些相信他的穷人所表现出来的仁慈，我们对我们的拜访十分满意。第二年冬天，我们有机会拜访月会的教友们，这工作的一部分由从宾夕法尼亚州来的两位朋友担负，我亦参加一部分工作。几年来我都盼望这种工作得以进行。

大约在这时候，附近地方有一人病危，他的弟弟前来要求我代写遗嘱。我知道这人蓄有黑奴，便询问他的弟弟，他弟弟称他愿意把奴隶留给他的子女。代书遗嘱的报酬甚为丰厚，只是无端污辱正直之人非我所愿，因此心中十分苦恼。当我仰望主的时候，他让我遵从他的旨意。于是我对那人说："我认为继续蓄奴是不对的，因此心中犹豫，不愿书写这一类文件。"虽然我们的团体中有不少人蓄奴，但我仍难心安，决意辞谢代书工作。我因为敬畏主，向那人说明了意向，他无言地走开了。他与蓄奴之事亦有关系，我想他对我的话颇不高兴。在这事上我得到了一种保证，就是因出于尊重真理及正义，违背了表面上的利益，从而引起别人反感的举动，必将得到比金银更贵重的宝藏，和比一般友谊更为高尚的友谊。

前面提到过的稿件搁下来已经好几年了，我总在思考关于出版的事。今年我把稿件交给我的朋友，他们详细校阅并作了一些小修改之后，即决定印发若干册，分送给教友们阅读。

1754 年，我决定拜访切斯特菲尔德月会的教友，在取得本月会的同意后，我就动身前往，希望和当地教友交换意见，并看看有没有办法进行交流。我曾和他们的某些会友商讨此事，我的建议也在他们的会中提出，并有一位教友表示愿意和我结伴开始这访问工作。但当聚会结束时，我心中忽觉非常苦痛，不知道该怎样做，以及是否应当回家等待更清楚的启示。我隐藏着痛苦的心情，和一位朋友同往他家，一心仰望上帝的神圣指示。第二天早晨我决心开始拜访，尽管情绪颇为低落，但当我仰望上主，在一些家庭中虔敬地等候，他就乐意提供帮助，因此我们得到许多良好机会，尤其是在给一些年轻人布道时深觉振奋。这个冬天，我好几个星期都在布道，一部分时间我都在家的附近。第二个冬天，我亦用数星期做同样的工作。一部分时间是和我的好朋友约翰·赛克斯在什鲁斯伯里。我应当谦卑地承认，由于仁慈的主，我们心中不时充满着爱，他的力量叫我们得以胜过参观中所遇到的一切磨炼。

因为英法两国的冲突，美洲方面正处在严重的危机中。我们的春季大会为此发出一封至各地朋友们的信，我认为这封信值得在这里公开出来。

1755 年 3 月 29 日至 4 月 1 日在费城举行春季大会，与会者皆为宾夕法尼亚州及新泽西州地区的牧师及长老。会中向各地教友发出如下信件。

致美洲大陆的教友们：

亲爱的教友们，借着上帝的善良，和他对子民绵绵的眷爱，我们向你们谨致敬礼。此际我们所关怀的乃是所有追求真理——就是我们的前人在这末世所持守和宣布的，都应当靠近那作为人类之光的生命，接受力量，紧紧把握着我们的信仰，绝不动摇，叫我们不是相信人，唯独相信上主。他掌管天军和人间的国度，在他面前大地正如“天平上的微尘，而地上的居民好像蝗虫”。（《以赛亚书》40:15，22）

既然相信全能的上帝差遣他的儿子来到世上，是为了拯救由于不服从造成的破坏，为了终结罪过和犯罪——这样他的国度才会应运而生，他的旨意在地上的效用与在天上一样——我们发现，我们有责任来终止国与国之间那产生悲惨结果和流血的战斗，把我们的问题交给那至高的主，他对他的儿女的慈爱胜过对肉身父母的爱，他曾应许他所有的儿女，如同应许一人，说：“我总不撇下你，也不丢弃你”（《希伯来书》13:5）。而我们由于主上帝的恩典，曾经试过把他推行，并非通过尘世的力量，“也不是倚靠势力，乃是倚靠我的灵；这是万能的耶和华说的”（《撒迦利亚书》4:6）。这样，神灵的国度建立了起来，它将征服并击碎一切反对它的国度，永存于世。我们能深刻感觉到这道理和那神灵的国度的稳定和平，所以我们盼望凡追求真理的人都能找到真理，因此在生活的各方面都能符合我们的和平信仰。但愿人们代代相传，完全倚靠全能的上帝的臂膀，好让这和平的国度千秋万代，“从这海到那海，从大河直到地极”（《撒迦利亚书》9:10）。为成全这已经开始得到应验的预言，“这国不举刀攻击那国，他们也不再学习战事”（《以赛亚书》2:4）、（《弥迦书》4:3）。

亲爱的朋友们，我们既然有这些承诺，并相信上帝已开始兑现它们，就应该不断努力，避免过分地关心今世的事，并摆脱对世界的贪恋，不让世俗的财物或享受歪曲了我们的判断，或使我们离开了对上帝的完全信托，因为只有这种信托才蒙他悦纳。这样我们就可以说：“我们的救世主大有能力，他必为我们承认我们的事业”（《耶利米书》1:34)。如果为了促成他在世上的最高尚的目的，需要让我们经历那苦难，就是他的忠实信徒所常常经历的苦难，我们得乐意地准备接受！

现在，亲爱的朋友们，由于最近世上国度所引起的骚扰纷争，深望我们当中没有人动摇，却都安息于那不为任何骚扰所摇撼的磐石之上，即使知道并感觉到上帝永恒的力量，好叫我们顺服他的旨意，愿意除去遗留在我们当中的世俗部分。因为那世俗的部分是可改变的，起落盈虚，忧喜无定，随着世界的趋势转移。正如真理是唯一的，许多人也信奉这一真理，因此，世界也是唯一的，却有许多人参与其间，而谁参与其间，谁就遭受烦恼困苦。可是凡信奉真理的人，因为每日在等候着那在内心中所产生的活力和美德，必能在混乱骚扰中喜乐，和先知同有如下的感觉，“虽然无花果树不开花，葡萄树不结果，橄榄树也会遇到困难，田地长不出粮食，圈中绝了羊，棚内也没有牛，然而他们必因耶和华和他的救赎而欢喜和快乐”（《哈巴谷书》3：17，18）。

倘不如此，我们信奉真理，却不生活于它的力量和影响之下，就会结出与圣洁相反的果实。依赖人的力量来支持我们，这样我们的信心将成徒然。如果为了惩罚恶人和发扬他的荣耀，他会起来反抗，摇撼大地，又有谁能反抗他并使自己昌盛呢？

在福音的爱中，我们会做你们的朋友和弟兄。

（底下有十四个教友签名。）

由于不愿意代人书写蓄奴文件，我遇到了种种麻烦，在这些麻烦中，我觉得我个人的意志被搁置得很好，请让我略加叙述：靠做生意谋生的商人或零售商，当然希望给顾客留下和善的印象。至于让年轻人在某种必要情况下评判前辈的见解或品德，也确实不是一件愉快的事，尤其是对那些素来表现出良好品德的人更是如此。根深蒂固的习俗，即使是错误的，也不容易改变，只是我们每一个人有责任坚持那些我们所确知正确的事。一个仁慈的人或者可能以慈心对待一个黑奴，我相信，这是为了把他留在家中充作仆役，而不是出于对黑人的利益。但人毕竟是人，他不知道他死后的事，不知道他的儿女对于管理奴仆之事是否能有作为主人所必具的明智的仁慈。为了这一理由，我清楚地觉得我不应该代人书写遗嘱，使他的儿女成为某些人在生时的绝对主人。

大约就在这时，附近一位有声望的老年人前来看我，让我为他书写遗嘱。他家有一些年轻的黑奴，我私下问他决定怎样处置他们。他告诉了我，于是我说，我若为他书写遗嘱，必引起内心的不安，并礼貌地把我的理由告诉了他。他说，他原希望他的遗嘱由我书写，既然我因为良心的缘故不愿代书，他亦不敢强求，所以改请别人代书。数年后他家有了重大变迁，他又来请我书写遗嘱。这时他的黑奴都还年轻，而他的儿子——那些黑奴的承继人——据说已从登徒子改变为温良的少年，所以他认为或者这回我可以为他写下遗嘱。我们在友善的气氛中谈论这事，却延缓遗嘱的书写。过了几天他又来了，愿意使黑奴获得自由，于是我代他书写了遗嘱。

在上述这位教友初次来谈的时候，有一位邻居身受重伤，差人请我前往替他治疗，事后他要求我为他立下遗嘱。我记下了一些要点，其中有一条是关于把他的年轻黑奴留给子女的。当时我看他受伤颇重，不知将有何种结果，所以把他的遗嘱写下，只未将有关黑奴的条项列入，之后把稿子带到他床前念给他听。我以友善的态度告诉他，我不能代他书写使人作为奴隶的文件，因为如此良心将受谴责。我又让他知道，我并不索取报酬，希望他原谅我不能书写他所建议的有关处置黑奴的那一部分。关于这事我们又有了一些严肃的讨论，他终于同意释放他的那个女黑奴，叫她自由。于是我为他完成了他的遗嘱。

这时我心有所感，欲前往访问长岛的教友们，向本月会取得证件后，于 1756 年 5 月 12 日动身。抵达长岛后，第一夜我留宿在好友理查德·哈利特家中。第二天刚好是星期日，我参加了纽敦的聚会，会中大家体验到耶稣基督之爱所给予忠心的人的安慰。当夜我前往法拉盛，第二天和好友马修·富兰克林在白石渡横渡到达大陆，在那边参加三个地方的聚会，然后又回长岛，把那一星期余下的时间用来参加聚会。我相信：主在这一带已拣选了一些忠心侍奉他的人，可是有许多人过分地为今生俗务所羁绊，未能专心遵奉全能的上帝的召唤，向前肩负十字架。

在这次访问中，当看见有些地方的朋友们也蓄养奴隶，我无论在公开或私下场合，都表示了关怀。且不得不以友善的方法和他们讨论这一问题，尽可能地找机会告诉他们，蓄奴制度和基督教的纯洁是相违背的，而且它已经在我们当中产生了许多恶果。

下一个周末他们的年会开始，我们的朋友约翰·斯卡伯勒、简·霍斯金斯和苏珊娜·布朗将从宾夕法尼亚州而来。公共聚会受到了神的眷顾，规模很大。在这次会中我心里所关切的是那些在我们团体中被认为领袖的人物。在某次牧师长老的聚会中，我有机会把心里所得的启示表达出来，当教友们在一起讨论团体事务之时，大家安静地坐了一会儿，我觉得心受感动，站立起来。而天父的垂怜充分地赐给我力量，让我消除了连日来在心上逐渐加重的荷负。

有时人们受辱是上帝的意志，以使之更适合于伺候我主。先知耶利米的话为当时的人们所不屑，且与他们的精神格格不入，以致他成为他们谴责的对象。由于人性的软弱，他希望终止他先知的任务，可是他说“他的话在我心里，有如燃烧着的火，闭塞在我骨中，我疲于忍受，不能自禁”。我知道，这时候我若忠实宣讲我心中的真理，必无法讨好众人，但我仍力求履行我的责任，不管自己的个人喜好。会后我即回家，路经伍德布里奇和普莱恩菲尔德，这两次聚会都受到了上帝的眷顾，我感觉很谦卑，然后就回家了。这次出门共计 24 天，走了约 360 英里路。

在这次旅行中我常想到南部诸州的教会情况。我相信：主呼召我继续在他们当中工作，并以炽热的愿望，虔敬地在主面前低头，求他赐给我力量，叫我完成他的旨意。

一直到 1756 年，我除了经营裁缝业务外，亦作零售生意。业务的过分发展让我有时心中不安。开始的时候我售卖衣服的花边，后来售卖衣服衣料。最后，由于货品的堆积，生意逐年增加，似乎可以做大生意了，但我心中觉得应该停一停了。

由于全能的上帝的仁慈，我能满足于简单的生活。我有一个小的家庭。经过认真思考之后，我相信：主不愿意我从事如此繁重的生意。我一向只买卖有用有益的货品，至于那些取悦虚妄者之心的货品，我总不喜欢经营，也很少经营；倘若经营这类生意，必觉有损我作为基督徒的品格。

业务的发展成为了我的负担。虽然我想经商，但我相信，主让我更能摆脱俗务的纠缠。这时候我心中天人交战，我徘徊于二者之间。在这种情况下，我恳切地向主祷告，他慈爱地垂听我的呼求，赐我一颗顺服他的旨意的心。于是我减少了贸易量，每有机会，即介绍顾客到其他铺子购买他们所需的货品。不久我完全放弃了生意，专靠我自己的裁缝业务，亦未雇用学徒。此外，我有一片苹果园，我花了许多时间在园中锄草、移植、修整和接枝。在我所住的地方，买卖大都习惯记账，这使穷苦人往往陷于债务中，不能按期还清欠款，因而受债主的控告。我既然看见了不少这类不幸事件，就应当规劝穷人在购物时只拣那些最实用而廉价的货品。

在买卖中我也有机会观察饮酒过度和穿戴贵重衣服所引起的种种不良结果。而上述两者往往是相关联的。如果人们使用的生活用品不是必需的，即等于浪费劳力，不是天父愿意看到的。有些人虽非酒徒，但因挥汗劳动，渴望借酒提神，所以喝酒的动机虽有不同——或出于享乐欢娱的狂饮，或因过分劳动而欲借酒解除疲乏——但地方上每年耗费于酒的金钱却是相当惊人。如果人们有了纯洁的智慧，必知上述耗费是不必要的。

以饮酒为乐的人等于纵欲败坏自己的理智，他们往往忽略了自身在家庭和社会上的责任，放弃和宗教的一切关系，这种人是很可怜的。至于那些在其他方面生活都颇正常，而且行为对别人具有重大影响力的人，也随着习俗饮酒，助长了饮酒的陋俗，阻碍了温和风气的养成和传播，这是多么可叹的事啊。

即使是最低限度的奢侈也不免与邪恶有关，所以那些承认自己为基督门徒，且被认为是人们领袖的人，若能以他的心为心，远离过错，那就是一种帮助软弱者的方法了。我有的时候亦在骄阳之下劳作，并欲借酒解除疲乏，但从经验中我知道喝了酒后心境是无法平静的，也不适宜于作灵修默祷。所以仰望圣灵之心与日俱增，因知只有圣灵才能抑制我们的欲望，并带领忠实的信徒，叫他们知道如何按照神的意向，善用神所施赐的一切。假如那些大园主能够一心服从这位天上的导师，胸怀宽广，爱邻如己，他们就必有聪明智慧，足以处理事务，无须过分地役使别人的劳力，或使自己过着安逸奢侈的生活。但因为人们往往不顾及上帝的爱，他们心中不免为自私意念所充斥，造成世界的黑暗与纷乱。

买卖一些有用的货品虽说是一种正当业务，但由于兼营奢侈品的贩卖，种样繁多，更因世风日下，所以凡倚靠商品贸易谋生的都应当体会先知耶利米所说的话："你为自己图谋大事吗，不要图谋。"

1756 年冬天，我数次与朋友们一同出门做家庭访问，由于主的善良，我们常常感受到他的慈爱。

给某教友的信（副本）

对于你最近所遭遇的事件，我深觉同情，暗中盼望仁慈的天父援助你，使你的灾难对你有益，叫你更深切地认识那被世人视为愚拙的道路，感受神力的帮助，有充沛的力量，足以抗拒那让人远离永恒真理的邪灵。

我们或将发现自己残废难行，由于倾向享乐，殊觉无法前进，幸而人所认为不可能之事，在神却都可能。只要我们愿意服从，一切诱惑就没有不能克服的。

意志的屈服恰如炉中矿物，经过烈火的淬炼，除去原有的杂质。"他提炼他们如提炼银子，他会像一个银子提炼者和精炼者一样坐下来。"上述比较，教导我们人必须接受上帝的精炼，使内心崇拜他，并以在内心中脱离不属于他的灵和那灵的一切工作来表明对他的崇敬。为了推进这工作，全知的上帝有时借用外在的灾难，让我们接近死亡，使生命遭受痛苦忧伤，同时叫我们面临永恒，放下世俗的一切束缚，准备接受那深刻和神圣的教导。如果说慈爱的父母爱惜子女，以子女的幸福为幸福，那么善良的上帝，在使瘟疫流行之时，必有他的用意。若正义的人因这病去世，他们是有福的。邪恶之人因为他们的邪恶而死去，全能的上帝是明了的。我们会在极度痛苦中经历这种磨难，然后复原吗？神要我们清除渣滓，接受他的教导。

至于你，不再痛苦和不再怀疑后，不可忘记帮助你的神，而且还要以谦卑感激的心牢记他的教诲，从而避开引你偏离正道的邪道。我很明白在你的生意中，你会接触各种各样的人。那些有世俗想法的人所说的话有时亦具重大影响力，这是我曾深切感觉到的，所以我同情处在同样矛盾中的人。因为，我自己仍然有着许多弱点。

我发现了要使自己不为他人的态度所动摇，唯一方法乃是无视俗世的智慧，把前途托付给神，不怕得罪那些不信奉真理的人。

对人畏惧就会落入圈套，就会不尽责任，并在磨炼面前退缩，结果使我们的手臂软弱无力，我们的心灵和别人的相混杂，我们的耳朵听不见上帝的言语。当我们看见正义之人的道路之时，就会怀疑那不是我们所走的道路。

当我写这封信时我心中充满着爱，不是言语所能形容的。我发觉自己的心门开敞，愿意劝你在基督徒的坚定上做神圣竞赛。真实谦卑的心是一种坚固的壁垒，我们一旦有了这种心，就会安全和真正的欣喜。上帝的愚拙总比人智慧，上帝的软弱总比人强壮。既然解除了我们自己的智慧，并知道人性的堕落，那么我们就找到了能够给予我们健康和活力的那一部分。

第四章

1757—1758

拜访伯灵顿的教友；宾夕法尼亚州、马里兰州、弗吉尼亚州和北卡罗来纳州之行；关于该地教友情况的考虑和蓄奴地做的布道以及关于蓄奴问题的一些记录；写给新花园和鹤溪教友的信；关于黑人宗教教育忽视的思考。

1757 年 5 月 13 日——这时候我身体健康，正和教友们在外访问会友，住在伯灵顿一位教友家中。我按照惯常时间就寝，夜半醒来，躺在床上沉思主的善良和仁慈，并存悔罪之心。不久再次入睡，但又醒来。这时天色甚黑，天既未亮，亦无月光。可是当我睁开眼睛，却看见房中一团亮光，约在五尺之遥，而光的本身直径约九英寸，是一种清晰明亮的光，中心更为光耀。我安静地躺着，望着它，并不觉得惊奇，这时我听到有人对我说话，贯穿我的整个灵魂。这并不是思想作用，亦不是由于所看见的现象引起的，却像是那圣者在我心中所说的话。那话是："神圣的真理是有实证的！"这句话重复了一遍，然后光消逝了。

这时我越来越想到南方去做访问，于是向月会请求，并取得证件，独自动身。我的一位住在费城的弟兄刚好因事将往北卡罗来纳州去，他提议和我结伴，同行一段路程。起初我因他有俗务，觉得不便与他同行，曾和他作多次谈话。最后我终于觉得心中安定，又和费城长辈教友讨论，乃同意与他结伴。在取得了必需的证件后，我们遂于1757年5月动身。在抵达诺丁汉聚会处后，我们寄宿于约翰·丘奇曼家中。在这里，我遇见了从新英格兰来的朋友本杰明·巴芬顿，他刚好访问南方归来。从这里我们又渡过了萨斯奎汉纳河，寄宿于马里兰州的威廉·考克斯的家。

当我进入这一地区之后，一种深深的痛苦感萦绕我心。这是我每当想起这一带地方时所有的感觉，我也在同意和我兄弟结伴同行之前向他提起过。这一地区和南方诸州移民的生活多依靠奴隶劳动，有的奴隶被役使过甚。这时我所关切的乃是我应当专一听从上帝的声音，能够在人的面前坚定不移。

依照惯例，教友们在访问中应该受到免费招待，但我在接受那种因借剥削他人而有的慷慨，节省了自己的金钱时，心中总觉不安。接受礼物，使受者对赠予者有了义务，且自然有了使他们结合的倾向。为了避免这种弊端，并使居判断地位的人不至陷于偏见中，上帝曾禁诫说："不可接受任何贿赂，因为贿赂能叫明眼人变瞎了，又能颠倒义人的话"（《出埃及记》23:8）。可是我们的主曾差遣门徒出去，吩咐他们不必携带粮食，却说工人得到工资是值得的，他们对福音的劳力应获得相应的款待，因此不能说他们是接受贿赂。然而对这一点我仍旧不十分清楚。不同之处在于：当时门徒所受到的款待乃是出自那些一心向着上帝的人，他们敬爱门徒和他们所宣扬的真理。至于我们，原属同一团体的分子，认为互相接待似乎是出于客气，有的时候且是为了声望的关系，并不是心甘情愿的。行为比言语更有力量，当他们在实际上表示奴隶贸易并不是不对，反而更可加提倡的时候，在精神上当然不会和拜访他们的某些教友意见一致。

因为这和我之前敬重的一些人是如此不同，因此我对这个艰巨工作的前途十分担忧。我心中如此矛盾，使我几乎要同情先知摩西在他软弱之时所说的话："你这样待我，求你立时将我杀了，如果我在你眼前蒙恩。"

(《民数记》11:15) 但不久我就明白了我之所以有这种感觉，是因为我没有顺从上帝的旨意。我心中无限悲愁，曾虚心地在全能的上帝面前流泪呼求，盼望得到他的恩典和帮助。经过重重磨炼之后，我比之前更能明了诗篇作者所说的话："我的灵魂很宁静，好像一个断奶的孩子"（诗篇 131:2）既蒙帮助，知道更顺从他，我就觉得好像从风暴中被拯救出来，以平静的心前进，深信我若专诚靠主，他必引领我渡过一切难关。而且借着他的力量，我可能付款给团体中那些接待我的朋友们——如果我觉得不如此做即将妨碍到主所召我从事的工作。当我旅行回来抄写这日记之时，我愿补充一句，我因良心上的责任感，曾多次这样做。我的方法是：在我快要离开那招待我的教友之家时，如果我觉得若不留下些钱，即对不住那些被压迫的奴隶，我就私下向那家的主人提起，请他接受一些银子，转给那些他们认为最需要的黑奴。有时候若认为合宜，我就亲自把钱给予黑奴。我在出门之前已预料到有这种需要，所以准备了好些碎银子。有时候还因拿钱给一些似乎富有的人，引起他们的反感，彼此都不愉快。但我心中既然有这种感觉，且对主的敬畏之心有时完全支配着我，所以我的方法比我所预料的更为顺利，很少有人以为我付款给他们是对他们的侮辱，多数人在表示客气之后即行接受。

5 月 9 日，我在一位教友家中早餐，然后他陪我们走了一段路。我以敬畏主的心同他谈起关于蓄奴的问题，为了这事我心中忧愁，所以用最坦白的话向他提出，他态度温和地听我说话。路上我们未参加其他聚会，因为我一心盼望赶上弗吉尼亚的年会。在旅行中我不时感觉到从心中发出的呼声："哦，主啊！我是地球上的一个陌生人，求你不要向我掩面。"11 日，我们渡过了波拖马可河和拉帕汉诺克河，留宿于罗亚尔港，路上遇着一位民兵上校，似乎是一个颇有思想的人。我找机会向他说出了我的想法，那些依靠自己劳动生活，并训练子女如何节俭如何经营的人，比那些依靠奴隶劳动生活的人确实快乐多了。他表示同意我的话，并说那些怠慢不听话的黑奴的行为往往引起麻烦，又说我们自己一天所做的抵得上奴隶两天所做的。我答称自由的人能够适当地关心自己的生活，从努力养育自己家人中获得满足；奴隶则不然，他们的劳动，无非为了供养那些把他们当作财产的主人，而他们自己除了被奴役之外，一生无其他盼望，所以缺少那诱使他们勤劳的动力。

在谈论一会儿之后，我又说："人有权力，却常常误用它。我们奴役黑人，而土耳其人以基督徒为奴隶，我总相信自由乃是一切人生而有之的权利。"他并不否认这一点，可是他说黑人在他们本土的生活情况极为恶劣，来到这里后许多人的生活比原来的还好。我说："我们两人的行动原则恐怕是大不相同。"我们的谈话到这里结束。在这里我愿意补充的是这事以后有另一人亦提出同样意见，认为黑人因本土的骚扰和不安定，都处在悲惨中，以此理由作为捕拿他们来做奴隶的辩护。我回答说："如果我们真的是为同情这些非洲人痛苦的处境才买他们，那动机必使我们善待他们，好叫这些因悲惨情况离开本土的人能够在我们当中享受快乐生活。他们既同属人类，他们的灵魂和我们的灵魂同样宝贵，也和我们同样需要《圣经》的帮助与安慰，我们不能规避教导他们的责任。可是既然我们在实际上表现了我们之所以收买这些人，无非为自己的利益，又既然收买俘虏可使好战的人打得更起劲，并造成更严重的灾荒，所以借口他们在非洲情况不良，实不足以作为我们的辩护。"我又说："在我看来，南方诸州目前处境甚难，奴隶们正像一块沉重的石块压在他们的肩头上。如果白人仍然不顾一切，选择保留他们从奴隶身上所获取的财富，不依照良心对待同类，那么他们肩头上的重负必定一天比一天沉重，直到有一天必须改变时，形势将不利于我们。"那人对我的话表示同意，并承认南方对待黑奴的情形使他有时想到，应像全能的上帝一样公正地制止这种情况的发生。

我们沿直线旅行经过马里兰，于12日抵达弗吉尼亚的锡达溪，和教友们相聚。第二天我与好几位朋友结伴骑马至坎普溪。一天早上，在途中我忽然深深地感觉到我在这些困难事上急需神的帮助，心中非常痛苦。我暗暗地求告至高者，说："主啊，恳求你向你所造的忧伤可怜的人显出慈悲！"不久我就觉得宽慰。同行中有一人开始谈论贩奴的事，并为这种买卖辩护。他说黑人是该隐的后裔，他们的黑皮肤是该隐杀害他兄弟亚伯之后上帝给他们的印记。该隐既是那样邪恶的人，他的族类当奴隶正合适，这也是出于天命。另有一人也发言赞成他的意见。我回答说：“根据《圣经》记载，洪水之后只有诺亚一家存活。诺亚属于塞斯族，而该隐一族已灭亡了。”他们当中有一人说：“洪水之后哈姆到了诺德那里，娶了妻，诺德是遥远偏僻的地方，该隐后裔住在那里，洪水的泛滥未及于这地方。哈姆被诅咒须作他弟兄奴隶的奴隶，他又和该隐之后结亲，这两家结合所生的，岂不是宜于永远为奴？”我回答说：“洪水乃是神对世人邪恶的惩罚，该隐一族既然是最邪恶的，若说他们可以不受洪水泛滥之灾，那是不合理的。至于说哈姆到诺德娶妻的事，未有明确的时间，诺德在哈姆第二次娶妻时可能已有诺亚后人居住。更重要的是经上明明说‘凡在地上有血肉的动物都死了’（《创世记》7:21）。”我又提醒他们先知曾一再说到“儿子必不担当父亲的罪孽，人人均须担当自己的罪恶。”我对于他们那种错误的想法深觉烦恼，以沉重的心情告诉他们：“一般说来，蓄奴的动机是在乎喜欢逸乐及贪图便宜，而人们惯以脆弱的理由来为无理的事辩护。我对于辩论原无兴趣，只盼望得到真理。我相信自由是他们（黑奴）的权利，现在他们非但被剥夺了自由，且在许多方面遭受非人道的待遇。我亦相信那作为被压迫者避难所的主在他所定时候来到之日，必然为他们申冤。到那时那些在他面前行为正直的人必将大有喜乐。”我们的谈话至此结束。

5月14日——这一天我参加了坎普溪月会，然后骑马到詹姆斯河上游的山上去，在某教友家聚会。在上述两次会中我心里愁闷，在主面前眼泪横流。主施恩赐我力量，教我在这一带地方知道怎样向教友们说话。从这里又到了叉河，然后又回到锡达溪，在那边有聚会。在这里我发现了忧伤的种子，当我在真理面前谦卑的时候，他们心中的同一真理和我心中的互相应和，我们在主面前彼此激励，获益良多。我寄宿在詹姆斯·斯坦德利的家。他儿子威廉·斯坦德利去年夏天曾因反对战争在温彻斯特被捕，当时我曾和他谈论有关这事的问题，颇觉满意。从这里我又参加了斯旺普的聚会和瓦雅诺克的聚会，然后渡过詹姆斯河，住在伯利附近。自从到了马里兰之后，我心中即甚愁闷，此种感觉且逐渐增强，几乎使我崩溃。我愿意和诗人说："我在痛苦中求告主，向我的主呼求。"他以无限的慈悲垂顾我的愁苦，并在我隐退时差遣圣灵减轻我的痛苦，为此我要谦恭地称颂他的圣名。

对于教会的一些情况，我心中非常痛苦。在我眼中黄金已失光，其纯金亦已变色。虽然这种情况是过于一般的，可是这里的某些特殊现象使我感觉心头沉重。由于俗世之灵，许多人似乎颇接近于内心的荒芜，他们缺少基督之羊所必有的温柔、驯良和神圣的智慧。相反，他们充满了一种暴烈的气质，并且贪爱权力。从小的错误开始，重大的错误就产生了。由于多数人的附和，代代相传，错误的势力逐渐加强。有些声望卓著的人物背离了真理，他们的品德反被用来替错误的势力辩护，那些地位比较低微的人为替自己解嘲，就说某某重要人物也如此。犹大后裔走到了邪恶的极顶，莫过于他们使先知以赛亚有了充分的理由，以主之名宣布说："没有一个人寻求正义，也没有一个人追求真理。"（《以赛亚书》59:4）或使全能的上帝在耶路撒冷被巴比伦人攻陷之前指着该城说："只要有一个人寻求正义，追求真理，我就愿意宽赦该城。"（《耶利米书》5:1）

在这次旅行中，观察我们对待黑奴的行为，我相信美洲新殖民地区的某些部分已经走了和上述相同的衰败道路，这使我心中极为伤痛。虽然要简单地描写这些黑人在我们当中所受的待遇不是一件容易的事，可是，在查阅我在旅途中所做的记录之后，我决心把这些记录整理出来。在南方这几州许多白人对黑奴的婚姻之事毫不在意。当黑奴按照他们自己的方式结合之后，白人亦往往毫不关怀，为自己的利益，还把他们夫妻贩卖到不同的地方去，尤其是当园主在拍卖地产的时候。许多在田地上执苦役的黑奴背后有执鞭的人紧紧跟着，这些人是被雇用来鞭策他们的。至于黑奴所食的更是可怜，一般情形是每星期仅得少许玉蜀黍、一些盐、一些马铃薯——那是他们在星期日用自己的劳力所种植的。倘若违背主人的命令或工作怠慢，他们所受的惩罚是极重的，有时候甚至会丧命。

他们的成年男女往往衣不蔽体，10 岁或 12 岁的男女小孩则都在他们主人的儿女面前赤身露体。我们教派中和另一称为"新光"教派中的人试图教导黑奴阅读，但一般说来对他们的教育非但是被忽略，而且是被反对的。其实这些人正在以他们的劳动来支持另一些人的生活——有许多人因此过着奢侈的生活。这些人并不曾同意要服侍我们，他们亦不曾放弃他们的自由。基督曾为这些人的灵魂而死，我们对他们的所作所为必将在全能的上帝面接前受讯问，因为他不偏待人。所以凡认识唯一的真神，和他所差遣的耶稣·基督，并因此具有慈悲与仁爱的福音之灵者，必能明白上帝的愤怒将向迫害与残酷的人发出，同时他们也必因看见这许多人所遭受的苦难而深感悲伤。

我从所住的地方到伯利参加聚会，在会上我觉得心中极为平静。但在长久缄默之后我忽被感动而起立发言。由于上帝之爱的强大力量，我们有了一次非常有益的聚会，之后我又参加了黑水的聚会，然后又参加西部的年会。会务讨论开始时，有些会友提出了一些质询案件，若蒙采纳，则将分别由他们各自的月会答复。其中有所谓的宾夕法尼亚提案，已由去年弗吉尼亚年会所指定的委员会加以审查，且略加修改，其中一条是为了迁就习俗而修改的，很叫我心中不安。提案原文是："在我们会友当中有谁贩进黑人，或在他们被贩进之后买卖黑人？"他们的修正案却改成为："在我们会友当中有谁贩进黑人，或经营此种买卖？"在被一致采纳的质询提案中有一条是："是否有人购买或贩卖非法入口的货物或掠夺品？"这时候我心受感动而发言，我说："我们既信奉真理，且聚会支持对真理的见证，我们就必须深入于圣洁的智慧中，并依照它的引导行事，否则必非相宜。"然后我提起关于他们的修正案，并提起那最后的提案。我说，我们既同意购买掠夺货物和我们所信奉的原则不相符合，那么，黑人亦属俘虏，或由窃夺而得的，若收买他们，岂不和我们所见证的原则大相违背。况且他们与我们同属人类，把他们贩卖为奴，更增加我们的罪行。朋友们对我所发议论似颇注意，有的且表示关怀他们的黑奴，没有人发言反对我所说的话，但他们仍通过所修改的提案。

我知道，他们的会友当中亦有人在做贩卖黑奴的生意，正如做别的商品买卖一样。现在他们所通过的质询提案可以说是比现状进一步了，所以我不觉得有修改它的必要，只将一切付托于主，知道唯有他能够改变刚硬之心，以符合于他无穷智慧的方法，为地面上真理的传播开辟道路。但是对于他们已有的黑奴，我认为必须教导他们。我向他们说："我们既然相信《圣经》是由圣灵感动圣人们所说出的话语，而我们从经验得知，《圣经》中的话常常成为我们的帮助和安慰，也相信我们有教导我们的儿童阅读《圣经》的责任，那么，如果我们能够放弃一切自私观念，我相信，那感动圣人们的灵也将感动我们去教导黑人，叫他们也能阅读《圣经》，并从《圣经》中得到助益。"他们当中有人就表示此后愿意更注意黑人的教育。

5 月 29 日，在我所住的地方有一个聚会，参加的人都是牧师和长老。我心中觉得应该坦白和无顾忌地向他们提出关于他们蓄奴的事，按照我心中所得的启示，指出他们既居于团体领袖地位，他们在奴隶问题上所表现的必为他人所注意，因此他们应极端小心，对这问题应该完全放弃自私观念。如果他们生活在纯洁的真理中，在教育和其他方面凭良心对待奴隶，他们就会反对蓄奴运动的开展，并使之受到重视。12 点时礼拜聚会开始，这是一次很严肃的聚会。

第二天 10 点左右，教友们聚集作结束会务的讨论，继之是礼拜聚会，这对于我来说真是艰难的日子啊。但由于主的善良，我相信真理已经得到了传播，这是给善良人的大好机会。

大约在这个时候，我给北卡罗来纳州偏远地区的公谊会教友们写了一封信，内容如下：

致北卡罗来纳州新园及茎溪月会的诸位教友：

亲爱的教友们，主必乐于引领我访问弗吉尼亚州和北卡罗来纳州的某些地区，因你们时常在我心中。虽然我还不能当面拜访你们，但我心中总觉得有几件事，是我因爱真理而愿意向你们说出来的。首先，亲爱的朋友们，务要存谦卑的心，不要被外在迷惑，对主忠诚，这样你才会平安。人若放纵心意，贪爱世俗的事物，追逐利益及世俗友谊比追求内在的安宁更多，就无异走在虚无的阴影下，生命中缺少真的安慰。他们的行为往往伤害别人，他们所结集的财富往往成为子孙的陷阱。

但人若诚恳地跟从基督，在他的圣灵的影响之下，那么，由于神的恩典，他们的坚定有时正像软苗上的露珠，而他们的精神所发出的力量默默地在影响着别人。在这种情况下，借着神之爱的普遍影响，他们必能关心会友的事和我们团体中的秩序。虽然遇到不同信仰的人反对，但因处在谦让中，我们会觉得我们的灵只在温柔与宁静的智慧中运行，并受它的约束，这样，内在安宁的报酬确比我们所遭受的一切困难大。凡有纯洁的生命，这些聚会就会尊重这些生命。经验告诉我们，这样的聚会必然愉快，有益于教会的健康发展。

当我写这封信的时候，我禁不住想到年轻人。亲爱的青年朋友们，请紧跟上帝的步伐，信奉他的真理，不以此为耻。选择那些忠心事主的人作为友伴。避免和生活腐败的人来往，因为常和这种人来往是危险的，会使有希望的年轻人堕落，陷于一天比一天大的邪恶中，以至毁灭了自己。对于青春芳华，没有比美德更好的装饰品，也没有比完全顺从上帝的旨意更可喜的。这种喜乐使其他的安慰更觉甜蜜，也使人在与朋友的来往交接中获得真的满足。你们的心若充满真理，必能获得使你们坚定传播真理的力量，这会为教会服务。

那么，亲爱的朋友们、同胞们，既然你们从事于拓荒工作，在本州的各个地区可能是最早的开拓者，我以耶稣基督之爱的名义恳求大家，注意你们的言行。以它们为榜样，可能对于后至者产生严重的影响。在开始树立风俗之时，若与健全的智慧相符，这对该地区而言是很大的贡献，否则后果堪忧，子孙们将觉得他们的祖先已为他们设下了许多障碍。

在真正智慧的引导下适度关心劳作，对身心均有益处，借此我们能轻松获取生活所必需的。我们仁慈的天父对上述两者已有适宜的安排，他叫我们平静度日。若蓄奴以代替我们劳动，必定问题丛生；理性生物不安于束缚，常生仇恨不平之心，对主人家庭亦有不良影响；

由于谋生之法错误，主人与其子女亦比别人有更多苦恼之事。

我知道你们当中有许多教友没有蓄奴。怀着深沉的爱，我亦恳求你们不要购买任何奴隶。亲爱的朋友们，请顺应上帝的旨意，顺从真智慧的导引，身体力行，过简单朴素的生活。这样，你们就能远离那些追求外表上的欢乐和成就者所陷入的危险。

家业虽小，若由正当方法获致，亦足可贵。我们若走在主的光明中，就可得到真的安慰和满足，不受被压迫者的呻吟声、自己战栗不安的良心，或种种烦琐事务所困扰，以致影响了生活上的乐趣。

当我们走近生命的终点，想要把我们的财产分配给继承人时，如果我们是靠着对主的敬畏、诚实、公道和在主面前所存的正直之心得来的这份财产，那么我们就可以把这份财产视为是主所施赐的，并借主恩把它留给后人。这就是真德行的喜乐。“公义的作用必是平安，公义的效验必是平稳，直到永远。”（《以赛亚书》32:17）

亲爱的朋友们，请住在这公义之中吧。这样，虽处身于荒僻孤寂之地，你们也将平安满足。如果主真真实实是我们的上帝，我们就有安全：因为他是我们于患难中的保障，且认识所有信任他的人。

弗吉尼亚州，怀特岛

一七五七年五月二十日

弗吉尼亚年会结束后我就到北卡罗来纳去。6月1日我参加威尔斯湾月会，在这里福音工作之门大开，我们体验到了耶稣基督的爱。荣耀归于圣名。

在这里我的弟兄和一些从新园来的教友们结伴回家，我则往西门湾参加月会。在崇拜聚会中我始终保持沉默；在讨论会务时，我心中关怀着那些可怜的奴隶，但亦不知如何发言。在这种情况下，我之心灵在主面前低头，流泪祷告，祈求主使我明白他对我的旨意，终于，我知道了我应当缄默。会议临结束之时，月会的一位会友发言，说了他心中长存一个问题，就是教友们如此彻底地忽视了奴隶的教育。他提议为奴隶们举办聚会，在周日举行，由月会所指派的教友们参加。与会的人都表示同意这一提议。有一人说奴隶和我们同属人类，同有领受宗教的能力，为何如此忽略他们；另有一人亦表示同样意见，并极力主张此后应多注意这一问题。最后通过此事交下届月会作进一步商讨。作此提议的朋友自己蓄有黑奴。他告诉我，他在离家约 250 里路之外的新园，在独自回家的路上，他心中不时想起有关黑奴教育的问题。另一位在弗吉尼亚颇具名望的朋友，自己也蓄黑奴，告诉我在某次孤独的旅途中他也曾严肃考虑过这问题，并相信神在将来必改变这些人现在所处的奴隶地位。

此后我往纽比干湾去参加一个聚会，好些时候都觉得非常软弱。那时我感到真理为我开启了道路，叫我能坦白简单地说一些话，直到最后，通过我们当中越来越多的天父的爱，我们才有了良好的机会。在利特尔河地方的情形与此相同，星期日在那儿我们举行了一次拥挤的聚会，然后我又去了旧内克，在那里参与详细调查罪恶之谜的秘密运作——它披着宗教外衣抬高自己，反对那引人到达谦逊自卑之路的纯洁之灵。我在卡罗来纳参加的最后一次聚会是在皮内伍兹举行的，是一次大规模聚会，我热切地参与其中。

我在纽比干湾时会见了一位靠自己劳动生活的教友，他没有蓄奴，多年来担任教牧工作。他第二天来见我，当我们骑马并行之时他表示愿意和我谈谈他所遭遇的一种困难，大概如下：近年来当局抽收一种战争税，用以支持战争，他对于缴纳战争税的事心中迟疑不安，宁愿遭受扣押货品的处分。可是据他所知，这一带地区只他一人拒缴战争税，再也没有和他处境相同的人。他表示，这件事对他是一个严重的试炼，尤其因为弟兄们对于他的行动并不赞同。又说，由于昨天在会上他感觉到和我彼此间的同情，使他敢于问我关于我们那一区的教友们是怎么办的。我就告诉了他我们那边教友们的情形，同时告诉他，我也曾经有过和他相同的困难。我相信他是一个在主面前行为正直的人，也认为在责任上我应当把这件事记录下来，他的姓名是塞缪尔·纽拜。

从这里我回到弗吉尼亚，在詹姆斯·考普兰家附近举行了一次聚会。这时期我内心非常痛苦，幸而主的仁慈使我满足。在另一次聚会中，借着重新感受到的纯洁之爱，我们有了很愉快的聚会。

最近的旅行，使我重新得到许多证据，知道谨守责任和满足于神的安排，乃是我所应当学习的最必要、最有益的课题。我应看轻工作的效果，而重视那由天堂之爱所发出的、关心的动议和现实。我主耶和华有永恒的力量，当我们借着顺服的心和他结合，并从那来自灵泉的内在知识发出言语的时候，我们的道路虽甚困难，但必须谨慎小心。我们虽可能遭受侮辱，可是我们若能继续忍耐且保持温顺，我们必能得到天安，作为我们努力的酬报。

我参加了库里的聚会，规模虽小，却使忠实的人颇为振奋。会后我又访问了黑河及卡罗琳聚会处，再从那里骑马前往告士湾，同行的有前面提起过的威廉·斯丹利。此行所经之地多属森林地区，约有一百里路程。第一晚我们住宿于客栈，第二晚在林中露宿，隔天来到告士湾某教友家。在林中颇多不方便处，没有生火的器具，也没有马铃，我们只好在天黑以前停下来，让马匹吃些野草。野草甚多，我们用刀割下一些，准备做当晚饲料。然后我们把马匹拴好，又找来一些灌木放在橡树下，躺上去。但是蚊子很多，地上潮湿，因而我入睡时间很短。躺卧在荒野中，仰视天空星斗，使我想起我们始祖当初的情形：当他们被逐出伊甸园之时，虽然他们违背了上帝的命令，然而全能的上帝仍然作为他们的父亲，把生活上所需要的赐给他们。以真智慧的方法供给和我们外在生活相关的物品，这是好的。改进有益之物的恩赐也是好的恩赐，是从光明之父——上帝那里来的。许多人曾有了这种恩赐，一代代过去后，这类天赋都有了进步。可是也有些人不肯满足于纯粹的恩赐，而是卖弄人的技巧，自高自大，有许多发明。人的这种种发明的最初动机离开了人被造出时的端庄本性，是邪恶的，因此其结果也是邪恶的。现在我们仍须坚持以天父的恩赐为伴，叫我们有资格正当地享受在一切进步中的今世的美好事物。正如我们的始祖，当他们没有任何进步的事物，没有朋友，没有父亲，却只有上帝时倚靠天上的恩赐一样。

我曾参加在告士湾举行的聚会，然后又参加费尔法克斯的月会。在月会中由于全能的上帝的恩待，他的能力克服了许多人心。从这里我往马利兰的莫诺卡西和管溪行去，在上述两地，主在我所遭遇的许多试练中扶持我，使我更知道对他谦恭敬拜。由于主的帮助，我得以在别人心中接触了他们的真实见证。这一带地方有好些很有希望的年轻人。之后我又参加了在蒙那兰的约翰·埃佛里特家举行的，和在亨廷登举行的聚会。在主面前我心存感激，他使我在这新移民地区能勇敢地向居民们开口发言，这对忠诚的人真是一大鼓舞。

在蒙那兰我住的地方，一位教友告诉了我一些关于被荷兰人称为门诺教派的事，其中有一个故事特别动人。据说某门诺教徒曾结识了一个属于其他教派的朋友，两人居住地距离颇远。有一回这门诺教徒赶着货车途经后者所住的地方，天色已晚，便想前往投宿。他到了他朋友的田庄上，看见了他的奴隶们那种悲惨情形，于是回头在附近林中生火露宿。他那朋友知道了这事，找到他露宿的地方，表示欢迎他到他家中住宿，并埋怨他不该对老朋友如此见外。这位门诺教徒回答说："自从住宿在你田庄附近，我就想找机会同你说话。我原是计划到府上受你接待，可是当我看见你的奴隶们劳作的情形，又看见他们身上所穿的，我就觉得不愿意同你来往。"于是又劝告他当以人道对待奴隶，说："我夜间躺在火旁，想起我自己是一个有财产的人，所以你乐意接待我；如果我像你的奴隶那样穷苦，不能自立，从你手上所接受的待遇恐怕不会比你奴隶所受的好。"

这次旅行历时两个月，旅程约 1150 里。我回家时深觉上主恩待，使我饱受试炼及经历许多痛苦，叫我在他面前更感到自己的卑微。

第五章

1757—1758

关于征收对印第安人作战的战争税的思考；费城年会委员会的聚会；托马斯·厄·肯培和约翰·胡斯的一些记录；宾夕法尼亚州和新泽西州教友目前的情况与我们的祖先十分不同；新泽西州征召民兵到军队服役，以及那个时候教友的一些情况的记录；与本杰明·琼斯一道拜访宾夕法尼亚州的教友；在费城的月会、季会和年会上起诉那些蓄奴之人。

这几年来本省拨出款项充当作战费用，并向居民征收战争税，我对缴付此类税款心中常觉不安，认为有将此事记录下来的必要。有人告诉我英国的教友们常常为了国家的对外战争缴纳税款。我曾经为这事和几位有声望的教友们交换意见，他们都同意缴纳此类税款。这些人当中有些是我所敬重的，因此使我稍觉安心。可是我内心深处却存在着疑惑，无法排解，有的时候，我非常痛苦。

我知道有些正直的人也缴纳此类税款，可是他们的榜样不足以使我这样做。因为我相信真理之灵让我——作为一个个体，忍受货物被没收的损失，而不让我积极缴付战争税。

拒绝缴纳多数教友都愿意缴纳的税款，确实不是一件愉快的事，可是做了与良心相违背的事对我而言更为可怕。当我有了这种感觉之时，我不知道是否有别人处在和我相同的困境中。我痛苦地祈求主让我放弃一切，好跟从他到他所要带我去的任何地方。以这样的心境，我参加了1755年在费城举行的年会。会中产生了一个委员会，这是由每一季会代表组成的，目的是与伦敦方面的救灾会联络。另有一委员会则访问各地月会及季会。在指定了这委员会之后和年会最后一次休会之前，大会同意这两个委员会在城中的教友学校举行聚会，商讨和真理有关的一些问题。因此他们以敬畏上主的心召开了这严肃的会议，在会中我才知道许多教友对缴纳战争税问题存有同样的疑虑。

为了税款应用问题而拒绝纳税，这种事在过去很少听到，甚至于那些品德高尚、曾坚决反对战争的人也未注意到这个问题，因此我把心中所想的事说了出来。由于早期忠诚的教友们坚决反对当代所认为的错误之事，他们曾被俗世的人仇视及迫害，可是他们在患难时所表现的坚忍精神使教会大大发展，促进了工作的开展。每一代人都必须要有自己的精神信仰。拿以前人的处境和我们目前的处境比较，他们因缴纳此类税款被世俗的人迫害的危险，实比不上我们现在的危险。当初他们和政府几乎没有交集。他们当中许多人借着上帝的力量，曾宣布与战争无关。他们的表现引起了统治者的憎恨。他们的灵魂不可能与那些与纯粹的真理相悖之事相结合。而我们，在最初移居本土时，并没有遇到那种烦恼。我们祖先的信仰虽受批评，但他们的正直终于得到了统治者的认同。而他们无辜的遭遇也感动了统治者，因此我们的礼拜得到了容忍，我们的会友在这一带地区亦多从事政治活动。因为世界一片和谐昌盛，它似乎很美好。我们就开始投身于建设我们的国家，发展商业，推崇科学。如果一切都以纯粹的智慧行事，很多事情都是大有裨益的。但是，如果以我们目前的情况来看，无可否认，我们的心一定是世俗的。我们的会友，有些是政府官员，他们在一些事务中号召人们协助一些战争之事。但是，当他们心中疑惑，究竟应当履行职务还是应当辞去职务之时，如果看见一般会友都在缴纳作战税款，就必认为他们履行职务也无可非议，因此压抑了圣灵在他们心中的感化作用。这样，一步一步地我们也接近了战争，和亲自参加作战没有多大分别，只是在名义上自称为爱好和平的人罢了。

甚至在受到无理的侵略时，如果我们要完全摆脱战争，并且打败侵略者，必须要有自我牺牲和完全服从上帝的精神。无论谁达到了这一境界，必能多少感觉到我们的救赎者为我们舍生的那种精神。借着神的善良，我们的许多祖先和许多现在还活着的人都懂得这一道理。但也有许多人只是从教育中接触宗教，并未充分认识那遍布世界各地的基督教，因此他们的表现和那完全相信上帝的人的精神大有区别。在冷静思考这些之后，我发现这对我来说没有什么不同，而其他则不一样了。这些外在的方式与我们的前人所知道的有差异。

年会过后，上述委员会在费城聚会、休会，连续数日。这时兵荒马乱，宾夕法尼亚边疆的人民常受突然袭击，有人被杀，也有被印第安人俘获的。正当上述委员在开会时，有一具尸体由货车运至城中，一身血污地通过市街，以此来激发人民的参战情绪。

这时聚会的教友们对战争税问题的意见颇不一致，因而对于那些良心不安的人，该问题更加困难。在此紧急时期而拒绝缴纳税款，可能被认为对国家不忠，引起统治者的不悦，不仅在本国，英国统治者亦会有同样的想法。因为教友的顾虑很多，因此没有什么能动摇他们。这次聚会可说是我所参加过的聚会中最严肃的一次，许多人在至高的上帝面前谦恭俯首。委员会中有些主张缴纳战争税的人在数度休会后即行退出，也有些坚持到了最后。最后，由一些关心这件事的教友草拟了致宾夕法尼亚的朋友们的一封充满爱心和警示的信，在会中宣读，并数度加以修改，然后由愿意署名的朋友们签名，寄给该区各地的月会及季会。

1757 年 8 月 9 日晚，本郡（伯灵顿）军官接到命令，要他们就地征召民兵，赴援在纽约的威廉·亨利堡的英军。过了几天，芒特霍利有了一次民兵总检阅，被征召的民兵被编成队伍，由原来的军官带领出发。过了不久，新的命令又到了，要求征召之前三倍的兵员，准备定当，候命出发指定地点。17 日，芒特霍利军官召开了一次会议，制订了征兵办法，发出命令，让被选召人员在指定时间、地点向各区队长报到，本镇被征者均须在芒特霍利集合，他们当中很多都是本会会友。这件事使我倍加感动。我又有了一个新的机会明白和思考有真实宗教生活的人的言行一致问题。军官当中有些人颇能同情别人，且知道尊重别人真诚的意见。在执行职务时他们会避免让别人做违背良心的事。可是若有人宣称自己虔诚，且因完全信赖上帝，所以不能参战，而他们在日常生活中的行为却与之相反，那么他们就要面临重大的困难了。

当军官们急于征足名额，以应上司命令之时，看见有些人假借良心名义，企图规避这种危险职务，他们必将严惩这种人。在这种动乱之时，有些本会的年轻人离家他往，逗留异地，待战争结束后才回来；也有些人前来，愿意从军。那些不愿参加战争的人，此时存着谦卑之心，即将接受磨炼。我曾和他们当中的一些人谈话，颇觉满意。到了指定时间，队长来到镇上，这些人往见队长，告诉他：因为他们的良心，他们不能当兵，也不能雇人替代，因此只能甘心忍受这场战争。最后队长吩咐他们暂时都回家去，但须备妥军装，在被征召时应召出征。这真是从未见过的一种情形，但我敢以感激之心说，这种磨炼于我们是有益的，我完全信赖他。此时法军已占领了他们所围攻的要塞，把它毁了，然后撤退了。我军所征召的第一批兵员进军数日，又奉命归回；第二批被征召的人则不再被号召起来参战。

1758 年 4 月 4 日，芒特霍利的军官接到命令为约百名士兵准备短期宿处。为这事有一位军官和两位本地居民前来见我。军官说明来意，要我招待两名士兵，供给食宿，每名士兵每周可支付六先令。我过去不曾遇到过这样的事，由于太突然了，因此没有马上回答，开始思索。静坐默祷片刻之后，我心中明白凡是战争之事都和宗教之纯洁不相符合，要我接受报酬来招待士兵，对我来说实在是一件难事。我认为他们的所作所为有法律根据。过了一会儿之后，我向军官说：“如果当局指定我招待士兵，我是不会拒绝的，只是此事与战争有关，我不愿接受报酬。”他们当中一人暗示，他所做的和我的宗教信仰不相抵触。对此我并未回答，因为我相信此时最好缄默。他们原说要指派两名士兵前来，但后来只来了一名，他在我家住了约两星期，行为颇为文雅。当那军官来给我钱的时候，我告诉他我不能接受，因为我接待那兵士是为了服从当局命令。当那军官和我说话之时我是骑在马背上的，我回转身时他说他很感谢我，我对此未作回答，可是后来想起他说这话的表情，使我很不安心，所以事后我到他家见他，私下告诉他我之所以拒绝接受招待那名士兵的酬劳的理由。

据我知道，托马斯·厄·肯培一直都是罗马天主教的信徒。阅读他的作品，使我相信他是具有真基督徒精神的人，和一切拒绝接受天主教某些迷信教义而殉难的人相同。其实一切真基督教都出自同一的灵，只是恩赐各有不同，耶稣基督凭着他的无穷智慧，把不同的职务交给每一个信徒。

约翰·胡斯反对那些潜入教会的错误教义，和历史所记载的那个由千人组成的康士坦茨会议相反。他谨慎地为他所认为对的辩护。尽管他向审判官所说的话和所表现的态度甚谦恭，可是他心中所信的原则却绝不动摇。用他自己的话说就是：“我恳切地要求你们，在我们众人的上帝名下，请不要强迫我接受我的良心所反对的事。”然后，他对君主说：“尊贵的君主呀，大会对我所作的任何判决我都不会拒绝，唯有一个例外，就是我会不冒犯上帝和我自己的良心！”最后，他宁愿被烧死，也不愿向他认为和主的旨意相悖的事情妥协。托马斯·厄·肯培对于当代教会所同意的条例虽未反对，但他自己努力宣讲及写作宣扬美德和内心的信仰。我相信这都是基督忠诚的仆人。真正的仁慈是一种极其高尚的美德，所以那些真诚地为他们所相信的善良的人效劳的人，即使他们的观点和我们的不全相同，也是可喜的。

1758 年初，有一晚我和朋友同去探访一位病人。在我们回来之前，有人告诉我们，附近一个妇人因在梦境中遭遇死亡及死后全能的上帝审判之事，好几天陷于悲伤中，以后逐渐复原。与我同行的那位朋友前往见她，和她的及她丈夫谈话。这一拜访多少影响了他们，尤其是她的丈夫，流着泪表示感谢我那位朋友的来访。不久这人在河上遇到了风暴，他和另一人都被淹死了。

1758 年 8 月，我前往切斯特县参加季会，同时参加费城的一些聚会。我先参加了季会，这会规模颇大，好些重大的问题在会中被提出来讨论。主乐意赐予他的仆人力量和坚定之心，让他们承受重担。我很少说话，但心中深受感动。我感觉到上帝的爱，他让一些年轻人为他效劳，在主面前我心里觉得十分安慰。从这里我又前往参加在达比举行的青年聚会，见到了好朋友、好兄弟本杰明·琼斯，他在我离家前同我约好来此相会，一同游历。我们曾参加拉德诺、梅里恩、里奇兰、北威尔士、普利茅斯和阿宾顿诸地的聚会，感觉到应该谦恭地感谢施恩帮助我们、为我们指引道路的上帝。这回我出门两星期，旅程约二百英里。

费城月会讨论了有些教友在 1758 年夏天买进黑奴的事，向季会建议请求年会重新考虑此前所通过的议案，该议案乃是上届年会所通过的。上述季会指派委员会研究此事，于下次聚会时公布讨论结果。委员会成员曾见过一次面，后来又分开了。当时我来到费城，遇到了年会的委员会，那天晚上，季会的委员会在小镇上重逢。在得到许可之后，我与他们坐在一起，教友关于这个话题召开了严肃的会议。在下一届的季会过后，我听说上述话题已经提交到我们的年会了，这让我的心情十分沉重。我知道自己的软弱，担心不能做到尽善尽美，所以我常常独自思考，向主祈祷，求他施恩，让我有力量撇开一切私欲和友谊，完全遵从神的旨意。

年会讨论了很多重要的问题，结束时也讨论了该如何处理那些购买黑奴的人。在历次聚会中，我在心中默默地祷告，我能够和大卫一同说："我日日夜夜以眼泪为食。"蓄奴问题是我心头的一块大石，我也不知道在会中讨论其他问题的时候应该怎样直接说出来。当蓄奴问题被提出时，有几位忠诚的教友严肃地发言，我听了感到很安慰，觉得我也应该贡献出自己微薄的力量，于是作了如下发言——

"为解决今世所遭遇的一切困难，没有比我们追求的真理更为宝贵的了。我真诚地希望，我们面对这严肃的问题时能够谦卑地谨记真理、追求真理。这对我们的教会来说比其他任何媒介都更能昭显神的智慧。对于蓄奴的教友，这的确是一大难题，可是如果他们能放弃私利，放弃追求荣华富贵的心，或者他们甚至能够抑制那些不符合真理的东西，我相信，他们一定有办法，知道如何对付这些困难。”

对于这个问题，与会的教友似乎都非常关切，且坚守世间的真理及正义。尽管没有人在会中公开表示赞同蓄奴制度，然而有些人似乎不愿意在聚会中直接反对，以免引起蓄奴弟兄们的反感。他们认为如果教友继续忍耐，当主来临的时候，他可能会判决他们。这时我觉得自己应该发言，于是说：“我经常想到神的纯洁和公正。在这件事上我的灵魂充满了恐惧。我不能不指出在某些情况下，有些人并未受到公正的待遇，实在是可悲。在这块大陆上，许多奴隶遭受压迫，他们的呼声已传到了至高者的耳中。而他的评判既纯洁又坚定，他绝不偏袒我们。他曾以无穷之爱及善良启迪我们，让我们明白，我们对这些人的责任不可延迟。如果我们现在明知他对我们要求的，却因尊重某些人的个人利益，或顾及那种建立于不是永恒基础上的友谊，而忽略了我们所须坚决履行的责任，仍然盼望有什么奇特的方法去解救他们，那么上帝将会公正地处理此事！”

好些忠诚的弟兄们坚持做这件事，因此对真理的推崇得到了广泛的传播。有几个蓄有黑奴的教友表示希望教会制订条例，惩罚以后再购买黑奴的人。对这个提议的答复是：要根除这种邪恶，必须先研究教友们蓄奴的详细情况以及他们的动机，并找出公道的处理方法，否则会有偏见。有几位教友表示希望去那些蓄奴的教友家看一看，也有些人认为自由是黑奴所享有的权利，最后这一点没有遭到公开反对。最后大家草拟了一项议案，比过去所有的议案更为详尽，愿意去蓄奴会友家的那几位教友的名字也被记录下来了。

第六章

1758—1759

参加切斯特县的季会；和丹尼尔·斯坦顿以及约翰·斯卡伯勒一起拜访蓄奴之地；关于一些在聚会中判官行为的记录；拜访了几处蓄奴之地和塞勒姆附近的教友；1759 年年会和戴弗斯诸州不断反对买卖奴隶的记录；年会上的书信；关于天花蔓延和预防接种的思考。

1758 年 11 月 11 日，我出发到康科德去。在该地召开的季会因为人数激增，教友们在上届年会上同意把它分为两个部分。在康科德我遇见了来自英国的我们的好朋友塞缪尔·斯帕沃尔德和玛丽·柯比，也见到了来自巴克郡的约瑟夫·怀特。约瑟夫·怀特离家是为了拜访英国的教友。由于神的仁慈，我们才有机会聚首。

这次聚会以后，我与丹尼尔·斯坦顿和约翰·斯卡伯勒结伴，出发访问那些蓄奴的教友，当晚在特林布尔家中举行聚会，很多年轻人前来参加，这是一个宝贵的令人振奋的机会。第二天早晨，我们慰问了一位患病的邻居，又参加了在切兰某教友的葬礼。有很多人前来参加葬礼，真是神恩眷的一次机会。之后我们拜访了几个蓄奴的家庭。晚上，我们在一个教友家聚会，福音之爱的门大开，经过一天的辛劳，我感到心里十分安慰。第二天我们参加了戈申的月会，18 日那天参加在伦敦格罗夫举行的第一次季会。在这里我们又遇到了之前提起过的那些教友，这些聚会很有益。会务讨论快要结束之时，大会劝勉教友要始终如一地信奉真理，并提醒大家，凡是基督门徒都要遵从他的旨意为他效劳，尤其是不要贪爱财富，不要过多地考虑私事，这样就没有什么能够阻碍我们对真理的追求，尤其是在充满灾难的岁月中，这真理足以感化那些温顺、虔诚的孩子。上帝在艰苦岁月中将会予以公正的评判。

这些季会的规模都很大，每次都会持续八个小时。我想，在这种讨论会务的大聚会中，不应当轻易发言；除非我们准备好了，且充分明白我们要说的是什么，否则我们的发言非但无法促进会务，反而会阻碍会务的发展，让那些肩负繁重工作的人更增重担。如果我们心里有自私观念或偏见，我们就不配为主工作。如果我们对会务有明确的见解，且心中知道如何表达，就须避免无谓的辩解或重复。许多人从遥远的地方而来，延长会议会造成许多困难。应该注意不要延迟会议，尤其是聚会已经进行了六七个小时了，他们还要回到离聚会地点很远的家。聚会结束后我即回家。

1758 年 12 月初，我与朋友约翰·赛克斯和丹尼尔·斯坦顿结伴，一起拜访蓄奴的家庭。有些人因为为人正直，欢迎我们的到访，但在某些地方我们遇到了困难。我明白，我们必须记住我们之所以关心这件事的原因，我也虔诚地感谢主，因为他常常靠近我，让我在尖锐的矛盾中保持冷静，并赐给我同情善良的心，知道如何对待那些受俗事牵绊的人。

1759 年 1 月，我决定前往费城访问本会的几个蓄奴会友。我和约翰·丘奇曼约好在那里见面，然后在城里做一周访问。我们探访了一些病人、寡妇和她们的家人，其余的时间大部分用于拜访蓄奴的朋友们。这时候我感触颇深，时刻祈求主的帮助，他以无声的慈爱支持我们，宁愿被钉死，来换得世界的繁荣与壮大，让我们能够忍受辛劳，安享和平。

1759 年 3 月 24 日，我参加完费城春季大会，又和约翰·丘奇曼一起拜访费城一些蓄奴的人家。感谢天父，他的爱常常与我们同在，使我们有同情和爱心。

有些教友似乎对我有所畏避，让我觉得为了传播福音之爱我应当拜访其中之一。因此我想私下见他，和他谈话。终于我到了他家，告诉他我想单独和他谈话。他同意了，于是我们以敬畏主的心找出了他之所以畏避我的原因。我们谈了许多，相信对彼此均有益，感谢主的帮助。

6月14日，我想去拜访塞勒姆附近的教友，得到月会的许可后，我就参加了他们的季会。我出门七天，参加了七次聚会。在某些聚会中我缄默不言，但在另一些聚会中，由于真理的号召，我心中充满了爱，使我与这些经受了重重考验的兄弟姐妹们关系密切。

7月，我迫切地想去拜访本会会友中之蓄奴者，但年会记录中指出的那些人都不能同往，于是我独自前往，登门拜访，以敬畏主的心把我心中的忧虑告诉他们。有时候只说了几句话，即觉心中轻松，如释重负。这以后我们的朋友约翰·丘奇曼来到了本州，希望参加我们的聚会，并和我一起拜访蓄奴之家，我就再度和他结伴，内心深觉满足。

1759年，在我们年会中的一些严肃的聚会上，真理在忠诚的人之间得到了广泛传播。当教友们阅读大会所准备的致美洲各地年会的信件时，我发现去年和今年的信件多着重于规劝教友们放弃买卖奴隶，有些信件对此讨论甚详。关于这事，多年来我心中十分忧虑，往往艰苦奋斗，在某些聚会中几乎是独自作战；现在看见我们的教会对这问题逐渐关心，且知我们的主选用一批有资格的人为之效劳，非但反对蓄奴，还促进了真理的传播，我不禁谦恭俯首，感谢主恩。

这次年会持续了约一个星期。前几天，我内心平静，有时会祈祷上帝，把心中的秘密向主吐露。到聚会将近结束时，由于上天的怜爱，我觉得应该表达自己的想法了。于是，脑海中首先出现的是应该怎样回应那些真诚正直的人。尽管，他们的成长历程各不相同，对我们所宣称的不会全明白。我又指出许多正直坚贞的殉道者，他们为了遵从耶稣的旨意而献上了自己的生命，可是他们所信奉的教义有些和我们所主张的不尽相同。历代以来，人若遵守那至高者所赐给他们的光明和知识，必然为他所悦纳。因此，尽管我们对一些事情持有不同的意见，但是，只要怀有为世人献身的精神和心，我们就会满足于我们所需要的东西，而不至过度奢侈。同时，长存敬畏和侍奉主的心，那么，我们仍然可以意见一致。至于那些因良心不安而处于患难中的人，若是他们能够谦卑，在生活中仁慈宽容，就会得到别人的认可，也会比那些以相反态度和行为面对困难的人对教会作出更大的贡献。因为有了这种忧虑，我对基督徒颇生同情及爱心，不管他们在世上是怎样的不同，以及他们在聚会中有怎样不同的性格，主对待他可怜的子民的良善是何其伟大啊！

本届年会向各地的朋友们发出了一封公开信，很值得在这里介绍。信的内容如下：

〔1759年9月22日至9月28日，宾夕法尼亚及新泽西州年会在费城举行，大会特向各季会及月会发出函件。〕

致属于上述年会诸位教友之季会和月会：

亲爱的教友们，兄弟们！上帝的恩泽持续撒播在这片土地上，我们怀着对我主上帝的智慧和仁慈的敬畏之心，亲切地向你们致敬！我们真诚而热烈地希望能够恭敬地注视上帝旨意下的分配，并在此之下进行改进。

地球上的君王都要臣服于全能的神。他是一切血肉之躯的上帝，他赐予他的子民无穷的智慧。居住于这一地区的我们都知道他经常眷顾我们，有如慈祥的父亲。从我们祖先的时代开始，就是这样了。当我们的祖先在拓荒中经历各种困难险阻之时，他赋予他们力量，并让他们得到本地人的同情，在他们一无所有和患难的时候帮助他们。由于圣灵的感化，他们知道行事公正，为人正直，对待土著人也是如此。他们在生活上及言语中体现了基督教的高尚教义及原则，借此在土著人当中树立了威望，最终赢得了友谊。在艰辛地为生活奋斗之时，他们当中有许多人却在热诚地传播虔诚的行为和美德，并教育儿女敬畏上主。

如果我们仔细想想当初这里的和平和免于战乱的生活，我们就会感激全能的上帝。当人间充满邪恶之时，全能的上帝使我们生活在这一片平静和富裕的土地上。在这里，基督的福音喜讯得以自由传布，我们应当与诗人同声说“我们拿什么报答主向我们所赐的一切厚恩?”

在某种程度上，我们的真正利益和我们子孙的福利，在于我们的行为，它让我们公平地看待自己的处事原则。因为将来公平和不公的回报不同，所以在我们短暂的一生中，要牢牢地遵从基督的旨意，为他效劳，并且热心于他的事业，那么我们就会成为一个自由而富有智慧的人。这样，我们可以清楚地看出，上帝对待人类和各个民族，就像《圣经》里所记录的一样：“正义使国家兴盛。”而且，虽然他并不一定在今世惩罚罪恶之人，可是我们看见了很多例子，“那信奉虚无之神的，离弃怜爱他们的主”。当骄傲及自私之灵充斥于某一民族时，不公正的判断、压迫、冲突、嫉妒及混乱就会滋生，于是国家和州郡就要自尝恶果。因此，那受神灵启示的先知在论及犹太人的堕落时说：“你自己的恶必惩治你，你的堕落必责备你。由此可知可见你离弃耶和华你的神，不存敬畏我的心，乃是恶事，是苦事，这是主——万能之耶和华说的。”（《耶利米》2:19)

我们祖先的上帝赐给我们无数福泽，他在荒野中为我们摆设筵席，使沙漠和不毛之地为人喜爱。现在他慈爱地呼唤我们，让我们更忠诚地侍奉他。我们告诉先知，“耶和华的声音唤醒了这座城市和与他一样聪慧的人类。他们尊敬他们的同类和创造了他们的上帝”。那些过分注重外在的人，很少思考目前困难的根源。可是那些敬畏主，常常记住他的人，知道在本邦居民中邪灵正甚猖獗。许多人野心勃勃，对神的教导充耳不闻，以致至高者探视我们的时候，不是向我们呼唤，而是提高的声音向我们喊叫。他向我们的国家喊叫，声音愈来愈大。自从我们定居以来，英国和其他国家之间的战争及其所造成的灾害多半发生在别的地方，可是最近战事已蔓延到我们的边境。我们的同胞在本土或边境遭遇战祸，有的在战斗中被杀害，有的在自己的家中被杀害，有的在田地里遇害，有的身受重伤，有的被印第安人掳去，与妻儿离散。我们曾亲眼看见遭受此种灾害的男人和女人，他们身无长物，到我们家来乞求周济。不久之前某一州的年轻人有许多被征召的，当时他们当中有些人正处在严重悲伤中，因想起他们一向的生活与他们所信奉的宗教之纯洁及属灵性质很少有相符合的地方，也缺乏那种能因为真理的缘故忍受困难的内在的谦恭性格。许多父母关心他们的儿子，当那试炼来临时才想到，他们一向过于注意为儿女求取属世财富，而不知着重培养他们在那能够为弥赛亚的和平国度担负见证重任的宗教里面的根基。现在那种灾害已解除了，我们对它们暂可放心。

我们不要忘记，“那至高者在深渊，在密云和在黑暗中”，那向城市和邦国呼叫的正是他的声音，这些高声警醒的呼叫感化着我们，使我们不必遭受严厉的惩罚！虽然外在事物能使人一时高兴，但当那不遵从基督旨意的自私之心继续盛行时，外在的安宁也无法持久。如果我们渴望品行廉洁，想要获得永恒的安宁和幸福；如果我们想要得到全能的上帝的支持和保护——他居所圣洁，行事公正，因为我们的堕落而愤怒——那么，这些就是他的审判的开始，让我们谦卑地请求他的宽恕。

要与一个实力相当的人较量，确非易事。但是，如果我们违背主的旨意，如果我们要和无所不能的主抗争，我们无疑会被他打败。

我们是否关心子孙的事？是否愿为他们的幸福努力？我们对外在事物的看法能否超越我们的生命？我们是否在为子孙后代的昌盛谋算？如果我们是这样的话，那么，让我们学习那聪明的建造者，稳固根基，让他们看见我们如何始终如一地重视内心的虔诚和美德。也让我们以敬畏主的心劳作，好让他们幼小纯洁的心不被腐化，在长大成人后知道他们真正的财富，知道世俗的财物都不可靠，而决心把他们的愿望和信心寄托于那永恒支持这世界的全能的上帝。

当我们在为尘世的财富计较时，请牢记儿女们若拥有财富而不知侍奉主，则这财富就会像网一样，会让他们纠缠于那种背离真正的宁静和幸福的自私和自得，并成为基督徒的敌人。

时常关心那些真正需要帮助的人，到那些荒芜的住处探望穷人，安慰那些由于天命的安排，在今世多灾多难的人，同时因受基督之爱的影响，不断把我们所有的财产敬献给上帝，这样，和把财富积累起来留给后代，更能使子孙蒙受福泽，也更能让一个基督徒得到满足。因为"我们在这里本没有长存的城"，所以当辛勤地"寻找上帝建造的城。"

"最后，同胞们，凡是真实的、公正的、纯洁的、可爱的、有声望的；若有什么美德，若有什么称赞，这些事你们都要思考，都要去做，那么赐平安的上帝就必与你们同在。"

(年会指派代表署名。)

11 月 28 日，我参加了巴克士郡的季会。在这个牧师与长者的聚会上，由于对耶稣基督的爱，我的心都扩大了。在这次以及接下来的聚会中，我对至高上帝的喜爱也增加了。

我在住所和好友塞缪尔·伊斯特本进行了一次谈话，他表示愿意和我们一起拜访该郡教友中蓄奴的人，恰巧我也有同样的想法，于是回家处理了一些事务后，一切准备就绪。12 月 11 日我们渡过了河，第二天参加了白金汉的聚会，在那里由于上帝的恩惠，我备感安慰，与耶稣基督教徒的关系十分紧密。

完成这个使命所需的工作是繁重的，离家之前我心中颇觉忧愁，我有时觉得那帮助软弱者的圣灵与我同在。因此，我能够私下向上帝祷告，恳求他净化我一切自私的想法，这样，我就能忠诚地履行责任。我们带着一种沉重的心情拜访在全郡各地那些最活跃的会友当中蓄有奴隶的家庭。借着主的善良，当遇到困难时，我能顺服他。尽管拜访遇到了困难，然而由于那比死更为坚强的爱的力量，拜访的时候我们常常感觉到彼此之间的爱。当我们和几个家庭分手，我们所得到的满足超出我们的预期。

我们拜访了约瑟夫·怀特，他本人尚在英国。我们也拜访了一位老人，在他的陪伴下，我们于星期日来到梅克菲尔德。这时我十分感激主的恩眷，重新显示他对我们的慈爱，让他的仆人们能团结一致，共同为他的事业而努力工作。

1759年冬天，天花在我们镇肆掠，许多人种痘，也有些人死了。我心里得到一些启示，特记述于后——

我们的生活越接近于上帝的旨意，对我们越有益处；我认为天花是全能的上帝差遣来的使者，要帮助他传播美德，鼓励我们思考究竟我们一生所做的事是否是明智和善良的。我们盖房子是为了居住，为了自己，也为了我们的子孙；缝制衣服是为了适应气候和季节的变化；耕种粮食是为了生存。这一切都是我们分内的责任。在上述这些事情中，很多在必要时我们得冒着健康和生命的危险，肩负这些责任。

某家有人得了天花，而我的使命号召我必须前往，这使我思考我是否是责无旁贷。如果我现在的使命不是源于对明智事情的明确理解和尊重，那么让我放弃这一使命就是一种恩慈。因为我的使命如果不是必尽的责任，经验告诉我，这种使命一定很脆弱。

如果在这种情况下，我无法避免传染上这种疾病，那么我就会想，究竟是否是我一向的生活方式使我的身体无力承受这种疾病，而且还是在一种最有益于我的情况下。我对于饮食是否超出了他所规定的人类生存的范围？我有没有过度劳作，以求达到不明智的目的？我有没有充分从事有益的活动，还是终日懈怠，让别人过度劳作来供养我？如果在上述各方面我都有不足的地方，那么思考这些事对我是有益的。社会生活中某些事务是必需的。这次的传染病是一种致命的病症，于是它引起我的思考：我的这些社会活动是否是我真正的责任？如果我去探访寡妇或孤儿，我的动机是否纯粹出于爱心，不掺杂任何私念？如果我去参加宗教聚会，我要思考我是否能诚诚恳恳地前往，是为一种责任，还是出于一种习惯？或是为了与其他人在一起时的愉悦心情，以及其是否与我在宗教生活上的名誉有关？

是不是与社会有关的事务让我去接触这种传染病呢？如果我去了，那是冒着健康或生命危险去的。我当然应该慎重地思考我的动机是否是对真理及正义的爱慕，以及我的方式是否适当。关于职责，一个基督徒是否应该全身心投入？无论何时，若有缺点，就能引起我们注意并努力改掉这些缺点，使我们的国家能够兴旺、稳固，我们应该学习仁慈的天父的善良。

一个善良明智的父亲对他儿子的关心亦比不上我们宇宙之父对他所创造的人类的眷佑。他掌握自然界的一切力量，而且“他并不甘心使人受苦，使人忧愁”。惩罚是为了教导，如果用温和的惩戒来教导人，那么会预防更大的灾难。地震使千百房屋在数分钟内倒塌，无数人瞬间死亡。倒塌的房屋下压着更多受伤的人，他们逐渐憔悴，最终悲惨地死去。

由于军队侵入，繁荣的国家成为废墟，大量人在短时间内死亡，更多的人不堪忍受贫穷和痛苦而死。由于瘟疫横行，城市里的人很快就死去了。健康的人由于恐惧、哀痛和混乱，亦觉难以埋葬死者，甚至于不用棺木，草草收殓。由于饥荒，在有些地方，很多人极度悲伤，因缺乏生活必需品而逐渐消瘦。因此，当上帝仁慈的旨意和温和的惩罚不受关注之时，我们有时就会受到他严厉的惩罚。

当文明社会中一些公认的原则与人类的行为相一致时，这就与所谓的真理的纯洁和正义相区别。然而，很多人信奉的真理已经没有了当初基督徒热诚的爱和虔诚。我们应该等待每一个惩罚，想清楚内心深处的打算。

全能的上帝不会直接告诫我们，但是，我们谦卑地沉思他的完美无缺，想想他的明智和善良，就会明白折磨他创造的人类并不是他的本意。我们应该听从并明白他的告诫和严厉的惩罚，应该注意别去做那些不明智的事，不要脱离无比强大的他。

如果上帝让人类知道一种预防这种疾病（天花）的方法，用了这种方法之后，天花既不会有害也不会致命，那么，这就是瘟疫的惩罚。但是，因为生命和健康是上帝赐予我们的礼物，我们不能按照自己的意志随意处置。如果我们在健康的时候就去种痘的话，那么，很多人会因为身体机能紊乱而死。因而，我们需要更加了解这一点。

第七章

1760

与塞缪尔·伊斯特本一起拜访长岛、罗特岛和波士顿等地；关于纽波特奴隶贸易和彩票业的评论；关于楠塔基特岛的观察。

1760年4月，由于想念东部的教友，我向我们的月会提出此事，并取得证件，于1760年4月17日出发。好友塞缪尔·伊斯特本于约定时间前来，我们就结伴同行。我们参加了伍德布里奇、拉威和普莱恩菲尔德的聚会，也参加了他们在拉威举行的牧师及长老月会。我们遇到了一些挫折，但是真理无形的力量使我们的到访让一些谦卑之人受到了鼓舞。我感觉我和他们的灵魂相近，随后这种感觉逐渐消失。我们继续前行，参加了长岛多数的聚会。每天我都留意我所说的话是不是符合真理，害怕一不小心，说的话迎合了那些不完全服从基督的人的心意。

我们教牧工作的动力往往非常简单，因此我们借着真理的力量，学会了谦卑。我们所到的地方，凡真正关心基督事业的人，似乎都从我们的劳动中得到了安慰。虽然在一般情况下，人是堕落的，但因为帮助穷困者的上帝的善良，我们得到了一些有益的时光，无论是在聚会或在家庭访问中。

有时候我们发现对那些不忠诚于上帝的人进行劝说非常有效，尤其是那些在家庭或者一定的社会团体中有着强大影响力的人，他们会让其他人偏离真理的纯洁和公正。

在长岛的杰里科，我给家里写了如下的一封信：

一七六〇年四月二十四日

我的爱妻：

我们现在一切安康，在东泽西和长岛，我们参加了很多聚会。自从同你分别以来，我内心时刻警醒，但愿我们所进行的能符合天父的旨意

目前的形势似乎并不乐观，我已经很久都没有高兴过了，我一直记着这样的承诺："你将以耶和华为乐。"我每天都会想起这句话，我想，把他记在心里就是最纯洁的人的快乐，而且，诚实的人不但自己会快乐，也会以他们的乐为乐。他关心困苦无助的人，在苦难中显示了对他的子民的爱。子民们因为他的仁慈而高兴，因为感受到了他的圣恩而快乐。这一点我应该略为提及，因为自从和你分别以来，我常常会想念你和我们的女儿以及朋友。在外面的这些日子，当你们生病的时候，我不能照顾你们，这让我十分揪心。然而，我一想起有那么多的寡妇和孤儿，有那么多人缺少良师的指导，有那么多人受到一些不良的影响，还有很多人的心受到了束缚，便经常心生怜悯。因此我觉得应该短暂离开，去完成主指派给我的任务。尽管这和其他的相比微不足道，但是，我依然感到快乐，因为我感觉我与我的同胞同在。我把你们托付给我所信任的全能的上帝，希望他能照顾你们，你们会感受到它神圣的爱。

爱你的丈夫

约翰·伍尔曼

我们从长岛的东岸渡海到达新伦敦，航程约三十英里。我们所乘的是一条大船，当我们出海之时风浪甚大，十分危险。但是，我当时祈祷上帝，将我的生命托付给他。由于他的仁慈，他乐意保护我们，因此我天天都在想我的生命是他赐予我的，决定将我的一生和我所拥有的全部都奉献给他。

我们在纳拉甘西特参加了五次聚会，然后从那里到了罗特岛的纽波特。通过可以抑制人的意志的深刻的磨炼，我们慈祥的上帝保佑了我们。在我们所住的几个家庭当中，我觉得应当和他们私下谈谈关于他们蓄奴的事。由于神的帮助，我终于得以履行任务。尽管在这件事上，我与其他人旅行的任务不同——我相信，他们的任务比我的更高尚——但是他们避免讨论这事我也不怪他们。我并不埋怨这项任务的艰难，而是对那指派他的仆人做不同工作，并对厚待所有真诚侍奉他的人的上帝心存敬畏。

晚上，我们抵达纽波特，第二天看望了两位病人，和他们进行了令人感到安慰的谈话；下午参加了一个教友的葬礼；第二天上午和下午在纽波特参加了几次聚会，觉得应该尽到牧师职责，因此有了力量向大家宣布生命之道。

第二天我们继续旅行。但是，这一带有很多奴隶。奴隶贸易一直延伸到几内亚，这给我留下了深刻的印象。我常常秘密地祈求天父，希望他能赐予我力量，让我能忠诚地按照他的指示履行我的职责。

在赴波士顿参加聚会的途中，我们途经斯旺西、弗里敦、陶顿。我们深刻地思考，追求真理，我们应当感谢主的保佑。我们到波士顿以东约 80 英里的地方参加聚会，谦卑地说了一些事。尽管我们在对待那些不服从上帝的人时会遇到困难，他们做的一些事情偏离了真理，但是由于上帝的善良，我们能与那些谦恭的人分享上帝的安慰，可以与教友分享真正的福音。回到波士顿时，我们又有了与教友们相聚的另一机会，因此又坐了一天的车到了波士顿东部。我们的向导是一个肥胖的人，天气又热，长途旅行对他和他的坐骑来说都很艰难，所以我的同伴和我表示，我们将自己前往，他同意了，于是我们恭敬地与其道别了。

在参加这些地方举行的聚会时，我们了解了很多当地的情况。带着谦卑之心，我们参加了在纽波特举行的年会，在会上遇到了来自英国的约翰·斯托勒和美国的伊丽莎白·希普利、安·冠特、汉娜·福斯特、梅西·雷德曼，她们都是传播福音的牧师，和她们在一起我很高兴。当得知有一大批奴隶从非洲被贩运至此，我们教会的一个教友正在廉价出售的时候，我没有了食欲，越来越虚弱。我有了《哈巴谷书》所记述的感觉，"当我听到之后，我的肚子在发颤，我的嘴唇在颤抖，我自己整个人都在颤抖，我可能需要休息一天"。我想了很多，非常苦恼。我希望当地教友请求州议会设法禁止贩进奴隶，因为我知道这种买卖是一种极大的罪恶，会造成很大的祸害，也会让我所深切关心的人悲痛。但是，我知道这种请求会遇到很多困难。我担心事情会如我所料，于是就想得到一个机会到众议院大会上去发表我的观点，因此我就在镇上的议会表达了我的看法。

年会举行到第二天下午的时候，我有了这种想法，当天晚上我睡不着，一直都在脑海中思考这件事。第二天早上，我询问一位教友议会将持续多久，他告诉我一两天内即将休会。因为我希望能参加本年会的会务讨论，可是又知道议会将在我们的会务讨论结束之前休会。所以在经过一番思想斗争之后，我谦卑地请求主的指示。最后，我决定参加会务讨论。最后一天，我准备了一篇短小的请愿书，打算一有机会就呈递给州议会。这时我听说年会已委派某些人向当局陈述有关教会的一些事，就乘机向他们当中的数人吐露我的想法，把我写好的请愿书给他们看，同时将这件事提交给会务会议讨论。我的提案大要如下——

"我一直都很关心该殖民地的奴隶贩卖问题。我知道说出来会得罪很多人，可是若不说出，在神面前将无法自白。我准备好了一封请愿书，如果可能，拟呈州议会。我打算让本会指派会友检查一下，然后报告本会，看本文是否宜于在会中宣读。若认为宜于宣读，则本会当决定是否将采取进一步的行动。"

略加讨论之后，有几位教友退席，在外检查请愿书，并赞同本文在会中宣读。宣读之后，许多人表示同意我的提议，另有些人则认为呈文内容应该扩充，并在会议结束之后，凡同意文中意见者签名，较为适合。我原来亦有此意，但现在我希望呈文由本会通过提出。因为我很关怀这一带的居民，相信由于这种邪恶的贸易，他们一定会越来越不安，他们的灵魂栖息处一定会充斥着一种与温顺谦卑相悖的邪气。而如果这种贸易持续下去，那么，他们不但会更难痊愈，而且还会恶化。

事情进行到这里，我认为已经可以把呈文交给此地的教友们，让他们依照他们所认为的最好方法处理。我现在又开始考虑这一带盛行的彩票赌博问题。我先前曾在本会议的某次聚会中提出这一问题，那些为赌博辩护者所提的理由是它并没有犯法。这次再行提出，所遇到的反对理由与之前相同。可是有些可敬的教友却一致表示愿意在会中阻止赌博之事，双方对此唇枪舌剑。这一场辩论使我更清楚地看到了赌博的自私，它足以混淆视听、蒙蔽灵魂。在我们的聚会上为它辩护是错误的，因为它和主所要求的使命不相符。在热烈的争论中，我回应了一位年老的教友，及至坐下来后。当我坐下之后，才觉得我的话实在不够宽容，因此，我缄默不再提这件事。最后，会中通过了一项议案，分别通知所属季会，劝勉教友阻止会友参与赌博。

这议案通过后，我心中仍因以不良态度与前辈朋友说话感到不安，并且无法掩饰这种不安，只是我非常谨慎，不愿意说出任何足以削弱我对这问题之主张的话。在经过一番不安和忏悔过后，我站起来提起这事，告诉教友我虽然不敢改变这问题的初衷，但是，我因为自己说话的方式而感到不安。我相信，如果我说得更温和一点，也许会好一点。在经过激烈的争论过后，这几句谦卑的话似乎使大家觉得轻松愉快多了。

现在年会已结束，但我心中仍对纽波特的积极分子蓄奴一事感到焦虑不安。我曾向两位从乡间来的前辈教友提起这事，表示若有机会的话，请他们与这些蓄奴的会友谈谈。其中一人和我同往，去会见当地最著名的长老之一，他也蓄有奴隶，他以尊重的态度鼓励我把心中的话说出来。在快要举行年会的时候，我和这位长老及其夫人私下谈论了关于他们的奴隶的事，所以现在可以进一步劝勉他们如何处理这一问题。我告诉他，我愿意和他们在一间单独的房间里谈论此事，或者，若他认为他们不想一起前来，我也愿意去拜访他们。他说他希望照前一种方式做，因相信他们都愿意一起前来。我想只是拜访牧师、长老和监督等，但他提了其他一些人，说他们也应该出席。当时我们需要一位谨慎小心的人通知他们，他自愿担任这工作，亲自到他们每个人的家中说明情况。而且，他确实也做到了。第二天早晨 8 点左右，我们在聚会的房间见面了，和我们在一起的有前面提到过的来自乡间的教友和约翰·斯托勒。大家默祷片刻之后，我告诉他们这次聚会的安排后就进入了主题，然后我们对这个话题展开了自由讨论。我心中颇觉沉重，在主面前谦恭俯首。蒙主施恩赐予追求真理的美德，使我们亲切谦卑，大家在一种冷静而又祥和的氛围中讨论这一话题。最后，我如释重负，颇为满意地向他们告别。从他们表现出来的爱心，和从他们当中某些人表示他们死后要如何处理黑奴的态度中，我相信善良的种子已开始在他们心中萌生。我谦恭地为此感谢上帝，因为他的支持，我在这一切磨炼中能够顺从他。

你们有时为主的工作而游历四方，往往受到朋友的热烈欢迎，从许多地方可看出他们因为能够接待你们而感到满足。你们应该深刻地思考一下，然后就会感受并且明白他们内心的想法。如果我们相信私下谈话更能说明某些问题，那么我们就须留意不让他们的和蔼、自由和殷勤阻碍了主的工作。我有过这样的经历，在一种和谐顺畅的氛围中，想要和那些款待我们的人亲切地谈论一些物质利益问题，是一件很困难的事。有时候，当我觉得真理要我这样做的时候，就会发现自己因为肤浅的友谊而无力胜任。由此这种感觉使我觉得自己的身份降低了，于是，我向主诉说。因此，我变得谦卑，尽管我很软弱，或者在他的面前我很愚昧，但我依然满足。因此，我便有了接近真理的机会，企图按照我们自己的方式来完成主的工作，谈到主的旨意，这在物质方面是容易做到的，不会造成极度骚乱。看见我们的朋友堕落，认真地为他们思考，却不能像我们应该做到的那样，仍然保持着一种肤浅的友谊，会破坏真正的团结一致。为基督效力是极其艰巨的。既然成为了看守人，就须谨慎提防，以免陷入肤浅友谊的圈套。

年会过后我们又到纽坦、卡士那特、长原、罗契斯特和达特茅斯诸地参加聚会。以后又从海路往楠塔基特，同行的有安·冈特、默西·雷德曼和其他几位朋友。第一天的风很小，我们的船只到达了塔普宁湾。我们在那里上岸，在一间小旅馆住下，但是只有几张床位，其他人睡在地板上。第二天天亮我们又上了船，风虽小，但船已到达距离楠塔基特约四英里的地方。我们当中约十人在天黑以前划小船进港。到了午夜时分，有一条较大的船出去把其余的乘客接来。过了两天他们的年会开始了，为期四天，最后一天也是他们月会讨论会务的一天。我们在他们当中颇费苦心，大家关系密切，而我相信这是一个了解他们的最佳时刻。我在岛上停留的时间越长，越觉得这地方有许多忠诚的教友，虽然邪灵猖獗，在他们当中兴风作浪。这时候我对访问工作极为谨慎，除非真的想去，否则我是不会随便拜访他人的。有几次在教友家中聚会，在神的庇佑下，我们都得到了安慰。我所敬爱的友伴在这个岛上成绩斐然。

年会结束之后，大家一致同意，若天气适合且大家觉得精神不错，隔天即可出航。午夜以后我们被唤醒了，收拾好后，约五十人上了船。可是不久风向变了，船家认为最好暂缓出海，等待好风，于是我们又上岸去了。就像我前几次的访问一样，这时我独自留在房中。过了不久，我心怀祷告，流泪祈求天父，恳求他在我生命中遭遇到各种各样的困难时能帮助我渡过难关。在我静候主的旨意之时，住在另一屋子的女会友们差人前来，要求我们指定一个聚会时间。这使我颇觉为难，因为我们已有许多类似的聚会要参加。但商讨并请教前辈会友之后，我们还是指定了一次聚会的时间，会中那位建议聚会的会友发了言。过去她不怎么爱说话，这时在福音的关爱之下，她滔滔不绝。第二天我们再上船，于傍晚时分抵达大陆上的法尔茅斯。我们的马匹已准备好了，于是我们就上马赶去参加桑威奇的季会。

这次到楠塔基特用了两天时间，我以前也来过一次，这次来发现此海湾有了许多浅滩，增加了航行的难度，尤其是在风雨之夜。我又看见一个大沙洲围绕着港口，使较大的船只有在水涨时才能进出。在港外等待水涨的间隙，有时他们会遇到暴风，在港内等待期间有时则错过了好风。我也注意到小岛上有许多居民，而土地贫瘠，所产木材都用完了，所以为了造船、筑篱和燃烧之用等，他们只得从大陆上购买。这运进木材的费用和其他费用主要是依靠捕鲸获得的。我想到这些市镇的规模日渐扩展，而靠近水路的交通区域所产木材无多，砍伐木料颇费劳力。我知道因为鲸鱼遭到了过多的捕杀，且有时伤到了鲸鱼而未加捕获，所以鲸鱼多畏避不来。我又想到地形，海、岛屿、港湾、河流，风和大的水域在某些地方形成了沙滩和沙洲，这都是那位全智全善之神的作为。人若遵从他的指示，相信他，他便供给他们生活中所需的一切。在访问这里的居民时，我有一个强烈的愿望，希望他们过上稳定的生活，所以除了一些公开的劝勉之外，我又找机会在女会友讨论会务的月会上与她们谈话，当时出席的人数颇多。我以纯爱的心告诉她们，一心遵行圣灵的引领，并以此教育儿女使其学习谦虚，放弃一切奢侈生活，这样无论在内心或外表方面，均大有益处。我提醒她们，让她们知道自己的丈夫和儿子在海上工作是何等困难，如果她们能过一种更简单朴素的生活，她们的丈夫和儿子则可以无须冒险挣钱来供给她们。我又劝勉年轻妇女整洁朴素，勤于家务。只要有机会，我就告诉她们，凡真正谦虚，亲自劳动，满足于朴素生活的人，往往比那些好大喜功，虚张声势，拼命挣钱来支持这种门面的人更能过上真正平静泰然的生活。当我发现他们当中很少有蓄奴的人时，我就鼓励他们应该满足于这种没有奴隶的生活，并提起那些倚靠奴隶劳动的人心中常有许多烦闷苦恼。

我和安·冈特及默西·雷德曼同往参加桑威奇的季会。这次季会召开之前他们曾有月会。两次会议共持续了三天。我们依照所得的各种恩赐，在福音的关爱中，以不同方法在他们当中工作。有时候我们为真理的圣德所启发，能够安慰忠诚的人，鼓舞马虎的人。在这里我和冈特及雷德曼分别，前往罗特岛，于途中参加过一次聚会，获益良多。我们在季会开始的前夜抵达纽波特，即行参加聚会，会后又和一些从别的教会分离出来的青年人谈话。在这座城中我们有许多工作，虽然我始终有许多忧虑，但临别时内心却十分平静，且在知道此地还有不少明白真理的人，也有好些喜听天上牧者声音的青年人后，心中感到十分安慰。最后一次聚会是一次不同的聚会，不同地方的教友都赶来了，由于天父之爱的一再彰显，所有忠诚者的心都契合无间。

在我刚开始旅行时所体验到的灵性上的贫乏和内在的软弱，后来却变成来自于主的仁慈。约定聚会之事对我似乎是极沉重的，我曾深自检讨，是否每一次都完全顺服了神的旨意。我经常省察为什么内心如此空虚，深深盼望心中没有什么足以阻碍自己接受神圣泉源的秘密处。在我谦虚之时，我十分警醒并留意那神圣的原则在内心的悄然运行，这样，与外在相比，我更为轻松和幸运地承担了自己的责任，我相信，我在担负这些责任时必将有疏忽的危险。

离开纽波特之后，我们到达了格林尼治、掸狄格和沃威克诸地。在我们仁慈的救世主的关爱之下，我们得以在教友中工作，然后和从纽波特来的朋友约翰·凯西结伴，骑马经过康涅狄格，到达奥布朗，参加了这一带的聚会，并从这里前往赖武德参加季会。在神的恩眷之下，我们在这一带有了一些良机。之后我们又访问了纽约和法拉盛的教友，然后又前往拉威。我和我所敬爱的朋友及同伴塞缪尔·伊斯特本于1760年8月10日到家，家人均安。由于主的保佑和爱护，我在这次短短的旅行中身心各方面均得到了益处，我谦虚地感谢主恩，并立志凡事顺服他，遵从他的旨意。

第八章

1761—1762

访问宾夕法尼亚州、什鲁斯伯里和司冠安；发表关于蓄奴的第二部分记录；他的穿着与众不同的原因；拜访安科卡斯和芒特霍利聚会的教友；拜访萨斯奎汉纳河边维哈卢森的印第安人。

最近因心中想着访问宾夕法尼亚的几个聚会，我十分渴望能得到启示，俾悉何时动身最为适宜。1761 年 5 月 10 日，那是一个星期日，我前往参加哈登菲尔德的聚会，心中寻求神的指示：究竟应当继续前行呢，还是应当返家？由于纯洁之爱的涌流，我觉得心受鼓励，可以前行，于是渡河到了对岸。这次我参加了两次季会和三次月会。在真理的爱中我觉得是时候和蓄奴的教友们讨论这一问题了。我既蒙教导知道依靠真理，并履行主所托付给我的任务，乃时时感觉到内心宁静，并对主存感恩之心，因他乐意作为我的向导。

1761 年 8 月，我想前往访问什鲁斯伯里附近的教友们。去了之后，我参加了他们星期日的聚会和月会，也分别参加了在司冠安及司冠安关的聚会，并有机会和一些蓄奴的教友谈论奴隶问题，然后平安地回家，心中称颂主的良善。

因为几年来对黑奴问题的关心，我写了“论蓄奴”的第二部分，于1762年出版。当出版社的负责人检阅稿件之后，他们建议以年会存款印出若干册分发，但我宁愿自己出资印书，并说明了我的理由，他们似乎很满意。

年会款项乃会友所捐，而捐钱的人当中有不少是蓄奴的，那些决意继续蓄奴的人当然不愿见到这类书籍的传播，尤其不愿意用他们所捐的钱来出版这类书籍。奴隶当中已有不少能阅读的，他们获得这类赠送的书籍后往往将其藏起来。但是凡购买此书的人大抵是要阅读的，所以我愿意廉价出售，希望他们小心阅读。这书的广告经出版社负责人通过，将于我们年会中讨论会务的月会宣读，让别人知道在什么地方可以购买此书，而售价只合印刷及装订的成本而已。我们附近一带售出颇多，我寄了一些到弗吉尼亚，另一部分则寄往纽约及纽波特给相识的人，还有一些我自己保存，准备于需要时分发。

我年轻时习惯干体力劳动，虽然健康也算中等，可是我的体质不像别人那么耐劳。因为我经常感到疲惫，所以我颇能同情那些因生活的窘境必须不断劳作以应付债主要求或其他处于某种重压之下的人。他们虽身体不能支撑，但不是被迫而是自愿的。我常常思考世界上许多人正在承受的重压的根源。记得当我在农场上劳作的后半段时期，由于神爱常临，我的心十分温柔，并不时以空暇时间阅读关于救世主的生平及其准则，关于殉道者所遭受的苦难，和本会早期历史一类的书。渐渐地，我确信，如果那些大地主能够过一种平凡朴素而合于基督徒身份的生活，对于自己的田地财产不求索取重利，并善用物资，那么必将有许多人被雇从事有益的工作，人与其他动物的劳动也必不至于过分辛苦。许多种为满足人的意欲、对于富有者似乎是必需的生意，在纯粹智慧的引领之下，也无须继续。当我思考这些事时，良心备受诘问：究竟我自己在生活上各方面对于物质的应用是否符合普遍的正义原则？从而有一种愁闷之感涌上心头，因为在生活上我习惯应用的一些东西，是超出神智所希望我们应用的。

早期接触到的真理让我常常十分悲伤，那是由于心中所想与神圣的准则相敌对所引起的。这时候我又因自己的邪恶忧伤，在悲愁中深觉需要神的帮助，真正地解放我的灵魂。有时我隐退到僻静的地方，开始祷告，我恳求仁慈的天父赐予我一颗凡事都能顺服他的智慧指示的心。说出了这样的话，我就想起，我所戴的帽子和所穿的衣料曾染上了使材料容易损坏的颜色，心中颇觉不安。

在访问教会中某些著名会友中的一些蓄奴者，并友好地和他们讨论这个问题时，我发现了某些与纯粹的智慧不相符合的风气束缚着许多人，这种情形使我颇为震惊。而那种企图获取更多财富来支持这些风气的欲望实与真理大相违背。有时候遇到这种情况，我会精神沮丧，找一个僻静的地方流泪祷告，求主带领，指示我应该走的方向。这样他就提醒我，使我确信若想做他忠诚的仆人，就须在所有事上尊重他的智慧，虚心受教，并且放弃一切与他的智慧相违背的习惯，不管这些习惯在其他信徒当中如何盛行。

他既然是全能、全智和全善的化身，我相信他曾指定人必须以若干劳动来换取今生所需要的，若能善于分配，则时间必定够用。只是我们不可追求奢侈，或违背了他的智慧去追逐财富，若如此，不免要沾染那种压迫别人的作风，且导向好大喜功、善于争闹的境地。这样，不同党派都要求特殊权利，国家遂常陷于灾难中。

我深信这一点，并希望过和平的生活，故每当想起制造战争的骚扰之灵，和许多同类因战争所遭受的悲惨灾难——有的突然死亡；有的身受伤痛之苦，成为残废；有的丧失一切养生之资，陷于穷困；有的则被俘虏——心中便无限忧伤。又想到我穿戴的是染上容易损坏布料的颜色的衣帽，且在夏天穿上不需要的衣服，心中也十分不安，认为这些都是和纯粹的智慧不相符合的。可是想到不如此就得和亲爱的朋友们有所不同，又觉得不好意思，于是我只好继续使用某些自己不赞成使用的东西。

1761 年 5 月 31 日，我忽得热病，病情持续了接近一个星期，身体颇觉痛苦。有一天我十分想要明白为什么我遭受这种痛苦，并当如何完善自己，我立刻想起我还坚守着一些我认为不对的习俗。当我不断有这种感觉的时候，我觉得我一切的力量都交付给了那赐给我生命的神，感谢他以他的惩罚抓住了我。我觉得自己需要更进一步洁净自身，现在我不急求恢复健康，倒盼望先实现自我完善。这样，我就处于一种卑微和消沉的情绪之中，逐渐变得安静顺服，并立刻觉得内在本性得到了医治，此后就渐入佳境。

虽然我决定再购买染上有害颜色的衣料，但仍然穿之前所制的衣服，持续了约九个月之久。这时我又想找一块天然色的皮料来制帽子，但想到这必将被认为是奇装异服，心中即觉不安。这时候我有了机会思考某些事情，当我知道那是神所吩咐的，它就成为大事了。我同时相信主必帮助我胜过所谓标新立异之讥，因为这是为了他而做的。这事让我在1762年春季大会举行之时心情十分紧张，渴盼获得正确的指示。我在主前谦恭顺服，并决定如果我安全回到家里，我必雇人以天然色皮料制作一顶帽子。

在我参加聚会之时，这所谓的“新奇”给我带来了困扰，尤其在这个时候，白色帽子是那些讲究时装服式的人所喜欢戴的，那些不明白我动机的教友们因此逐渐对我不满，使我觉得工作之门一时关闭起来。在这种情形下我就迫切地向天父祈求，恳请他使我带着智慧所具有的谦卑行走在他面前，这样在聚会中我的心经常都是温柔的，同时觉得有一种内在的安慰，这种安慰对处在困难之中的我是非常宝贵的。

我有几件染了颜色的衣服还能穿，我想最好穿到有新衣服代替的时候。有些教友以为我戴这种帽子不过是故作新奇，对那些以友善态度向我提起这事的人我就略加解释，告诉他们我戴这种帽子并非出于自己的本意。有时我觉得那种肤浅的友谊对我是危险的。现在许多教友对我都觉不满，我想这是神对我的慈爱。我原想要对一些好友说明我这样做的理由，可是仔细考虑之后又觉得没有必要，相信目前的误会乃神意所定，对我是有益的，并相信只要我坚定立场，主必为我开启教友们的心。从那以后我更知道该仰望主的良善及慈爱，他在我们的一些聚会中带领和引导我，并让我的爱心增加。

1762年11月，我盼望能到曼斯菲尔德拜访一些家庭，于是和好友本杰明·琼斯结伴，一起做了数日访问；1763年2月又与伊丽莎白·史密斯女士及玛丽·诺布尔夫人同行拜访后安科卡斯的教友。在上述两次拜访中，由于真理的洗涤，教友们敞开心怀接待我们，鼓舞我们更加坚定地完成忠诚的劳动。4月，我又和另一些朋友同往访问芒特霍利的教友，这一次访问让我内心非常难过。我有一种强烈的欲望，要为同胞谋永久的福利。由于天父的仁慈，我们爱心大增，在神爱的涌流中，邀请朋友们注意那将要把他们置于可靠基石上的事。

我觉得应对那些住在荒林中的土著人有爱心，他们的祖先原是我们现在所居住的土地的主人，而他们把继承的产业廉价地卖给我们。1761年8月我正在费城访问一些蓄奴的教友，遇见了一些居住在离费城约二百英里之遥，名叫维拉鲁森的一些印第安市镇的土著人，那市镇在萨斯奎汉纳河东岸。借着一位翻译的帮助，我和他们谈话，同时观察他们的表情举止，相信他们当中有些人颇为熟悉那支配人强悍意志的神圣能力。我常想去他们所住的地方拜访，这种意原除了我亲爱的妻子之外，我不曾告诉别人，到了时机较为成熟之后才开始提出来。1762年冬，我把这个想法向本月会及季会提出，以后又向春季大会提出，朋友们都同意我的建议。我正在考虑物色一个印第安向导时，我听说有一个男人和三个女人从距离那市镇不远地方因事到费城来。我书面通知他们后，即于1763年5月的一天在城里和他们见面，接谈之后，觉得他们都是良善的人，且又得到当地朋友们的同意，于是和他们约定于6月7日在巴克士郡的里奇兰的塞缪尔·福克的家中会面。我觉得这次访问是一件非常困难的事，尤其在这时候，旅行确实很危险，因此神特别恩待，我时刻准备着为其效劳。我认为把这件事略加叙述是有必要的。

我在决定不再前往之后，每当想起旅途就觉得异样伤心，这时候我常仰望主，希望得到他的天佑，让我跟随他到他想带领我前往的任何地方。在出发的前一星期，我在切斯特菲尔德的青年聚会上向救世主，我们的天父祷告："我并不是祈求您带领他们逃离这个世界，而是希望您能让它们远离邪恶。”关于一些纯粹的真理，我不得不提到他在其他地方曾对天父说过的话：“我知道你常听我的祷告。”既然那些跟从他的人有的能守住他们的岗位，而他也使他们的祷告实现了，可见他们确能远离邪恶。他们当中有些人在这个世界上遇到了艰难困苦，最终死在残暴者手中，可是我们知道人只要顺服上帝，则他们所遭遇的一切对他们都是有益的，所以不能算是邪恶。当我谈论这个话题时，心中充满仁爱和对神的畏惧。第二周的星期日刚好是我们午后聚会的日子，我心里怀着无限的爱，讲述主对他的子民的看顾和保护，并引述亚述人企图俘获先知而未能达到目的的故事，正如诗篇作者所说：“耶和华的使者在敬畏他的人周围扎营。”这样在爱和柔和中我与朋友们道别，准备第二天早晨动身。我当天已觉疲乏，就提早睡觉。睡了一会儿之后有人在门口把我叫醒，约我到镇上某旅店会见从费城来的几位教友，他们来到的时间太晚，教徒们大都睡了。这几位教友告诉我，昨天早晨有专差从匹兹堡送来消息，说是印第安人在西部占领了英国人的一个堡垒，并杀害了匹兹堡附近和其他好些地方的英国人。在费城的一些前辈教友知道了我动身的时间，商议之后，认为应该让我在出发之前知道这些情形，以便考虑一下。听完这些话后我又回家睡觉了，隔天早晨才告诉我的妻子。我渴盼得到主的指示，在他面前虚心地等待。当我告诉妻子这消息时，她显得非常担心。过了几个钟头我心即觉安定，相信我依照原计划出发的决定是对的，她也同意了。在这心灵的矛盾中，我曾深刻检讨自己并向主呼求，使我按照纯洁的真理之灵的引导，不至于受任何其他动机的影响。

上面所提到的我最近在公共聚会上提过的话题此时都呈现在我的眼前，我向主承诺，会做得最好。于是我谦恭地向家人及邻居告别，先参加了我们在伯灵顿的月会。向那边的朋友告别后，就在友人伊斯雷尔及约翰·彭伯顿的陪伴下渡过了河流，第二天早晨和伊斯雷尔分手，约翰仍陪伴我到塞缪尔·福克的家里，在这里与之前约好的那几位印第安人相会，彼此均甚愉快。我与朋友本杰明·帕尔文亦在这里相见，他建议伴我同往（过去我们曾在信中讨论过此事），现在这对我来说是一种考验，因为此行确甚危险。如果他愿意同行是为了陪伴我，万一我们被俘，我一定会因为连累朋友而更为悲伤。于是我把我的想法坦诚地告诉了他，并表示我宁愿只身前往。但是，如果他真的相信他应该和我同行，那么我的旅途必更惬意。这确实让我十分感动，本杰明看起来对这次的访问旅行似乎已下定了决心，所以不愿离我而去。于是我们向前进发，另有朋友约翰·彭伯顿和派克兰的威廉·莱特富特同行。我们先投宿于伯利恒，在这里和约翰分手，威廉和我们于6月9日继续前进，当夜宿于离艾伦堡约五英里的一个屋子的地板上。在这里我又和威廉分手，同时遇见了一个最近从怀俄明州来的印第安商人。和他谈话之后，才知道许多白人常常拿酒卖给印第安人，我想这确是一件邪恶的事。首先，喝酒使他们神志不清，凶悍好斗，纠纷由是产生，造成许多不幸，因而积怨很久。再者他们历尽艰辛所猎获的皮货原是要换取衣料的，但因酒醉的缘故，往往廉价售出，以换取更多的酒。到了缺乏生活上的必需品时，他们就怨恨那些利用他们的弱点，乘机敲诈他们的人。他们的酋长在和英国人的交涉中往往对此愤愤不平。若有狡诈之徒向人使用毫无价值的假通货，已经是非常缺德的了，何况为着谋利的缘故，把对人有害的东西卖给他们，真是体现了他们顽固腐败的心肠，这是一切爱好德行者应当纠正的邪恶行为。当夜我为了这事心中难过，同时又想起那些住在边区的穷人，他们为了逃避地主的剥削，冒险来到这移民地区，追求一种比较自由的生活，却亦受同样的祸害。这种情形使我更加相信，如果我们的移民都能够依照纯粹的智慧来生活，努力地促进普爱与正义的传播，不奢求财富和各种奢侈习俗，那么我们的生活会比较容易，甚至人数会比现在还多，也可以靠有价值的工作过上舒适的生活，不必常受诱惑，企图以不诚实的方法向印第安人购买土地，或将酒售卖给他们。

6月10日，我们一早出发，渡过了特拉华州的西支流，靠近艾伦堡的一个叫做大李海的水域。河水很深，我们划独木舟渡过。在这里我们见到了一个印第安人，同他谈话，送给他一些饼干。他刚好猎获一头野鹿，也送给和我们同行的印第安人一些鹿肉。我们继续前行数英里，又遇见几个印第安人，男女都有，他们带着一头牛和一匹马，另有一些家用东西。这一行人是最近从怀俄明来，想要移居到其他地方。我们也送给他们一点小礼物。他们当中有些人懂英语，我就告诉他们我到此地来的目的，他们听了表示很满意。我们的一个向导向他们当中的一个老妇人说了关于我们的事，这老妇人上前很真诚地与我们道别。再向前行，辛苦地爬过了名叫布卢里奇的山头后，我们就在河边支起帐篷休息。这些山岭怪石嶙峋，崎岖难行，且极危险。然而由于主的慈爱，我们得以安全通过。主在这山岭荒野上的工作是可敬畏的，在旅行中我整天仰望着他。

在我们帐篷的旁边，有一些被剥掉了树皮的大树，被刻上了各种不同的图案，纪念那些在战场上立功或阵亡的英雄们。这是一条武士们通行的路，当我走过去，观看这些印第安人的史迹（多数是以红白色颜料绘成的图画）时，不禁想起这世上的骄傲暴烈所产生的许多悲惨事件，想起武士们历尽辛苦疲劳爬山越岭，在远离家乡的地方被敌人击伤时的痛苦情形：拖着负伤疲乏的身体彼此追逐，他们在这种好战情绪下心境动荡不安，并在子孙当中种下了仇恨根苗，使民族之间战祸连绵。这一切更增加了我愿意努力在他们中间散播和平友爱之种子的决心。我们第一夜在林中露宿的情形颇为恶劣：在旅途中我们已是衣履尽湿，现在安放帐篷的泥地也都是水，用来垫在毛毡下的狐尾草也都湿了，一切似乎都叫人沮丧。然而我相信是主带领我到这里来的，他必依照他所认为的善待我，因此我心中十分宁静。我们生了火，使热气进入帐幕，拿狐尾草铺在地上，然后展开毛毡，躺下睡觉。第二天早上，我觉得不大舒服，就到河里游泳，水很冷，我出来后觉得舒适多了。我们留在帐篷中一直待到了 8 点左右，然后出发，爬过一个高约四英里的高山，山的北面最为陡峭。中午时分有一个往维哈鲁森去的摩拉维兄弟赶上了我们，他由一个能说英语的印第安人陪伴着，我们利用马匹吃草料的时间进行了友善的交谈。他走得比我们快，所以不久就离开我们先行了。我知道了这位摩拉维兄弟曾想在维哈鲁森逗留一些时候，有些印第安人邀约他再度访问该地。6 月 12 日是一个星期日，天空下着雨，我们仍留在帐篷中，思考此行的意义。我的第一动机是出乎爱心，盼望能和印第安人同在一起住些时候，或者因此能了解他们的生活方式及精神面貌，从而获得一些教益；或者他们将因为我在他们当中顺从真理的领导而得到某些益助。还有，主既然选择在这战乱时期领我出来，又遇雨湿天气，旅行更增困难，我相信在这种情形下更能增加我对他们的同情心。我的眼睛仰望着慈悲的天父，谦恭地盼望知道他的旨意，因此心中平静满足。

我们向导的马匹夜间没有拴好，跑掉了，我们骑马去找，发现那匹马的蹄迹是往来路回去的，我的同伴在雨中赶回去寻找，约七小时后才把它找了回来。我们于是又在林中过夜，睡前把马匹都拴好了，天快亮的时候才解开它们，让它们吃草料。

6月13日，天晴，我们继续前行，当经过那荒芜的山区之时我心中在默想自英国人来到这里之后，土著人生活情况的改变。沿海一带的土地便于渔业，靠近河流的土地则多肥沃，且潮水起落，很少有山岭障碍，交通方便。有些地方的土著人把这样的宝地便宜地售给白人，有的人则被强大的武力从这些地方逐出。他们的衣着也与之前大不相同。他们离我们颇远，必须经过沼泽、沙漠那些行旅艰难的地区，把他们的皮货带来售卖。由于英国移民的扩充，同时由于英国猎户数目的增加，土著人所赖以谋生的野兽也就不如从前多了，而且有人为了自己的利益，引诱他们贱价出售皮货，以换取酒，叫他们走上了毁灭自己和毁灭家庭的道路。

这时候我自己的意志和愿望都破灭了，我的心恳切地转向主，在目前的危险中只能仰望他的帮助。在旅行中我观察到英国人聚居于沿海一带。他们所占有的优越地位和土著人以及我们当中的奴隶们的可怜处境等种种情形都出现在我眼前。我的心中有了一种沉重和神圣的关切之感，我心中充满着对全人类的爱，觉得当主还在向我们施赐怜恤之时，我们应当忠诚于他，遵行普遍的正义。即对非基督教的外邦人，不管是从非洲来的黑人，还是本土的印第安人，都不可加以欺侮。这时候我严谨地省察自己，究竟我个人对于一切煽动纷扰或制造战争之事，不管是在本土或是在非洲，是否完全没有责任。我立志从此以后凡事必谨守真理，为人行事符合真正的基督徒的简单朴素的方式。在这一次寂寞的旅行中，我常常想到那种谬误风气的盛行，心中极为悲伤。英国人既然处于繁荣及优越的地位，便应当始终以神的慈爱及智慧作为行事的指引，不辜负那以平等对待全人类的良善、慈爱及全能之神的美意。可是他们奢侈贪婪，有邪恶暴行，令人伤心。我心中深觉大灾难和毁灭的种子已在本土散播滋长，因此以不可言喻的忧伤之心盼望我们这些人居住于沿海一带。我已经找不到足够合适的词语来表达我的感受，这些被我们驱逐到沿海一带的人，尝试体会到上帝的慈爱良善，能够倚靠他的力量奋起做忠心的使者，努力遏制这类种子的滋长，叫它们不至于成熟到把我们的子孙都毁灭了。

抵达怀俄明州印第安人的居住区之后，听说一两天前有一个印第安传讯人带来消息，说西部印第安人占领英国人的堡垒，杀伤人民，并企图攻占另一个堡垒。在我们抵达这里的前夜，半夜时候另一个印第安传讯人从距离维哈鲁森约十英里的一个小镇前来，说有些印第安武士从远地抵达，携带着两个英国人的首级，并宣布与英国人的战斗正在进行中。

我们的向导带我们去见一个年纪很大的人。我们刚把行李卸下，另一个印第安人从远处而来。知道有人走近门口我就出去了。那人有一把斧子，藏在里衣看不见的地方。我走近他时他就挥了出来，我仍然上前，友善地同他说话，相信他懂得一点英语。这时候我的同伴出来了，我们就同他谈起此次访问的目的。于是他和我们一同走进屋里，与我们的向导谈了些话，很快就变得友好起来，坐下吸烟。虽然我靠近他时他把斧子拿在手中，样子颇不自然，但我相信他的用意只在防备意外的攻击。

听见了印第安报讯者传来的消息，并知道怀俄明州的印第安人日内即将移居到较大市镇，我想从表面情形来看，此时旅行的确甚险。在一天艰辛的旅行之后，夜间我内心十分痛苦，回想当初是怎样开展这一次的访问工作的。虽然我为了自己偶尔的软弱忧伤，却找不出做了故意违背神旨的事。我既已明白来此是负有使命的，乃觉心灵迫切，求主指示我所应该做的。在这深切的痛苦中，我很担忧自己是为了名誉，是为了要人家相信我是一个能冒险的坚毅人物，或是为了恐怕此行徒劳无功，面上没有光彩。我就这样整夜反复思考（我的同伴睡在我旁边），直到恩慈的天父看见了我内心的矛盾，赐给我安静的心。于是我重新得到奉献生命的力量，并把一切有关之事都托付在他手中，然后安眠到天亮。

6月14日，我们出发访问所有住在附近的印第安人，一共约二十人。他们多半住在离我们约一英里之遥的地方，我向他们表达善意，并告诉他们是真爱使我愿意离开自己的家，来访问他们，和他们谈话。他们当中有些人懂得英语，态度颇为友善。辞别了这些印第安人后，我们沿萨斯奎汉纳河而上约三英里，到了一个名叫雅各的印第安人的家。他刚宰了他的猪，而女人们正在收藏食物，准备向河岸上游移动。我们的向导前次从上游下来时把他们的独木舟留在这里，因干燥而有了裂孔。为此我们逗留此地好几个钟头，有了机会和这一家人长谈；后来又和他们共进餐饭，并赠送了他们一点小礼物。这以后我们把行李放在船上，有些人慢慢地把船向上游推，其他的人则乘马。我们让马匹游过一个名叫拉哈瓦哈妙克的河湾，选了一块比较高的野地搭起了帐篷，夜间下起了阵雨。上帝在我身处患难时帮助我，在磨炼中支持我，叫我的心信赖于他，他如此善良，使我在他面前谦恭地低头，当夜我舒舒服服地睡了一觉。

6月15日，我们继续前行，下午遇到了暴雨。我们的独木舟在指定地点等着我们，我们就留此过夜。大雨连续不停地下，水冲过帐幕，人和行李都湿透了。第二天我们在路上发现前夜的风雨吹倒了许多树木，这叫我们想起主的恩眷，他在暴风雨袭击下为我们在山谷中提供了一个安全的地方。一路上我们常为倒塌的树木所阻，经过沼泽地带时更觉艰难。这一天我不时想到自己是世上的旅人，只因相信上帝必扶他的子民度过今世的日子，心中备觉安慰，深盼能够达到那完全顺从的境界。

我们只在指定的地方才能看见我们的小舟，因为我们多半走在离河遥远的旱路上。今天下午从维哈鲁森来的一个名叫乔布·齐拉卫的印第安人在河上和我们相见，这人能说流利的英语，和费城及其附近的一些人相识。他因为知道我们将在什么地方宿夜，故意退回六英里路，于夜间来到我们住的地方。不久我们的小舟到了，是人们辛辛苦苦地推到上游来的。齐拉卫告诉我们，昨天有一个印第安人仓促地来到他们镇上，告诉他们几天之前有三个武士从远地而来，投宿于维哈鲁森附近的一个村镇，这三人是往朱尼亚塔去攻击英国人的。齐拉卫是要到沙莫金某商店去的。在旅途中我身体健康，可是由于所经历的各种困难和生活上的重大改变，乃渐觉不支。那些印第安武士已很靠近我们，究竟我们会不会掉在他们手中这事，正在考验着我的信心。虽然由于神爱的力量，我曾数次奉献自身，愿意由神支配，但仍然觉得需要更多新的力量，叫我能够坚忍不移。为此我向主求助，他就在他的怜恤中赐给我信赖之心，这样我心中又获平静。

6月17日，我们和乔布·齐拉卫分手，继续前行，于午后抵达维哈鲁森。我们最先看见的印第安人是一个温和庄重的妇人，她拿着《圣经》。她先和我们的向导谈话，然后以友好的声音向我们表示欢迎，说是早先已听到了关于我们到来的消息。这时向导让我们坐在一块大木头上，他却往镇上去，通知大家我们已经抵达。我的同伴和我静坐不语，那妇人走过来坐在我们旁边，我们内心喜悦，因觉上帝的爱彰显在我们心中，大可敬畏。不久我们听见了几次吹螺角的声音，之后刻替斯和另一个印第安人来了，殷勤地请我们到靠近镇上的一个屋子去。我们抵达时发现有约六十人静坐在那里。和他们默坐一会儿后我就站立起来，带着爱，我先告诉他们我此行访问的性质，让他们知道为了关心他们的幸福我才不辞跋涉，到此地来看他们。短短的几句话，他们当中有懂英语的就翻译给其他的人听，大家都很愉快。于是我让他们看我的证件，并略加解释。这时那位在路上追过我们的摩拉维兄弟也来了，他向我表示欢迎。但是，那些印第安人知道摩拉维兄弟和我来自不同的教派，因为他们当中的一些人曾经希望摩拉维兄弟来和他们相聚时，我担心聚会时会有冲突。我认为他们已经商量好了，告诉我只要我有要求他们就会随时前来参加聚会。同时他们告诉我摩拉维兄弟将在他们固定的聚会时间，即早晨和傍晚，向他们讲话。这时我心里觉得可以坦白地告诉摩拉维兄弟对这些人的善意，且表示我若在他们聚会时为爱心催迫而发言，相信不至于引起什么不良后果，这样我就无须在另外时间另集聚会。听了我这话之后他表示同意，并愿意我在任何时间都能说出我心中所欲表达的话。

18 日晚上我参加了他们的聚会，会中充满着纯洁的福音之爱，好些人心里也有同感。翻译想把我所说的几句话表达给大家，但似乎颇觉困难。他们当中没有能充分了解英语或特拉华方言的人，所以他们彼此帮助，这样继续下去，神爱充满会中。这时我在心中一直祷告，我告诉翻译我正用心祈求主，相信如果我的祷告是合宜的，他必定会听到，并表示我愿意他们停止翻译。因此我们的聚会在充沛的神爱中结束。当我们走出来的时候，我看见巴普尼汉（一个热心于改革工作的印第安人，他十分具有爱心）向一个翻译说："我想知道那些话语的源头。"

6 月 19 日，一个星期日的早晨，那位和摩拉维同来的印第安人在聚会中祷告，他也是摩拉维教会的会友。之后摩拉维弟兄向大家说了些话。下午他们好些人一起来了，我心中充满着对他们的关切，通过翻译向他们说话。但翻译的人对此道都不甚精通，而我正感觉到爱的力量的奔流，于是我告诉翻译的人不必翻译，相信有些人能够明白我的话。至于那些不能完全听懂的，圣灵必启迪他们的心。我知道这是神施恩的时候，心中充满了爱，在主前满心感恩。我坐下之后，有一位翻译员起立，好像是受圣灵感动，以印第安语将我所说的话译了出来。

今早第一次聚会之前，我就默想过这些由于六国的政策而居住在这一带的印第安人所遇到的各种困难，同情他们的念头油然而生。在基督的爱中，我对他们的友爱之情大为增加，比一个善良之人对他唯一的亲兄弟所遭遇的不幸事件的关心，有过之而无不及。我到此地来经历了无数的苦难，虽然上帝仁慈，且我相信，如果我死在旅途中，对我亦有好处，可是当我软弱之时，想到可能落在印第安武士手中，亦觉恐惧。我的身体原是脆弱的，万一让印第安人俘虏去了，又该怎么办呢？他们体强力壮，能吃苦耐劳，可能会逼迫我做一些不能胜任的苦工。可是主是我唯一的保护者，所以我相信我若被俘，必定有好的结果。因此我常常都是信服上帝的，这样心里就能获得些许平静。虽然目前在我回到家乡的路上还有危险的荒野，但我内心喜乐，因为主赐予我力量，使我得以来此访问，并在我缺乏信心，自觉不如许多印第安人之时，向我显出慈父般的眷爱。

上次所说的聚会结束时已是夜晚，巴普尼汉上床休息了。有一个翻译坐在我旁边，我听见巴普尼汉以一种柔和的声音说了约一两分钟，便询问翻译他在说些什么。翻译答称他在向上帝感谢当天他所得到的恩赐，并祈求他继续将聚会中的经验施赐给他。虽说巴普尼汉先前已同意参加摩拉维派，但他对我们仍甚友善。

6月20日我曾参加两次聚会，均未发言。21日早晨，在聚会上，我心中充满对他们的爱，于是以简短的语句说出心中的话，由一位翻译翻译给大家。聚会在祷告中结束，我谦恭地承认主对我们的慈爱。我也相信有机会等待耶稣基督的忠仆在这些人当中继续工作。这时我觉得任务完了，可以回家了，在聚会上我最后发言，并向大家道别，然后准备上路。有些活跃的人告诉我们，在我们动身时当地居民希望和我们握手道别。那些常来参加聚会的人真的这样做了。这时我突生一种想法，就走近那些不常参加聚会的人，也向他们告别。那位摩拉维兄弟和他的印第安翻译在临别时十分友善。维哈鲁森位于萨斯奎汉纳河岸，约有四十户人家，房子多靠在一起，有的约三十英尺长十八英尺宽，也有较大或较小的。房子的材料多数是木条，一端插在土中，另一端接在一木板上，木板覆以桷木，再盖上树皮。听说去年冬天大水淹没了镇上的大部分，所以有些人现在准备搬家到较高的地方去。

我们原想只有两个印第安人与我们同行，但到了动身之时有许多人要往伯利恒售卖皮货，希望和我们结伴。于是他们把货物装在两只独木舟上，让我们从水路出发。据他们说现在因多雨，河水甚高，骑马的人必须熟识河道，知道何处可以驱马过河。因此我们和几个印第安人坐独木舟，其他七人则骑马。我们在约定的地方相聚，傍晚时分在一条名叫坦克汉娜的小河边宿夜，有些年轻人于天未黑时带着枪出去，不久便带回来一头鹿。

6月22日，我们在天黑以前抵达怀俄明，得知多数印第安人已从这地方搬走了。我们的船开进了一条小湾，我们进入林中，搭起了帐篷，放好行李。天黑之前，我们的马匹也都赶到了。6月23日的早晨，他们把货物装在马背上，我们也整顿行李上路，一行共十四人，途中不多作停留，到艾伦堡的路程就行了一半。从怀俄明到我们边界的这条路上的土地非常贫瘠，草木甚疏，所以印第安人挑了一块较低的草地露宿，好让马匹有草料可吃。我在路上出汗甚多，疲惫至极，熟睡到天亮。夜间我着凉了，幸而不久之后又好多了。

6 月 24 日，我们经过了艾伦堡，在附近的林中露宿。我们三次涉过特拉华河西面的小河，因此避开了蓝山的最高峰，即名为二岭的山峦，这样就缩短了行程。第二次过河的地方是穿过山谷的，河水又急又深，我同伴的马匹比较高大，也颇驯良，所以他让这马来回涉河数次，把其他小马载负的东西都运了过去。正因西行之难，印第安人通过我们边区是不易的，这就是他们乐于同我们结伴旅行的原因——希望因此减少在路上所遇到的突然袭击。6 月 25 日，我们抵达伯利恒，一路上我走在前头，告诉路上和路边的人们这些印第安人是谁。此举的确十分必要，因为边区居民最近常听到印第安人杀害西部英国人的事，对印第安人时刻存有戒心。我们同行中的一些人似乎不曾在聚会中见过，有些起初非常拘谨，但在一起几天之后，我们友善地对待他们，酬答他们在路上对我们的一切帮忙，这样他们就比以前更放松，从而更好交际了。

6 月 26 日，我们小心地和这些印第安朋友们处理了一切有关这次旅行的事务，于是和他们告别，我想分别时他们与我们已有了一定的友情。我们继续前行，到了里奇兰，那是一个星期日，我们和当地的朋友们有了一次很愉快的聚会。在这里我和善良的旅伴本杰明·帕尔文分手。在塞缪尔·福克的陪伴下我们骑马到了约翰·卡德瓦拉德的家，第二天抵达家门，家人都安然无恙。他们和我的朋友看见我从那么危险的旅途平安回来，都很高兴。当我在外时，我力求完全顺服，且经常确信主指派我做的事必能顺利完成。可是现在我必须小心谨慎，利用我所经历的一切磨炼，力求依照天父的美意来造就自己，不至于因为使命的成功而骄傲，而变得自私。在英国人的移民区和维哈鲁森之间只有一条羊肠小径可通过，而路上杂草丛生，树木横躺其间，阻挡住去路，加以山峦、池沼、怪石等各种障碍，旅途艰难，此外又有响尾蛇为害，我们曾击毙了四条。没有到过的人大概不知道这些地方的事。此行我非但学会了忍耐，且知道对上帝要长存感恩之心，他教导我应当同情患难中的同类，也就是那些在生活中陷于窘境的人。

第九章

1763—1769

与一个朋友虔诚地交谈，约定去看望一个叫特里克斯的魔术师；关于1764年在年会上对约翰·史密斯的建议和委员会活动的记录；对真正智慧的实质性思考；拜访芒特霍利、曼斯菲尔德和伯灵顿的教友，以及参加从五月岬到司冠安海岸的聚会；关于约瑟·尼克尔斯和他的追随者的一些描述；和南方诸省的一些蓄奴之人相比，宾夕法尼亚州第一批依靠自己劳动的移民的不同点；访问新泽西州的北部和马里兰州以及宾夕法尼亚州的西部；拜访芒特霍利和马里兰部分地区的教友；关于蓄奴的进一步思考，以及想到一个贩卖奴隶的组织中去进行调查；对一些教友在公民政府任职的思考。

1763年夏秋之交，有一个人来到芒特霍利，这人以前曾印发广告，说他将于某夜在一个酒吧表演各种奇异技艺。届时他果然表演了好些戏法，观众觉得十分稀奇。我知道第二天晚上会重新表演，而观众将于黄昏时分集合，于是也想去看看。我当晚即前往酒吧，告诉负责的人我将在那里待一段时间，他同意了。于是我坐在门边，当看戏法的人来了时，我就和他们讨论这种戏法，听我讲话的人愈来愈多，把门口的座位都坐满了。我以敬畏主的心和他们谈论，努力劝说他们不可浪费时间来观看这类把戏，亦不可拿金钱支持这种对世界没有益处的人，因为此举与基督教的本质正相违背。起初有一人企图辩护，但当思考了《圣经》中的内容，温和地略加辩论之后，他就不再与我争论了。我和他们谈论了约一小时，心中颇觉轻松，于是离开了他们。

1764年9月25日，我们的年会在费城举行，有一位从马尔伯勒来的、年近八旬的忠诚牧师约翰·史密斯，在那天的牧师长老聚会上站起来说话，虽然没有善于雄辩的口才，但却显然是带着基督的爱而发言的。他向朋友们所说的话如下："我入会已60年了，我清楚地记得早期的教友都是一些朴素谦虚的人，他们在聚会中充分表现了爱与悔悟之心。20年后教会逐渐富裕，也就沾染了一些世俗的气息，真正的谦卑日趋减退，聚会也就没有从前那么愉快有益了。40年后教会中好些人的财富增加，他们和他们的儿女都习惯穿戴得华丽。这类奢侈甚至于流行在我们教会中的牧师长老之间，于是圣灵强大的荫庇在我们当中逐渐变得微弱。从表面上看来我们似乎是壮大了，但内心的脆弱和空虚却令人忧伤。"接着他又说道，将来恐怕再也没有参加这种聚会的机会了，因为他知道自己在世的日子无多，恰如慈祥父母临终之时向家人赠言，热切盼望他们长进一样。同样，他满怀爱心地表达对我们的关心，并说在真正的光亮中看见主将带领他的儿女离开那引诱众人堕落的世俗杂物，只是主的忠仆们必须恳切祈求，这事才能得以实现。

9月20日，年会此前所指派访问的季会及月会的委员会，此时向大会提出报告，说在访问中他们发现某些在政府机关中工作的会友，行为与本会所要求的原则不相符合，也有些仍然蓄奴，但这些人依旧在我们的规训委员会上任职，且逐渐在教政上居重要地位，这实在是某些地方支会的弱点，深可担忧。这报告在会中宣读之后，数年来我心中所存的意念又活跃了起来，让我向主呼吁，求他帮助我不会因对人的畏惧而忽略了他所托付的使命。于是我起立，说："报告中所提出的那两种人，就是蓄奴的会友和在政府机关中工作的会友，确是我心中所关怀的。我盼望教友们的一切行为都能使我们相亲相爱。有许多朋友虽然还在蓄奴，但心中也有不安，有时想要释放他们，让他们自由，却会遇到许多障碍。这些人的生活方式和他们每年的开支，都使他们觉得释放奴隶是一件不切实际的事，除非他们改变他们的生活方式。我常常出外旅行，到不同地方参加季会、年会，常常受到教友的招待，这些人每年的花费相当大。几年来我心中常为这些人的沉重担负不安。现在以敬畏主的心提出这个问题，盼望教友们以后对此多加注意。”

今年秋天，我雇用了一个工人，在谈话中知道他是一个参加过本州最近一次战争的士兵。晚上他告诉我，在他被印第安人俘虏的时间里，他看到他的两个同类被印第安人施以酷刑而死。听了这话后我感到无比悲伤，于是就上床睡觉了。第二天早晨醒来以后，我感到一种清晰而鲜明的神圣的爱充斥着我的灵魂，使我重新看见上帝智慧的性质。这种智慧正在带领我们，让我们善用一切精神和物质的恩赐，并知满足。在这种感觉下我写下了下面这几段话——

> 那赐给我生命，并将兽类所不知道的各种需要供给我的主，岂不也赐给我一种比兽类更高的能力，让我知道应当以合适的方法处理事务。且知我若如此，由于他的恩赐，必可得到生活上所需要的一切，只要是在他所指定范围内的，不再加上任何出于恶念的意欲，所以我的灵魂呀，在这险恶的世上，应以这纯粹的智慧作为你的可靠向导。
>
> 骄傲岂不导致虚荣？虚荣岂不滋生贪欲？贪欲岂不使人将己所不欲加在别人身上？凡此种种岂不导致人心如铁石？而铁石之心成熟之时岂不变得恶毒？恶毒的结局岂不是报复，最终把极可怕的痛苦加于同类，并在世界上传播忧伤？
>
> 人类若行为端正，岂不以彼此的快乐为乐？那些能做到的人，却以他们的本领和力量互相伤害，互相毁灭！所以我的灵呀，请记住被

基督所引领的人事事都会平安！

> 他是不是谦卑地降世来保佑你？是不是指引你的行为？活在你的心里，与你同行？那么记住，你是神圣的。接受那白白施赐给你的力量，留心不要养成任何使人好斗的、不明智的和硬心肠的习惯。他是不是以我的身体作为他的宫殿，并把我敬献给他？哦，我必当珍惜这份荣幸，让我的整个生命与之相符！我的灵呀，一定要牢记和平之君是你的主。他把他纯粹的智慧传给他的家族，叫他们过绝对简朴的生活，不冒犯同类中的任何人，请跟随他的步伐！

觉得心中有了启示，我愿意访问本会的教友，特别是我所居住的地方——芒特霍利的教友。1764 年初冬，我将此意向本月会提出，得到赞同，几位教友愿意共同为这事努力。于是我们照计划进行。由于神恩的眷顾，我觉得这是神重新表示对教友们的眷佑。晚冬时节，我又和朋友威廉·琼斯同行访问曼斯菲尔德的教友，这工作更使我感谢主对他的子民所怀的良善。

这时我又盼望能前往访问从五月岬到司冠安沿海附近一带的教友们，同时访问那些还没有崇拜固定的神的人。我和敬爱的朋友本杰明·琼斯同行，也得到朋友们的一致赞同。我们于 1765 年 10 月 24 日出发，旅行十分愉快，由于上帝的良善，我们不时觉得福音已奔流在散居在这一带的人的心中。回来后不久我又与约翰·斯利珀及伊丽莎白·史密斯女士同往访问伯灵顿的教友，当时该地约有五十户人家都是本会会友。天父的恩佑是值得我们谦恭敬拜的，他帮助我们在情感上能够和他们相一致，并增强我们的力量，叫我们带着福音之爱在他们当中努力工作。

这些年来我常想访问马里兰东海岸一带的教友们。我相信我应该步行去访问他们，因为徒步旅行能让我更深切地了解那些在压迫下的奴隶们的处境，同时可以在他们的主人面前树立谦卑的榜样，并避免一些无谓的谈话。时机一旦成熟，我认为应当把这意思向月会提出，在和好友约翰·斯利珀谈话时，我发觉他也有徒步旅行的意向。他告诉我这是他在知道了我的意向之前就想到了的，这样我们就有了相同的意向，于是我们向教友们说明，取得证件，于1766年5月6日出发，先后到威尔明顿、达克·克里克、利特尔·克里克和马得基尔诸地参加聚会。我心常受到神的眷佑，对旅行中所见的人充满爱心。

从马得基尔我们经过乡下走了约三十五英里的路，来到马里兰的塔卡霍，在那里参加了一个聚会，在马沙·克里克亦然。在上述三个聚会之地有许多人跟从一个名叫约瑟·尼克尔斯的传道士。据我所知，这人并不属于任何宗教团体，但所传的道和本会颇为相近。他到处旅行，召集聚会，有好些人参加。听说有些一向加入宗教的人现在跟从了他，成为严谨端庄的人。但我也听说在他的聚会上有些人不太遵守规矩，可是从大体上说我相信这人和他的一些追随者都是忠诚的人，可惜他们当中缺少比较有经验的长老。

这以后我们又前往查普唐克和第三港，到了昆·安妮的家。前几天的气候炎热干燥，我们的旅行没有停息，沿路在各聚会处辛勤工作，于是我觉得身体逐渐衰弱，颇感沮丧。可是想起这次的旅行，和主怎样支持我们的身心，使我们的行程比当初预料得更快，我知道自己强烈地盼望早日结束这次访问是不应该的，而现在身体上的虚弱可说是上帝的恩赐。这样，在痛悔中我感谢慈悲的天父对我的爱，在对他意旨的谦卑顺服中重新奉献我的信赖。

在这一带的旅行中，我不断地思考着那些住在宾夕法尼亚州和新泽西州的教友，其环境与居住于马里兰、维吉尼亚和卡罗来纳州诸地的教友大不相同。宾夕法尼亚州和新泽西州的移民多半早已在英国信奉了我们的教义，并因此遭受过苦难，他们到新大陆后向土著人购买土地，以和平方法亲自耕种，他们的孩子们多数受到教导，要靠自己的劳动生活。我相信，从英国来的教友，很少有移居到南方诸州去的，由于早期那些旅行的教友的忠诚工作，这一带居民中也有许多相信真理的。在这里我记起曾经读过的好些关于早期移民在这些州的战斗的故事，还有许多和土著人争战流血的记载。有些住在这一带的人所遵守的习俗与真理相悖，那些受生命之道的影响参加本教会的人，都在心里经过了极激烈的思想斗争。从宗教改革的历史可以看出每一个时代的进步。最初那些改革者们的公正及明智为以后忠诚的人开辟了道路，可见凡敬畏神，努力于神所指定的公义工作的人，都是神所悦纳的。由于时代的黑暗和风俗的败坏，有些正直的人所达到的不过是以公义的原则支配自己的生活，却不知道这原则在往后的时代会有更进一步的发挥。举例说：在好斗的骄傲的人当中，我相信可能有些人作为被压迫的奴隶的主人们能够知道自己的错误，且由于诚心悔改，立即终止对奴隶的压迫，像父亲一般对待他们，并以身作则，过着谦卑的生活，以温和的态度管理属下，为的是要教导他们的邻居。这样的人，虽未进一步完善，我相信亦能蒙主悦纳。可是这只是开始，那些尊重改革的人认为有必要进一步推进改革，且不仅以身作则，还将采取有效的方法，阻止子孙使用权力来压迫别人。

这时我心再次坚信主（他的慈悲覆庇他所造的一切，他的耳朵倾听被压迫者的呼求）在为人心而感动，让他们离开贪爱财富的欲望，知道该去过谦卑朴素的生活，这样他们就能够看清楚正义的标准，不仅击碎压迫他们的枷锁，还知道他是患难中的力量。

我们越过了彻斯特河，在那里参加了一次聚会，后来又在塞西尔和萨萨弗拉斯参加了聚会。由于身体虚弱，加上心理负担甚大，我觉得这是上帝的神恩，我颇能了解被压迫者的处境。我常想：我所受的痛苦若和基督以及他的许多忠仆所受的痛苦相比，实在是微乎其微。同时我应当感谢，因为他使我知道满足。我们从萨萨弗拉斯直接返家，家人都平安。几个星期来我常回顾这次旅行，虽然觉得自己的贡献非常轻微，但将来热心的传道人在南部诸州为着基督的缘故必将遇到更加艰难的事，可是我心中仍觉愉快，因为我已按照主赐给我的知识和力量，忠诚行事。

1766 年 11 月 13 日，得到本月会教友们的同意后，我和敬爱的朋友本杰明·琼斯结伴，一同出发访问本州北部的朋友。我心存这意原已有一段时间了。我们旅行到哈德威克，带着爱工作，内心殊觉安宁。由于神的恩眷，我对于西南部一带教友们以及他们的奴仆所处的困境更能了解，心中常记挂着他们的事，因此我相信应当到马里兰西海岸一带地方访问他们。从本月会取得证件之后我就和家人告别，心中对真理充满了爱，于1767年4月20日动身，先骑马到费城对岸的渡头，当夜从那里又到德比威廉·霍恩的家。第二天我就独自旅行，来到康科得周会的聚会处。

在这次寂寞的旅行中，我有时觉得灰心，觉得痛苦，但在这一切磨炼中仍蒙主的仁慈保护。现在和教友们坐在一起，我仰望主，等候他的指引。他以他无穷的爱叫我谦卑悔改，并加强我向前走的力量。在这静默的聚会中我的心情好多了。第二天我参加新园的周会，在静坐中感到心灵愉快，感觉主的存在。我又继续前行，参加诺丁汉月会及小不列颠星期日的聚会。当天下午有几位教友来到我的住处，我们有一次小聚会，由于真理的力量，我满心感谢主向我们彰显慈爱。

1767年4月26日，我渡过了萨斯奎汉纳河，见到了一些人，他们生活豪华，却主要由压榨奴隶的劳动力而获得的。我为此事黯然神伤，乃怀着敬畏之心仰望主，盼望我能够得到它的指引，叫我明白我在这些人当中应尽的责任。徒步旅行使我身体疲乏，但心灵方面却甚觉安适。我继续慢慢地前行，身体虚弱，但是我心里却十分愉快。我常常忧伤，一方面因看见世俗陋习和压迫之事如此盛行，另一方面因骄傲与狂妄亦甚猖獗。

在这次独自旅行中，我一直都带着谦卑之心，这一带教会的情况在我眼前都呈现出来，我不禁告诉先知“我因听见而疼痛，因看见而惊惶”。带着这种感觉，我参加了根普地的季会。对于那些以压迫黑奴、剥削黑奴劳动力来维持自己生活的教友们，我觉得应该把我心中所想的坦白地向他们说出。这时那至高者所应许的话又出现在我心中：“我必将万民万族聚来，看见我的荣耀。”同时，基督的受难以及使徒与初期信徒们为了向外邦人传福音所经历的跋涉、苦难，以至于为道而殉的景象，又一一活现在我心中。我按照所领受的力量在爱的精神中工作，自己深为感动。我们对待这些外邦人——黑奴和早期基督徒对待外邦人形成了明显对照。真理的能力战胜了我们，有了这种感觉后，我与当地富有爱心的人想法相同了。聚会结束，大家感谢主以慈爱对待那些卑微的投靠于他的儿女。

第二天有公开的礼拜聚会，有很多人前来参加。在会中我内心恳切地祈求主的帮助，叫我完全顺服，只按照他的引导行事。我果然承蒙帮助，忠心热诚地在他们当中工作，感到内心十分平静，并能安慰那些诚实的人。从这里我又往派派普·克里克及红地去，在这一带参加了数次聚会。主的良善使我的种种烦闷及困扰变成安慰，同时也有益于别人，我常常因此深受感动，愿以感谢之心告诉大家，这确是一次愉快而友爱的旅行访问。

我又前往宾夕法尼亚参加西部季会。在聚会那几天，由于信奉真理，我深受上帝的眷顾，在工作方面我自觉卑微，这样我颇为满足。在礼拜季会结束后，我愿意前往参加妇女的事务会议，参加这会的人数颇多。在这里，耶稣基督的谦卑可作为我们行为的指引，生动地再现在我的面前。当我讲论它的时候，我的爱心增加，这真是圣灵的洗礼啊。从这地方我又前往康科德、米德尔顿、普罗维登斯、哈登菲尔德等地参加聚会，然后返家，家人平安。主在这次旅行中慈爱地保护我，使我不禁产生尊敬感谢之心。

1767 年 9 月 2 日，在得到教友们的赞同后，我出发访问柏克斯北部和费拉地菲亚诸郡的教友们。我于两星期之内参加了 11 次聚会，由于主的良善，使我在教友当中有了工作机会，聚会对我们都大有益助，在主面前我觉得应当谦恭俯首。第二年冬天我又与数位教友出发访问本月会的一些教友，神爱的工作使我们的访问大有助益。

1768 年 5 月 5 日，在主的引领下我离开家乡，取了证件，参加马里兰的聚会，我想：这次旅行不骑马最好。我参加了费城及康科德的季会，然后到切斯特河，和教友渡河参加在西河举行的年会，然后又回到切斯特河，在回家的路上参加了几次聚会。我对这次旅行期盼已久，主好几次在困境中为我开路，叫我敬佩。回来时我觉得心中愉快，因为天父的帮助使我在工作中能够坦白说话，无论对教友们或在公开的聚会上，都是如此。所以我相信我的见证曾感动了许多人。

1769 年 6 月 11 日，近年来我们月会发生了好些事，是关于以正义对待黑奴的事。我渴盼人们能按公道行事，曾在教友当中努力劝导，这样我心里颇觉安定。我思考普世之爱，想起自己过去的行为，不免忧伤。本州法律规定释放奴隶的人仍须在需要时负责维持奴隶的生活。在我年轻时候，有的人不愿意养奴隶终身，却照例把奴隶养到30岁，让他们工作而不给工资。当时我竟也同意这办法，曾与另一教友在执行某亡友的遗嘱时，卖了一个年轻的黑奴，约定主人须在他年达30岁时释放他。卖他所得到的钱用在了亡友的田庄上。

我现在可以谦卑地说，当我在聚会中静坐的时候，仰望着那位不分种族，正在注视着这年轻黑奴的令人敬畏的主时，我觉得对黑奴的事心里很不清楚。我既迫切寻求主的指示，又知道必须对此有所补偿，但不知道应当如何做，直到最近忽然希望前往西印度群岛访问某些地方，并寻求主的引领。关于共同负责之前所说的贩卖黑奴之事，我心中非常沉重，一时间似觉心中为黑云和愁闷所遮蔽。在这种情形下我渴盼得到主的指示，并初次领悟到既然我是贩卖这黑奴、使他比我们自己的孩子多付出劳动的两人之一，所以现在我应当以我的部分财产，为他赎回这九年的后半部分。可是他的时限未到，所以我立下文书，限定自己和另一朋友负责付还该黑奴买主相当于四年半时间的钱，赎回那黑奴——如果那时候他还活着，且能自己维持生活的话。

1769年10月9日，我常觉得我们的教会对于那纯洁公义的标准没有让所有人都明了，如果我们忠实于基督教导的话，就得更明显地谨记这教导。我心既倾向于主，也懂得基督的纯洁的统治。这几年来，看见有些在政界负责执行法律的教友们的行为与公义不尽相符，我殊觉痛心。普爱的启示使我知道若有人相信基督对人的教导，却仍执行了与纯智不相符合的法律，其内心必倾向于黑暗。我心中既然有这种感觉，且对这些朋友深为同情，所以在过去几个月来参加了好几次讨论规训的聚会，向大家表示我对这事的关注。

第十章

1769—1770

身体微恙；为西印度群岛人们的福利而苦恼不安；与教友商量前往拜访西印度群岛的人们；准备动身；关于西印度群岛贸易的思考；拜访完毕，起程回家；参加一些宗教事务；在那里，生病和内心的痛苦。

1769 年 3 月 12 日。好些年来我因为身体虚弱和经常生病而节食，因此身体一天比一天衰弱，已不能像从前那样从容地进行旱路旅行。有时候我敬畏地仰望主而得到帮助。我在主面前光明磊落，只有他握有支配我生死的权力。同时，我对他慈父般的磨炼深为感激，相信我若能谦卑地顺服他，一切都对我有益。当我身体衰弱之时，心里却常常想到西印度群岛的同胞们，深恐有意外阻挠使我无法访问那里。虽然还不知道主是否要我到那地方去，但若有这种呼召的话，我则必须顺从。因为害怕自己不能专心服侍他，我常常恳切地祷告，盼望得到他的保佑。约有一年时间情形颇佳，有一天我在林中散步，心中忽生恐惧，乃迫切呼求慈悲的天父助我守信不渝。之后心中平静，我知道应当将我的情形向月会教友陈明，于是我出示文件并告诉他们说：

“在过去的一些时候我常常想访问西印度群岛，最近这种愿望更为强烈。”在季会和春季全体大会中，我表示在这事上我必须顺从主，没有说其他的话。向上述各有关团体取得证件之后，我觉得自己好像是一个寄居的客人，已摆脱了俗世的障碍。我常在主面前俯首，盼望能得到他的引导。我愿意在这里声明，当我年轻时，我和另一朋友共同负责贩卖那青年黑奴，约定待他30岁时始释放这件事，现在成为我忧伤的源泉。在处理完毕黑奴的事后，我就备妥了海行所需物品，准备动身。听说有一条船可能从费城起航，开往巴巴多斯，我即在伯灵顿和这船的主人接洽，嗣后又为这事到费城见他。他告诉我城里有一位教友，也是这船的船东之一。但我觉得无须前往见他，故即回家。不久我与家人告别，来到费城，和上述第一个船东进行了一次严肃的谈话。

“1769年11月25日，我更加想访问巴巴多斯，似乎也应当叙述一些我所经历的磨炼。在磨炼中有时我备感安慰，因为我自己愿意接受这份考验。

“好些年前我贩卖酒类、糖和蜜糖这些奴隶劳动的产物，那时对这些买卖心中并不觉得不安，只希望对酒类的应用稍加限制，但也并不十分积极地提倡。近年来，随着我对西印度群岛一带迫害奴工的情况更为明了，常想这种情况显然是‘与暗昧之事同行的’（以弗所书5:11)。因此我更愿意完全跟从圣灵的领导，且认为自己从这行生意所获的微利应当用在促进人间正义的事上。这便是我访问巴巴多斯的第一动机。我也相信我所有的部分财产应该用在访问的旅费和其他需要上面。到了我认为应当动身的时候，忽然遇到了严重的阻挠，使我好几个月都备受考验。在这一时期我每天忧伤地寻求主的引领，经常有这样一种和之前的人一样的感觉，他常常自我哀叹，因为主蒙蔽了他的脸。在这种内心的挣扎中，我很同情那些受到奢侈习俗诱惑的人，他们远离了那‘向基督所存纯一清洁的心’（哥林多后书2:3)。有的时候在福音的爱中，我蒙助得以向别人做些教牧工作。

“我心中所关切着，愿意寻求主的指示，即我既然知道那些在西印度从事生产工作的人如何残暴地压迫奴隶，正如安东尼·贝尼泽特在警告大不列颠及其殖民地一书中所描述的，那么，我是不是可以搭乘一条从事西印度贸易的船？

“和迫害者通商贸易而不设法纠正他们的不仁，却只求从这种贸易中获利，必使这些人对自己的行为更加放肆，倒不如以谦虚的态度，表示坚决持守正义。我心中常记起主的先知所传达的一句话：‘他们助恶人一臂之力。’我不妨在这里把有关访问那地方的考虑先行提出。近年来大卫的一个故事常常呈现在我眼前：当大卫和非利士人打仗时，他想得到在敌军后方一口井里的水，他部下的勇士为取悦主人，冒着生命危险深入敌阵取水。

“这并不是因为以色列人缺水喝，却是大卫王一时想尝那口井的水。他后来想起那些勇士冒死前往取水，这水的价值等于是他们的血，因此心受谴责，不喝那水，却将水奠在耶和华面前。我在南方的数次旅行所看见的奴隶被压迫的苦况，和所听到的关于西印度群岛上的白人对待奴隶的残酷，使我心中忧伤。因此我时时警醒自己，要以和平之灵过活，绝对不伤害同胞弟兄。在这种意念之下，有好几年我不愿意尝试西印度群岛榨取奴隶劳动力所生产的糖。

“在这些事上我并不责备弟兄们，只相信那平等地创造人类的仁慈的天父已听见这些被压迫者的呻吟，也准备让一些人对奴隶的处境心生同情。经营或食用那些由奴隶劳动所出产的货物，的确是一个应该值得深思的问题，值得一切跟从基督——和平之君的人更进一步的严肃思考。

“经过长期的忧思之后，我现在觉得可以自由地说出我心中所得的启示，并盼望若主在这事上乐意把他的旨意向他的儿女们作更明显的启示，他们必忠诚地遵从他的带领。

“为了奴隶被压迫及酷待的原因而拒绝食用西印度物产的人的数目是很小的，甚至在真正虔诚的人当中亦不多见。至于那些实行基督徒爱心的人，对此亦不是十分努力。我相信本洲和西印度群岛之间的贸易若一时停顿，许多人必遭受失业之苦。但本洲和西印度居民若真能以正义为重，则彼此间的小规模贸易是合理的。我一考虑到上述诸点，即认为或者应当拒绝乘坐货船，而自租不运载货物之船，但恐怕我们在福音之爱中对正义的努力尚未达到最高峰。如果对西印度的贸易只限于纯粹的智慧范围之内，则旅客所须付出的船费必比现在更高。在经过严肃的思考之后，我认为不应该贪图这种因贸易繁盛而可能获得的小便宜——付出较低廉的船费。我既然一向反对与西印度增加通商贸易，此时前往该地，自当比别人付出更多船费才是。"

前述的第一个船东读了这篇文章之后，和我同往会见另一个船东，他也读了我的文章，接着我们进行了深入的交谈，使我觉得我自己在至高者面前谦恭俯首。最后他们当中一人问我是否愿意同往看看那船。我因为不想去，于是回到住处，独自回去休息了。这时候我正接受着严峻的考验，在主的面前泪如泉涌，内心呼叫，求主施恩帮助。这不是因为我不愿意顺从主的旨意，乃是因为我仍看不清前面的道路。这时我更觉得自己的软弱需要神的帮助。

有一段时期我不知道该怎么办，恰如在暴风雨中。在这种忧伤中，基督的教训"不要为明天忧虑"闪现在我心头，这样之后我的灵魂归于平静。这时我在城里已经两天了，相信天父的旨意是要我回家去的。于是我在泽西河岸一带访问教友，逗留到船要开行的那一天的早晨。当夜下半夜我躺在床上时心受安慰，觉得主的旨意要我在家再经历一些磨炼。回家后我仍觉得自己好像是一个客人。在纯爱之中，为了见证真理这一问题，我和教友们讨论甚多，这一问题在我心中已经好几年了。记得有一次当我在思考这一问题时，先知以西结的一句话忽然出现："头向何方，他们也随向何方……"对全能者的敬畏使我获得帮助，使我能够履行我的责任。

约数星期之后，上帝的旨意使我患上了肋膜炎。我在床上躺了几天，觉得非常痛苦，不时思考这病将会怎样。最近，我几乎已放弃了今世一切悦乐之事。现在我想若主愿意叫我终止世上的劳苦，使我投在他慈爱的怀抱中，我将欣然接受死的来临。但若他愿意让痛苦继续磨炼我，使我对他的教会有所贡献，我就不愿意死。我当以感谢之心说，对这回的病我心中颇平淡，也不想请医生，认为若上帝的旨意要借外在方法治愈我，他必遣派忠心的教友来照顾我，最后果然如此。教友们的看护虽甚周到，可是我的病愈来愈重，似乎没有复原的希望。有一夜我身体非常痛苦，双足冰冷，冷气向上扩展，几及全身。这时我预料死期已至，不愿让护士加盖毡被。这情况持续了约十个小时，我闭着眼睛推测是否此时灵魂将脱离躯体而去。可是心里清楚，我看见了教会的真实情况。我强烈渴望，要为人类的幸福努力工作。这时我觉得在纯爱之中我还要留在这躯体里面一些时候，按照我的力量，“补满基督患难的缺欠”而为教会工作。于是我要护士给我加盖毡被，觉得舒服多了。第二晚我感触良多，恰有一位好友坐在旁边，因此我要求他把我所说的记下来——

“1770 年 1 月 4 日晨 5 时左右，在主的亮光中我看出日子已近了，那人间最聪明的人必变成最愚拙的；而那支持不义的刚强臂膀将被击碎，正义之敌将发出恐怖的呻吟，遭受重大痛苦。因为那全能者将起来施行审判，为被压迫者申冤。他命令我把这异象公布出来。”

一星期后，我得到清楚的启示，于是请来一位邻居，写了下面这一段话：

“祷告的地方是最宝贵的住所。因为我已看见圣徒的祷告乃是最宝贵的芳香，我奉命吹出号角，宣布这一信息，使上帝的子民听见，应召而结集于这宝贵的住所中。在那里，圣徒的祷告如同焚香上升，达到上帝及羔羊座前。我看见这祷告圣所极为安全，世界尽管动荡纷扰，它却有了内在的平静。

“在今天，以顺从神的心祷告乃是最可宝贵的：号角已响，召唤教会结集于纯洁的祷告之所，这圣所是安全可靠的。”

第十一章

1772

和塞缪尔·埃姆伦在切斯特上船，前往伦敦；担心船员会遇到危险；考虑在遇到暴风雨的时候，年轻人对海上生活的想法；抵达伦敦。

好长一段时间以来，我一直怀着一种虔诚的想法，准备穿越大西洋，拜访英格兰北部的教友，尤其是约克郡的教友。经过深思熟虑之后，我觉得最好的办法就是：在伯灵顿举行的月会上告知我的教友。他们听到后批准了我的请求并发给我相应的证件。之后，我同样告知了我们的年会，他们也同意了。一段时间之后，在牧师和长老的全体春季聚会上，我觉得，我应该让他们知道我内心虔诚的想法。他们没有异议，也给我颁发了证件。我决定于 1772 年 3 月 24 日出发，直接去拜访大不列颠的教友。

4 月，我想是时候寻找合适的船只了。因为我主要是想去拜访英格兰北部的教友，最好还是乘坐一艘前往利物浦或者怀特黑文的船。在费城，正在思考这个问题的时候，我听说我的好朋友塞缪尔·埃姆伦的父亲也想去伦敦。他乘坐的是一艘叫“玛丽和伊丽莎白”号的船，船的主人是詹姆斯·斯帕克斯和费城的约翰·黑德。我径直往船的操舵室走去，告诉了塞缪尔我的想法。

我的好朋友听了我的想法之后禁不住流下了眼泪，他很高兴我能想到和他共乘一艘船，尽管我是想留在操舵室。我们一起上船，先到了客舱，这是一间宽敞的屋子，然后进入了操舵室。我们坐在箱子上，海员关切地问长问短。船东也过来和我们坐在一起。我开始想到基督，天国的顾问，感觉这个时候我自己的意志屈服了，在主的面前，我的心悔悟。船东建议我们大家到客舱里去坐一下，因为那是一个适宜休憩之地。但是，我想下船，因此没有同意随他而去。我告诉船东，如果乘坐这艘船的话，我觉得我会待在操舵室里，但是对于个中原因我没有做太多的说明。

我回到住宿之地的时候，镇里很多人都知道了这件事。一个教友在我前往操舵室的途中给我带来了极大的不便，这让我万分沮丧。

很快我就上床睡觉了，在主的面前，我心里十分烦恼。那晚入睡后，主向我伸出了援助之手，他的爱让我内心坚强。第二天早晨，我和两位教友一起又上了船，在那里待了一会儿之后，我和塞缪尔·埃姆伦一起去找船东。当时只有塞缪尔在场，我把我在客舱里产生的顾虑告诉了船东。内容如下：

“船的外部，我看见客舱上刻有各种各样的作品和图画。在客舱里，我看见了几种奢华的手工艺品。根据人们的支出，房间走廊所花费的金钱总额与用来装修的花费相关，装修则是为了取悦遵从世界发展规律的人。在这种或者其他情况下，旅客们的钱则积累起来支付这些奢侈品的开销，以及旅客的其他费用。因此，一想到我的钱将用在这些事情上，我就受到了良心的谴责。”

由于思绪已开，我告诉船东，在我的旅途中，我在这片大陆上看到了几次残酷的压迫，为此我的心饱受折磨。长久以来，由于对主的敬畏和敬爱，我走近那些因为压迫而被打垮和深受折磨的人。我常常觉得想要富裕和为子女买房，他们就要遵循世界的习俗和规律。许多人遭到压迫，我灵魂不安，因此对任何事情我都不能静下心来，这些事往往都与纯粹的智慧相悖。

之后，我就前往操舵室，听说约瑟·怀特想要见我，我到他的房间去找他。第二天，我回家了，在家待了两夜。第二天早晨一大早我就与家人分别，感觉到上帝谦卑的手的抚摸，有机会和我几个要好的朋友去了费城，他们好像很关心我要乘坐的船的糟糕条件。因为这些机会，由于主的仁慈，我谦恭地等待他的帮助。教友们都表示，他们希望我能找到一个比操舵室更加方便的地方。他们没有催促我，只是让我接近主。

在费城待了两天之后，第三天我参加了德比的月会，在那里由于主的厚爱，我对出席的年轻人爱心大发，这样有助于我的心变得温柔。我寄宿于威廉·霍恩的家中，之后去了切斯特，在那里我遇到了塞缪尔·埃姆伦，1772 年 5 月 1 日，我们上了船。我独自坐在甲板上，备感满足，因为此行不是我自己的意愿，而是基督的力量使我前行。

5 月 7 日，自从上船以后，天气一直就很恶劣。旅客，如杰姆斯·雷诺兹、约翰·蒂尔、亚当斯、莎拉·洛根以及她的仆人和约翰·比斯法姆都晕船。由于天父的仁慈，我倒没有晕船，但是也不是很舒服。似乎船东和客舱里的旅客对我没有偏见。我们经常在甲板上相遇，有时也在客舱见面。由于主的仁慈的帮助，我的心相当警惕和平静，为此我十分感激。

由于已经在操舵室住了近一个星期了，我有很多机会可以看见、听到和感受到许多可怜海员的生活和精神面貌。我灵魂上的不安，让我们的子女和年轻人能由于上帝的敬畏而引以为例，指导自己的行为。

由于爱，在众多的船员间，我有很多机会可以与他们自由交谈，让他们开始敬畏主。一天，我们在客舱里相见，由于神圣的爱，在那里我十分悔恨。

我相信乘船与世界上不同的人交流偶尔也是天父的意愿，通过航海锻炼一下年轻人，我相信这样是应该的。但是，如今的世界这般腐化，真可悲啊！贸易方式也是肮脏不堪！这些可怜的少年来到船上学习航海艺术是多么危险啊！五个少年接受训练后来到了这个船上，其中有两个人是在我们的教会中长大的，另外一个叫杰姆斯·内勒的也是。我常常对这些可怜的少年心生怜悯，有时看见他们的血肉之躯，我觉得他们似乎就是我的孩子。

哦！所有的人会留心和提防，以免陷入贪婪！哦！所有的人可能听说过基督，他的心温顺而谦卑！忠诚地跟着他，他会教会我们满足于食物和衣服，而不需要遵从世界的风俗。因此，被上帝救赎后的人对他们的同胞会十分关切，希望那些身处困境的人能得到别人的帮助和激励。还有完全自由，言行一致的船东，他们的作为都会受到主的保佑。

海上的船基本上会整晚航行，因此海员一次要看守四个小时。晚上起来工作，在任何情况下都不是件愉快的事，但是在下雨的黑夜，更是极其糟糕，即使每一个人都准备充分。晚上在甲板上待几个小时以后，如果他们回到操舵室，全身浸湿了，他们马上就把衣服换了下来。由于换衣服不是很方便，再加上没有足够的房间，他们的衣服堆在一起，有时因为太挤了，他们从衣服上踩过，进出他们的住所，有时很难找到他们自己的衣服，这对这些可怜的海员来说都是考验。

现在，在操舵室里与他们相处，我心里十分同情他们。我有了一种想法，那就是所有的船东和船长应该长存上帝之爱，行事正直，减少对财富的渴望，更加关心船员。这样一来，这些可怜的船员们就不会被激怒，因此他们不会烦恼，也不会过度饮用烈性酒。确实，对这些可怜的船员来说，满身潮湿，并掺杂着刺骨的寒冷，他们只有借助烈性酒来满足身体的需求。这个世界需要重大的改革，那些在海上经商的人们也需要进行适当的改革。

5 月 8 日的早晨，乌云密布，狂风从西南方向横卷而来，午时未到，狂风更加大作，航行十分危险。海员们于是把一些帆捆起来，把其他的拆卸下来，暴风愈来愈猛烈，他们把所谓的舷窗盖固定在客舱的窗户上，点上一盏油灯，好像黑夜已至。风越来越大，波涛汹涌，客舱里的气氛严肃到一种可怕的境地，约十七个小时内，客舱里的旅客无数次地要我到操舵室里去避避，我想这些可怜的浑身湿漉漉的辛苦劳作的船员更需要那拥挤的操舵室。他们现在停航了，迎风把船停下来了。

在暴风雨中，由于主的仁慈恩助，我的心一直都顺从我们的主。偶尔，以主的爱的名义，我会告诉同船的乘客关于主的全能。主是如此关心我们，因此麻雀的降临就是主的暗示。我关切地告诉同船的乘客，我们有必要真心地服从天父的指引，有时候天父会让我们经受灾难，从而得到提升。

夜里，大约11时许，我来到了甲板上。海风大作，高高升起的泛着泡沫的浪就像火一样，如果有光看起来就不是很像了。驾驶的船员说他刚才看到了桅杆的上方出现了一个放电光球。我注意到船长命令木匠到甲板上去。尽管他什么也没说，我知道他的意思是让木匠随时准备好斧子，以免出现紧急状况。不久，狂风渐渐减弱了，天还未亮，海员们又扬帆起航了。

5月10日，这是一个星期日，天气甚好，我们在客舱里召开了一个会议，大多数海员都出席了。这个会议对我来说十分重要。13日，我依然住在操舵室里。这天早晨，我又开始想这些可怜的少年学习航海之术多少受到了束缚，因为我相信在这个世界上航海是有用的。灵魂告诉我在这种情况下，海上的贸易需要听取真理纯洁的忠告。如果一位虔诚的父亲担忧他的孩子的永世幸福，内心便不会平静，不会让他接近那些生活腐化而又亵渎神灵的人。至于美德和虔诚，这些海员面临巨大的挑战。由于运输量大，再加上许多都是战船，因此很多人受雇到海上工作，要让少年实现这个目标就十分重要。

我记起了至高者通过先知所说的，“他们是我为自己造的子民；他们要向我唱赞美的诗歌”！想到让孩子们学习航海技术，这和那些受过虔诚教育的人相比，对我来说，就像先知曾经提到过的，“神不应允他们”。

世俗的人十分堕落，而且很暴力。日复一日，夜复一夜，我开始同情这些当海员的可怜的孩子。我时常在操舵室里与他们意味深长地交谈，他们都很尊敬我，而且我和他们相处的时间越长，他们就越尊敬我。大多数人都善意地接受了我的看法。他们深受海员间普遍存有的堕落的影响，以至于可怜的海员的答案让我想起堕落了的犹太人在受到压迫之前，耶利米先知重复的话，“没有希望了”。

由于心里担忧，渴望获得外在财富让我们感到十分痛苦。我强烈地呼吁基督忠实的信徒，尽管生活在一个充满爱的世界里，他们也要留心。他们被人忽视，因而没能忠诚于改革事业。

为了压制每一个出自对金钱的爱的动机，谦卑地等待上帝，知道他对我们将有如何打算看起来十分有必要。上帝足以让我们深入地挖掘，排除我们和安全基础之间的障碍，以此指导我们对外在事物的目标，这样我们在旅途中能够享受纯洁的普世之爱。来自于真理的渴望都是纯洁的。一个人能像神一样对待年轻一代，让他们知道堕落的人对他们的影响极其大，并会在他们之间传播，这样的结果是多么感人呐！在充满危险和困难的世界里，就像荒芜、荆棘的旷野。忠诚的牧羊者，基督的领导是多么宝贵，多么惬意，多么安全啊！牧羊者说："我知道我自己的羊，我也知道我自己！"

5月16日，已经刮了几天的狂风了，海员们所说的愈变愈坏的天气指的就是汹涌的海浪和经常下的大雨。昨晚对可怜的海员们来说极其艰辛，大半个夜晚海水溢过主甲板，有时巨浪打在后甲板上。后半夜，我躺在床上，感受着神圣的爱，我的心无比谦卑。对地球和海洋的伟大创造者的顺从再度影响了我，而且他对子女慈父般的关怀深深感动了我的灵魂。现在，我十分渴望抓住每个机会，去感悟我的同胞所经历过的艰难险阻。我会借着主的爱向世人传播纯粹的正义。我经常听海员说起非洲之行，以及他们是怎样把那些深受压迫的奴隶贩卖到我们国家的。那些奴隶被带上船的时候常常戴着枷锁和脚镣，由于恐惧悲惨的奴役生活，他们心中悲痛至极。因而，我也常常思考这件事。

5月17日，星期日，我们在客舱里召开会议，大部分海员都出席了。在主面前，我的灵魂开始忏悔，因为主的爱深深地影响了我。下午，我同情家中的妻子和家人。我十分希望他们能够行事谦卑，遵从主的领导，这样我们永远的天父就会指引带领他们渡过世上所有的难关。由于主的仁慈恩助，我才可以采纳基督的信仰，让我的家人感受充满爱的真理，为此我衷心地感谢我们伟大的救助者。

5月24日的早晨，空气清新，令人十分惬意。我坐在甲板上，感觉心又开始苏醒了。因为多雨的天气、猛烈的风和窒闷而又糟糕的空气，我的心已经沉睡很久了。最近的几个晚上，我都感觉呼吸困难。我在二更天起来一会儿之后，大约是半夜了，我站了约一个小时。我把脸靠近舱门下面的舱口，以便呼吸到新鲜的空气。舱门基本上都是关闭的，这样一来雨就不会飘进来，有时还会挡住那些破坏性强的巨浪打进操舵室。我会感谢仁慈的天父，因为在我软弱的时候，我的心能支撑我耐心地忍受苦难。我也已经把这种神的安排当做是人类父亲的仁慈。在我的海上之旅中，从某种程度上来说，是他让我体验到了成千上万的同胞经常会遇到的更大的困难。

我越来越没有食欲了，事情也变得越来越糟糕。因为上帝，我觉得呼吸变得更加困难了。他是慰藉的源泉，在我遇到不便的时候，他总是会给予我内在的帮助。我极其渴望他的家人，那些常常感动圣灵的人，能够不要沉迷于对金钱的追求和不要追名逐利。在各个领域，不论是在大陆还是在海上，他们都能够始终如一地坚持这样的看法，即他们地球上的王国的诞生就如在天堂一样，忠诚地追随主的引导，他们就能看见天地万物都在呻吟。今天我们在客舱里召开了会议，大家推选我阅读先知的话，“耶和华是穷人的力量，他们悲痛时急需这份力量”。为此，在主面前我怀着一颗感恩之心。

5 月 28 日，空气潮湿，吹拂着微风，海面渐渐平静下来了。海员抛出了一根绳索，我估计有 100 英寻，但还是没有触到海底。今天早晨雾蒙蒙的。因为人类伟大的保护者的善良，我内心很平静。日复一日，我开始担忧，基督纯洁而又和平的统治会在人类中传播、盛行。

按照那种纯洁的方法，即智慧在世界上没有一席之地，而他们的父母和监护人谦卑地等待神圣的主，如果以方法来引导年轻的一代，就会让他们为真理树立榜样就像耶稣一样。几天来，我一直在想这件事。哦，当灵魂顺从基督的教导，以及上帝关切我们不要倾听陌生人的话，这是多么安全，多么宁静啊！这里，基督感觉就像是我们的牧羊人。在他的引导下，人们生活稳定。在没有他引导我们前往的地方，我们带着对主的纯粹的爱坚强地等待他的到来。

由于人们对金钱的钟爱，生意是允许进行的。那么，一些紧急事件也随之而来，在这种情况下，人们不能领悟上帝对我们的善意和无微不至的关注。上帝的爱，是通过和蔼地呼唤我们走出混乱的状态表达出来的。但是，如果我们不是以基督的名义鞠躬，如果我们不放弃获得财富的机会，而我们在智慧的世界里又可以获得这种机会，就可以在心里说："我必须前进，在前进过程中，我希望我能够像面前的使命所要求的那样向真理的纯洁靠近。"我的心乱成了一团，照进灵魂的生命之光受到了阻碍。

很显然，主呼唤我们一起哀痛，保持一颗谦卑之心，这样一来，由于对他的敬畏，我们可以接受他的指导，平安地渡过目前所遇到的难关并走出迷茫。由于我们全身心地服从，主仁慈地为他的子民开路，他们所有的需求都与主的智慧一致。在这里，我们也感受了先知摩西指出的除污秽之水，把它作为净化罪恶的标准。

据说以扫全身发红，就像一件毛制的衣服。以扫反映了人类的自然意志。在准备除污秽之水的时候，一头没有残疾未曾负轭的小母牛被人们屠杀了。牧师把小母牛的血在集会的礼堂中洒了七遍。然后，它的皮、它的肉，以及所有与之相关的东西都在露天场合下焚烧了，水已经被准备好了要用来调制它的骨灰。因此，这就是对老人的虐待或者对自然意志的摧残。因而，这就和非精神之心，即死亡，相分离。"凡摸了人的死尸，不洁净自己的，就玷污了耶和华的帐幕，他一定就不洁净。"（《民数记》19:13)

如果任何人通过做生意而获得爱，这样他们就像居住在坟墓之间，触摸死尸。他们就会通过上帝无边的爱感受基督将他们钉死在十字架上的力量。因此，他们就会谦卑地学习，并跟随神圣的指引者，这样世界的审判和原则就会被抛诸脑后。我们可以感受那除去污秽的水。尽管我们目睹了屠杀小母牛的过程，又渴望触摸人的死尸，然而在基督净化的爱中，我们受到了除污之水的洗礼。我们从那些事务中解脱出来，从那些利益中解脱出来，从那些与上帝神圣的意志不一致的友谊中解脱出来。此次航行使我再次确定，主用他无边的爱召唤着拜访他的子民，让他们放弃所有对外在财富的占有欲和获取财宝的手段。这样主的圣灵就会在他们的心中获得自由并指引他们通往世界各地。要感知这一点，人必须知道死亡和主的意志。

"没有人会看见上帝，也没有人能依靠上帝而活。"这是全能的神对先知摩西说的，是由保佑我们的救世主说的。由于死亡是跟随我们的意志产生的，我们开始新生活的时候，内心纯净，更能清楚地明白这样一个道理，“清心的人有福了，因为他们必得见神”。内心纯洁的人会像神一样敞开他们的心扉，坚守普世的正义或者天国的正义。“没有人看见过天父，除非他就是上帝，他才看见过天父。”

人们对人生必定很感兴趣，这是一件十分自然的事。在这种自然的活动中，我们有使命，也愿意去进行探索。只要我们这种本能的意志不屈服，只要还有阻碍上帝赐予我们的神圣之光，当我们全身心地去爱我们的主，这种爱就是爱我们的邻居，爱我们自己。以温柔的心对待基督为之死去的所有人，甚至那些，在外在条件下，对我们来说就像犹太人之于撒马利亚人一样的人。“谁是我的邻居呢？”请看我们的救世主对这个问题的回答。(《路可福音》10:30) 出于这种爱，我们可以说耶稣就是我们的主。当我们获得一个崭新的灵魂时，我们所有的生活都变了，那时，所有的东西都是新的，所有的东西都与上帝有关 (《哥林多后书》5:18)，获得财富的渴望也就没那么强烈了。

当目标与真理一致的时候，人们就会变得勤奋，“要心里火热，常常服事主” (《罗马书》12)，这个名字的含义已经向我们表明了。“人们将称他为：上主，我们的正义。” (《耶利米书》23:6) 哦，这个名字是多么宝贵啊！它就像挤出来的药膏。那些童贞之女爱慕我们的救世主。为了促进上帝和平王国的发展，她们愿意忍受困难，就像勇敢无畏的战士。她们也放弃了对钱财的渴望，在她们行使使命的时候，她们相当仔细，不会冒犯任何人，既不会冒犯犹太人也不会冒犯异教徒，或者基督徒。

5 月 31 日，星期日，我们在客舱里聚会，船上几乎所有的人都参加了，约有 30 人。会上慈悲的主用他蔓延的爱支持我们。

6 月 2 日。昨天晚上海员测量出来了海洋的深度，约 70 英寻。今天早晨微风吹拂，空气清新，令人感到十分惬意！我坐在甲板上，内心为基督的爱深深折服，在他面前，我的心开始痛悔。在这种情况下，我在家乡想到要做的工作的前途，从某种程度上说，已经向我昭示，我感觉自己就像一个小孩。我呼唤天父，希望他能保护我。我恭顺地依靠他，因为他的爱，我的心会变得更坚强，等待听到他的忠告。下午，我们看见了英国一个叫利泽德的地方。

一些家禽让旅客们想起了他们在海上吃的食物。我想约有 14 只家禽在海上的暴雨中死了，因为海浪打在后甲板上，大量的家禽于不同时期患病了。我发现，当我们来到特拉华州的时候，公鸡啼叫了。当我们靠近大陆时，它们都没有叫一声，直到我们快到英吉利海岸时，它们才又叫了几次。看到它们在海上时的呆滞表情，以及有一些变消瘦了的情况，我就常常会想起善良的主，他让所有的生灵有了生命，他的爱延伸到去关心麻雀。我相信：只要有上帝的爱全面普及的地方，就会有真正的统治，我们就会关心所有的生灵，我们就会感到我们没有减少动物的生活的甜蜜。伟大的创造者，上帝，让我们来统治这些动物。

6 月 4 日，今天又开始下起了雨，空气潮湿，刮着猛烈的风，天暗得使我们只能看见不远处的路。我发觉我们的海员担心迷失方向，我对航道知道的确实很少。没过多久，天变亮了许多，他们看见了大陆，知道我们所在的位置。因此，慈悲的天父乐意以危险来考验我们，然后时不时仁慈地带领我们走出困境，因而让我们免受危害。我们就能谦卑地并且带着一颗崇敬之心在他面前行走，信任他。大约正午的时候，一个舵手在多佛下船了。我的好朋友塞缪尔·埃姆伦上岸朝伦敦去，陆路还有 72 英里才到伦敦。但是，我待在船上也很安心。

6 月 7 日，星期日，今天早晨空气清新。因为潮水，我们躺在金属带上，和船上的伙伴开道别会。在会上，我怀着一颗炽烈的心关心他们，希望他们能够得到基督的救赎。泰晤士河上迎面吹来了风。有时候我躺在金属带上，看见很多船经过，一些船抛锚了。我有很多机会感受那大部分还活着的可怜而又困惑的海员的想法。那些海员大多都堕落，这令人十分惋惜，我的心深受影响，我很难把我的感觉告诉别人。

总之，现在这种海上生活与虔诚的教育不大相符。如此多的腐败使人极度地远离上帝，对年轻一代来说是极其危险的，我对他们十分关心。这些海上的少年也许可以接受到与目前不同的教育，我们所有熟悉福音纯粹精神的人都会把这件事情铭记在心，都会记住那些令人惋惜的堕落，这是在穿越海洋运送货物时产生的。因为基督的爱，我们没有去过那种挑剔、骄奢淫逸以及奢侈的生活。我们多少学会了要感到满足，而且一路上，我们的海上生活符合真理。

第十二章

1772

参加伦敦的年会；然后前往约克郡；参加在赫特福德、沃威克、牛津、诺丁汉、约克以及威斯特摩兰举行的季会和其他一些聚会；回到约克郡；一些有益的记录和信件；听闻威廉·亨特去世的消息；对他的评价；作者最后的疾病以及在约克与世长辞。

1772年6月8日，我们踏上了伦敦的土地，我径直朝牧师和长老的年会走去。我想聚会已经开始半个小时了。

在会上，我虔诚地忏悔。下午，开始讨论一些事务，由于休会，持续了近一个星期。在这些会议上，我多么希望在符合真理的纯洁生活中，与教友建立关系。在牧师会议上，我更加关注他们的事务。在几次公开礼拜会上，我发现我的心和这些参加年会的忠诚的牧师在真爱上联结在一起了。15日，我去参加了赫特福德的季会。

7月1日，我参加了谢林顿、北安普敦、班伯里和希普顿等地举行的季会，其间还参加了许多会议。我的心拜倒在了上帝的仁心下。我的心经常为真爱感动，这些真爱包括牧师长老间的爱和公共聚会上的爱。由于上帝的善良，我相信真爱会传递给另外一些人，尤其是年轻人。

17 日，我在伯明翰。我之前参加了在考文垂、沃威克、牛津郡以及其他地方举行的会议，我感到上帝谦卑的手抚摸着我。但是，由于主的慈悲，在遇到困难时我内心依然平静如水。

26 日，我继续向北，参加会议。这天到了诺丁汉，上午的聚会十分特殊，由于上帝的爱，我的心也变得温和起来。第二天，我参加了教友家里的聚会，借着主强有力的臂膀，这段时光充满了感恩，令我十分难忘。

8 月 2 日，星期日，我到了谢菲尔德，一个大的内陆城市。上个星期，我参加了很多聚会，内心十分感激上帝对我的支持。9 日，我到了拉什沃思。近来，我遭遇了一些痛苦的事，但是由于上帝越来越关心年轻人，我备觉安慰。

8 月 16 日，星期日，我到了塞特尔。最近，由于内心的贫乏，我总是保持警惕，多愁善感，知道了上帝的想法，从我经历的艰难险阻中，我总是能找到那么一丝宁静。

在很多地方做过调查之后，我发现黑麦的价格约五先令；每蒲式耳小麦八先令；一百二十磅燕麦粉十二先令；每磅羊肉三便士到五便士不等；咸肉七便士到九便士；乳酪四便士到六便士不等；黄油八便士到十便士；一个贫苦人家一年要支付的房租为二十五先令到四十先令，每周支付；烧火用的木材极其匮乏，因而昂贵不堪；一些地方每英担煤两先令六便士，但是，靠近煤矿的就要便宜四分之一。哦，希望富人能关照一下穷人！

伦敦方向的许多郡上，劳动人民的工资基本上都是每天十便士，雇主能赚到足够喝少量啤酒的钱，劳动者能把自己的肚子喂饱。但是，在丰收时节，每天的工资约有一先令，劳动者就能赚足一天的饭钱。在英格兰北部的一些地方，贫穷的劳动者可以在他们工作的地方吃饭，看起来比在伦敦附近的地方更好一些。勤劳的妇女在工厂纺纱，有些人每天可以得到四便士，有些能得到五便士，以及六便士、七便士、八便士、九便士、十便士不等，她们可以在那里居住吃饭。很多穷人主要在英格兰南部和北部赚钱为生，而且很多来自穷困人家的孩子不能接受教育。希望那些富裕的人能把这些事情记在心里！

公共马车常常在24小时内可以向北行驶100英里。我听教友说，在很多地方，马被累死是常事，而且很多马变瞎之后还要被鞭策向前。邮递员从事他们的工作，每一个人都要到达驿站，冬天整夜都要赶路。有些邮递员在冬天的夜晚由于长途跋涉感到十分痛苦，我在好几个地方都听到了他们被冻死的消息。这个世界总是太匆忙，人们总是急于做生意，总是急于获得财富，今天的人们都在大声呻吟。

由于一路上我没有骑马，好几次我都得到了公共马车的帮助，但是没有坐到马车上去。在路上，我也不能把信件交付给邮递员，因为驿站安排得非常固定。至于时间上，一个邮递员要等另一个邮递员来了才能继续行走，而且必须飞快行驶，在漫长而寒冷的冬夜，这些可怜的邮递员得忍受巨大的痛苦。我听说了美国邮递员工作的方式，因而劝告费城的牧师长老大会的教友和伦敦牧师长老年会的教友，没事的时候不要寄信给我。尽管这样一来我就不能经常收到家人的来信，但是，借着上帝的支持，我所追寻的正义也会让我感到满足。

自从踏上这片土地之后，我心中十分悲痛，因为我们教会的成员通过各种交通工具与世界相连。他们很多都前往非洲贩卖奴隶。为了运载这些奴隶，很多人被雇用到他们的工厂工作，他们中许多人都是我们教会的人。早期的教友由于宗教原则拒绝做奢侈品买卖，我们记录了他们的宣言。但是，由于没有以前忠诚了，一些知名的教友退出了教会，一些人更加自由了。我们的教会中有一个人经营、买卖奢侈品，这给很多人造成了不良影响。最后，教友开始穿奢华的衣服，家中摆设奢侈的家具，由少变多，直到奢侈品在我们之间变得普通寻常。

情况越来越差，很多人都看着别人，争相效仿，太多人忽视了真理的纯洁感受。最近几年来，我的心中十分不安，教友们也许知道深层的原因，也许会认真地考虑这件事，并且着手处理其根基、稳固的基础，倾听上帝清晰而肯定的声音。我感觉他的声音没有传播开来，如果那些知道只有善良的人才会追求真理的教友，放弃了对外在财富的占有，只相信上帝，上帝就会仁慈地指引他们在处理与贸易和手工劳动相关的事情时达到忘我的境界。而另外一些拥有大量财富的人则会被当作生活简单朴素的代表，他们支付薪水，比其他地方的人更加自由地雇用劳动力。

8月23日，我到了普雷斯顿帕特里克，并参加了一个愉快的聚会。在教友家里，我非常高兴，他们给我讲述了很多重要的事情。我铭记于心，我可以私下与之交谈，上帝的善良助我们度过了一段充满爱意的时光。

8月26日，我到了威斯特摩郡的乔治·克罗斯菲尔德的家里，我觉得自己有必要写一下以下这些不寻常的事情。

两年半以前，在我生病的那段时间里，我离死亡之门是如此之近，几乎都忘记了自己的名字。那个时候，我极其渴望知道我是谁。我看见南方和西方出现了一大团暗淡无光的物质，我知道了他们就是那些悲痛欲绝的人。我加入到了他们之中，从此以后，我不认为自己是一个独特的人。有好几个小时我都处于这种状态。然后，我听到一个柔软而又动听的声音，这是我听到过的最纯净、最和谐的声音。我想这一定是一个天使在同另一个天使说话，她说："约翰·伍尔曼进入天堂了。"很快我记起来了，我曾经就是约翰·伍尔曼，我确定我的躯体还活着，我渴求知道天使说的话有什么含义。我相信这一定是一位神圣天使的声音，但是这对我来说一直是一个谜。

然后我的灵魂就被带到矿井里，那里的那些受到压迫的可怜的人们正在为那些基督徒挖掘宝藏。我听见他们亵渎基督的名字。那时我极其悲痛，因为基督的名字对我来说弥足珍贵。之后，我得知这些异教徒听说那些压迫他们的人就是基督的追随者，他们还说："如果基督这样对待我们，那么他就是一个残酷的暴君。"

一直以来天使唱的歌就是一个谜。早晨，我的爱妻和其他人来到我跟前，我问他们知不知道我是谁，他们告诉我说我是约翰·伍尔曼。他们以为我神志不清了，因为我没有告诉他们天使对我说的话，也没有跟他们讲太多，而是渴望沉睡，这样我就能解开这个谜。

我因口干而不能开口说话。我移动舌头，它才变得湿润了一些。我一直躺着，最后，我感到一股神奇的力量，让我能说话了。于是我说：“我与基督一同被钉在十字架，不过我还活着。然而，现在活着的不是我，而是基督活在我心里。我现在的血肉之躯是基督，他爱我并把他自己的生命给了我。”然后谜团解开了，我知道了天堂里已经悔改了的罪恶之人十分喜悦。那句“约翰·伍尔曼已经去世了”指的是我的意志泯灭了。

我又恢复了之前的理智，我看见人们在招待别人的时候总是用一些带有世俗荣光的银质容器来衬托他们的桌子，从目前这些事情上看来，我应该提防自己靠这些容器过活。我康复后不久就去参加月会，在一个教友家吃饭，他们把饮料装在银质容器里，而不是其他材质的容器。我想喝点什么，我含泪告诉了他们我的事，他差人给我喝装在其他容器里的饮料。之后我在美国和英国的教友家里遇到了几次相同的事。我有理由带着谦卑的崇敬之心感谢天父的慈爱，他保护我，让我的心一如既往的温柔。我相信没有人会反对我所说的那些话。

此次病后，我有近一年的时间没有在公共礼拜会上讲话。可是当我参加聚会的时候，我的心与受到压迫的奴隶同在。尽管由于神恩我没有讲话，但是我有好几次都感受到了福音事工在我心中涌流，同情这些人所受到的压迫，我泪流满面，上帝因而赐予了我礼物。自从我感受神恩以来，已经过了很久了，可是那件事还历历在目，我觉得我最好还是把它写下来。

8月30日的早晨我写了一封信，内容如下：

亲爱的朋友：

每当我看到很多穷人听牧师布道，要求他们必须做大量的体力劳动来支持布道的时候，我的心就被深深震撼。我们慈爱的天父在这个国家经常传播纯洁而又合乎福音的道，我由衷地感谢他。我常常会想起处于迫害之下的那些忠诚的人的斗争，现在看来发放纯洁的礼物没有受到外在法律的干扰，这是出于对我们的信任，我们应该表达最衷心的谢意和最真诚的关心。我相当关心，在过去的几十年里，改革工作在这片土地上如此顺利。它会继续下去，并会在这个国家传播出去。它不会因为我们的衣服上布满灰尘而倒退，我们都是受号召而来从事伟大而可贵事业的人。

昨晚，在你不在的那段时间，我得以与你的家人交谈。我非常高兴，看见他们我心里很愉快，在心中我就要把这种感觉讲给你听。

我听说这一地区的人们有一段时间召开会议聚会，主要是关于那些达到了我们要求的教友，这种聚会往往是把几个聚会合在一起举行。我感觉到了团结，在一定程度上，我感觉真理指引着美国的教友。我发现我们生活中所有的奢侈品都与我们不相符。我觉得对你纯真的爱就是自由。

我敬畏地看着这些上帝赐予你的礼物，感觉我们会远离基督的福音，这样来自这个世界灵魂的东西在我们之间就没有任何价值。

你的朋友，

约翰·伍尔曼

我给我的身心放了几天假，和朋友简·克罗斯菲尔德在一起，她曾经去过美国。星期五，我到了威斯特摩兰的肯德尔，30日这天是星期日，我参加了格雷里格聚会。近来，我看到了一些贫穷的人，由于主仁慈地支持，我很有耐心。我十分感激，因为上帝对那些知道悔过的人十分仁慈。

9月6日，星期日，我在康德赛德的一个很大的会议室，里面座无虚席。由于纯爱的流传，我感到内心振奋，我相信其他人也是一样的。

9月13日，我在莱本参加了一个小型的会议，但是镇上的人都来了，会议室里人潮涌动。这段时间我精疲力竭，我相信这是一次有收获的会议。在这里，我听说来自北卡罗来纳州的威廉·亨特到英国来拜访教友，于本月9日因为得了天花在纽卡斯尔去世了。他在还年轻的时候就开始从事牧师工作，因而他的劳动为人称赞。在美国，他游历到了很多地方进行布道。我曾听他公开宣称，他拜访各地都是为了全身心地为基督工作，这样他就不能花费一分钟来让自己快乐，他的话和他的事迹深深地刺激了我。

近来，在潮湿的空气里，我常常行走在城镇和乡村的狭窄的街上，脚下的脏物和垃圾所散发出来的气味多多少少污染了这些密集的城镇的空气，让人感到十分不愉快。因为最近非常虚弱，这些污秽之物让我的身心痛苦。旅途中，我穿的衣服都是染过色的。好几次，我行走的道路上的染料都已经退色了。这激发了我的渴望，人们可能思想纯洁，为人单纯，但他们穿的衣服和住的房子也应干干净净。

一些伟人自己崇尚精美的生活，然而却没有真正普遍地推广洁净的生活方式。染料发明出来的部分原因是为了愉悦人们的眼球，部分是为了掩盖脏污。在这种虚弱的情况下，我在这些肮脏的地方拜访，深受这些不健康气味的影响，更加强烈地感受到这些染色的衣服就是为了掩盖脏污。

我们洗衣服是为了保持衣服芳香干净，但是与真正的干净相对立的是掩藏它们的污秽的行为。为了掩藏我们衣服上的污秽，那种想要掩藏令人厌恶的污秽之物的想法却更加明显了。一个神圣的人才会真正洁净。但是，以使用染料给我们的衣服染上颜色的方法来掩盖污秽看起来似乎不符合诚实的甜蜜。染色之后衣服就没有多大用处了。如果把染料的价值、染色的花费以及对衣服的伤害，这些加在一起，和让衣服保持清香洁净的花费相比，真正的干净肯定大胜一筹。

在去英国的路上，我感受到了心里尘封的指引，我想把它写下来，用来作为基督的牧师应有的职责。

基督作为和平之君，我们只不过是牧师，我们不仅应该考虑第一次出门，而且还要经历那些地方的会议上新的任命。在美国的时候，我就开始准备此次旅行，由于上帝的仁慈，我得以平安地抵达这里，我的心就像一个容器想要通风。到达这里几个星期以后，当我在会上开口讲话时，就像水道上升起了一扇门，水的重量打在了门上。在做这些的时候，我又去拜访了很多人，尤其是年轻人。但是，有时候，我感觉自己既可怜又空虚，然而也有必要召开会议。我生活在纯洁的真理中，我所有辛勤的劳动都是为了监督自己不要为自己牟私利。

我常常在心情低落，不想布道的时候，就可以振作起来，在生灵的意志开始屈服的时候讲话。在这方面，我和那遭受苦难的种子结为一体，在做这些禁欲苦修的事情时，我发现内心十分愉快。由于我一直都十分关心神圣的领导者——上帝，在神恩的笼罩下，有时随之而来的是内心的充实，而且在一些会议上，真理的力量越来越强大，几乎达到了最高的水平。因此，我得到了越来越多的关于依赖的必要性指导，不是在美国的时候出于访问英国的考虑，而是受到了和平之君——基督每日的指导。

最近几次，我在召开会议的时候遇到了一些障碍——不是所有的会议，只是部分会议这样。那就是，我不能像以前那样迅速地把他们召集起来。牧师的工作就是神圣的爱的工作，因此我觉得我们所有的会议都等着这种爱的传播。哦，那神圣的智慧是多么深不可测啊！基督让他的牧师行动起来，而他则在前面指引他们。哦，违背那种可以指引我们到达安全之地的纯洁之心是多么危险啊！基督知道人们的处境，由于合乎福音牧师工作的纯洁之心，基督的仆人会带领他们摆脱那种艰难的处境。基督知道何时该清理这些结果的树枝。哦，我应该记住这些的！那些召开会议的人应该带着纯洁之心行使职责。

有时，我觉得应该振作，但是一种世俗的想法流行于许多人之间，信仰真理的纯粹生活已经不受人欢迎，因此我向前走，不是行走在一条迅速修好的平整的路上，而是蹑足于一条泥泞的路上，那里时不时会有乱石出现，尽管你行走在上面很安全，但是你往往走了一步之后，不知道下一步该如何下脚。如今，我发现完全顺服上帝，面对那些愚蠢的事时，我学会了满足。对于那些卑贱的劳动，那些身份低微、皈依基督的人会找到他们的给养。礼物是纯洁的。当人们的眼睛只是向往理智的时候，眼睛就会明亮，不会有私心。我们很高兴，因为我们为了基督填满了基督剩下的苦难，那就是教堂。

普通人都喜欢流利的口才，很多人热衷于听雄辩的演讲。如果不认真注意这个礼物，那些曾经为了纯洁的福音教牧工作的人，会因为痛苦而越来越疲倦，并且为他们的虚弱感到羞耻。他们生火，用火花包围他们自己，虽行走在光中，却不是正在受难的基督之光，而是点燃他们礼物的火光。

这样一来，那些不再温顺，正在遭受世俗智慧考验的倾听者能够取暖，并且称赞他们的劳动。

在这次旅途中，我想到，我们这些牧师应该保持温顺，感受合乎真理的生活。在这种生活中，我们不能有愿望，只能跟从基督，与基督同在，这样在他受难的时候，我们就能与他一同受苦，而且绝不要妄想统治他，而是基督用他精神的美德让我们复活。

原出版后记

1772年10月7日，约翰·伍尔曼在英国约克与世长辞。他最后的日子记录在以下的选段里：

1773年3月24日和25日在约克举行的季会上，约克郡的教友发出声明。这声明是关于来自北美新泽西州芒特霍利的约翰·伍尔曼，他于1772年10月7日在城郊托马斯·普林斯特曼教友的家中长眠于世，于10月9日葬于教友的坟地里，享年52岁。

我们重要的朋友，出于宗教的原因，来拜访我们国家的教友，尤其是来拜访英国北部的教友，与我们在一起。和在国内一样，他完全同意和同情他英国的朋友和同胞。他出现的时候带着他从月会和季会那里得到的证书，也有从在宾夕法尼亚州的费城和新泽西举行的春季牧师长老会议那里得到的证书。

他于去年年会刚开始的时候抵达伦敦，参加完年会之后，他向北而去，一路上参加了赫特福德郡、白金汉郡、北安普敦郡、牛津郡和伍斯特郡的季会和各种各样的会议。

他参加了西部的许多会议，也参加了在兰开夏郡和威斯特摩兰举行的会议，然后他于去年9月参加了我们的季会。尽管身体欠佳，但是除了最后一次会议，他依然参加了季会的所有会议。

他身体的虚弱使他染上了天花，并迅速恶化。尽管非常痛苦，但他温顺、耐心而且像基督一样刚毅。对那些在他生病期间照顾过他的人，他满怀神圣的爱，在这种珍贵的影响下，我们相信他已经完成了他的事业，进入永世的天堂。

在他刚生病的时候，他请一个教友为他写遗嘱，然后说道：

“哦，主！我的主啊！黑暗惊愕的恐惧笼罩着我，我看不见前行的路。我感受到我远离了神圣和谐同胞的悲惨，我不能承受，我崩溃了。我抬起我的手，伸出我的臂膀，但是没有一个人帮助我。我环顾四周，一片惊愕。哦，主啊！我无比悲痛！我记得你无所不能，我叫你天父，我觉得我是爱你的。在你的意愿里，我保持安静。我等待你的解救，你同情我，然而却没有人帮助我。我看见了忍受苦难时的温顺经常在你的儿子身上表现出来，我无比感动。你教会我跟随他，我说：‘哦，天父啊，你会完成你的事业的。’”

还有许多关于他的重要印象会添加在这里，但是这被认为是不必要的，因为它们已经出版了。

隐思录

Some Fruits Of Solitude

〔英〕 威廉·佩恩

主编序言

威廉·佩恩是宾夕法尼亚州的创始人。其父威廉·佩恩爵士是英国一位杰出的海军上将。威廉·佩恩出生于1644年，童年时期崇尚虔诚主义并对田径运动有极大兴趣，后因其标新立异的行为，被牛津大学开除。离开大学之后，威廉·佩恩游历了欧洲大陆，参加海军并学习法律知识。1667年，威廉·佩恩成为贵格会成员，次年，因其攻击当时的正统学说而被判关入伦敦塔。在监禁期间，威廉·佩恩完成了著名的阐述自我牺牲的专著——《无苦即无乐》。出狱之后，威廉·佩恩不时再度入狱，直到他最终将目光投向美国——一个受迫害者的避难所。1682年，威廉·佩恩获得特许状，被任命为东新泽西州和宾夕法尼亚州的业主和州长。他以宗教信仰自由为基础，起草了殖民地《宪法》。之后，他扬帆前往新的领地。在两年之内，德国、荷兰、斯堪的纳维亚以及英国的移民大量移居至此，殖民地人口的数量迅速增加。这两年之后，威廉·佩恩回到英国，与詹姆斯二世（他相信詹姆斯二世诚心推崇其宗教自由观点）谈判，这次谈判却使得人们对威廉·佩恩的动机以及人格产生了误解。1688年革命期间，威廉·佩恩被视为詹姆斯二世党人，但后来得到威廉三世的友善对待，得以继续布道和写作。1699

年，威廉·佩恩再次回到美国，打算常驻美国。但是两年后，为了抗议他管辖的州成为英国直辖殖民地，他返回了英国。英女王安妮亲切接待了他，威廉·佩恩此后一直住在英国，直至1718年逝世。

佩恩的长篇著作在很大程度上是有争议的，而且通常关注的都是一些过时的、无关紧要的问题。然而，他对贵格会教义的阐释和捍卫始终意义重大。此处出版的《隐思录》，结合富兰克林的敏锐常识和伍尔曼的精神高度，精辟地评论了人类生活。

查尔斯·艾略特

原出版序言

读者朋友们，我要呈现给大家的这本册子，名叫《隐思录》，是作者隐居时的一些心得。尽管隐居能使我们获益良多，但如今已鲜有隐士。这本小册子的一部分是严肃思考的结果，另一部分则是灵光闪现而出的。我记录这些思想的初衷纯粹是个人兴趣，现在出版此作则是希望能对人类的言行有所帮助和指导。

这部小册子的作者为他能隐退而深深地感谢上帝，他亲吻上帝那温柔的双手，感谢上帝赐他隐退的机会。尽管世人皆以为隐居寂寥空虚，但他却从不那样认为。

如今，作者拥有了可以自由安排的时间，这是他未有过的财富。在这片天地中，他审视自己，审视世界，去发现曾经错过的令人陶醉的风景；思考什么可以做，什么应当修正，什么应该避免；反思他人的疏忽或是不当之处，反思社会与政府，也反思家庭与个人。

他决心，如果能再活一次，他不仅要感谢上帝的恩典、更好地侍奉上帝，也要对邻里以及自己更好。他坚信，来生他肯定比今生过得更好，而不会如今生这样虚度时光。虽然他可能并不是世界上最糟糕，或最无所事事的人，也可能并不是最年长的，但是请听他说说他的感想——不要浪费一丁点儿属于你的时间！

我们最易于浪费的莫过于时间了！然而讽刺的是，时间却又是我们最渴求的东西！没有时间，我们将什么都做不了。我们最想得到的是时间，但我们最不懂如何对待的也正是它。上帝已经严格计算过该给我们多少时间——我们最终得到的时间并不多！

我希望每个人都能够认真反思自己是怎样耗费掉一生的。你把时间都花费在哪些方面，一生所得又是什么？对于上帝、邻里以及自己，你投入了多少时间，又换来了什么，你算过这笔账吗？这笔账才暗含着人生最深刻的智慧和最伟大的觉醒。

每个人只有一次活在这个世界上的机会，浪费掉上帝赋予我们的天赋是可悲的。想到这一点，你就会对自己的生活有所反思。既然人类因为懂得思考和反思而成为高等物种，那么，当人类放弃这一能力，岂不是比低等动物还要愚蠢？仔细想一想，我们没有一件事能够做到尽善尽美，我们能够改进的空间很大。

我们对上帝的杰作——大自然——了解甚少。我们误解教育的本质，去追求虚假的知识。我们兴趣易变，生活混乱，毫无秩序——这些本是上帝的恩赐，现在却成了负担。我们错误地理解幸福的真谛，无法善待生活，更找不到生活的乐趣。

直到有人劝说我们停下来，站到一旁，远离喧闹的人群，使匆忙的世界暂停下来。当我们冷静地看待一切的时候，我们才能正确地评判自己，才会发现自己真实的痛苦。

适当的退隐是上帝给我们的巨大奖赏，它能帮助我们看清这个世界以及我们自己。当你冷静下来之后，你会看到我们的世界处于极大的疯狂中，而我们自己则一直处于一种混沌状态。

读者朋友，无论你是年轻还是年老，当你看到这本小册子的时候，请将过去的混沌翻过——这个时间刚好，既不太早也不太晚。在你谨慎地回顾你的过去时，请一定要铭记那些可能对你有消极影响的人生阅历，以便在今后的行为中予以改正。这样做，对现在和将来都好。

在这本小册子里，作者并不想故作姿态地对读者诸君指手画脚，而是出于仁慈和关爱。在这部主题庞杂的作品中，作者表现出非法的理性和睿智的思考。希望这些思考的果实会成为你感悟生命，思索人生的钥匙。

无论你是家长还是孩子、是国君还是臣民、是主人还是仆人、是单身或是已婚、是公众人物还是普通百姓，也无论你刻薄还是高尚、富有还是贫穷、繁荣还是萧条、安宁还是纷扰、群居还是独处，不管你喜好什么厌恶什么、实践什么履行什么，你都会从这本小册子中发现以下对你有用的道理和帮助。在这本书中，有些东西是值得你关注和警惕的，接受它们，改正不足吧！

反思与箴言

第一部

无知

1.很多人在这个世界上走了一遭，但却自始至终都不曾了解自己，也不曾了解这个他们存在过的世界。这真是一件令人遗憾的事。

2.如果一个人参观了温莎城堡或是汉普顿宫，却没有看到并且记住它的位置、建筑物、花园、喷泉等构筑成这个美好景致的部分，那不是很奇怪吗？但是，却很少有人了解自己。人们既不了解他们的身体——他们思想的躯壳，世界上最奇特的构造，一座自走的神龛；也不了解创造和哺育这个躯体的世界。而了解这些本应是我们的福利和乐趣。当别人告诉我们上帝以有形的事物来彰显无形的真意时，我们对此无可怀疑，所以我们常常从这些有形之物上发现自己的职责。如果我们按照应该的方式来看待世间万物的话，上帝便是这个世界最伟大而智慧的造物主。

3.世界是一本关于自然事物的伟大而庄严的书卷，满是高级的象形文字。但是，唉！我们究竟认真翻看过其中哪几页呢？这本应是青年应接受的教育，但他们到了20岁开始自立时，对此却还是知之甚少或一无所知。

教育

4.如果教育只能把人培养成为学者，而不是真正意义上的人，我们也会觉得苦恼的。如果把他们教得只会要嘴皮子，实际却什么都不懂，这才是真正的伪善啊！

5.孩子们最初能够明白的，是那些可感知的事物。对于这种基础教育，我们无能为力。

6.我们太急于让他们记忆知识，背单词和语法规则，他们因此困惑而紧张，背上了思想包袱。学习语法和修辞，以及一两种奇怪语言，可能十有八九是用不着的。我们将他们的天赋用在机械学和物理学上，却忽略了培养他们的自然知识，而自然知识本该给他们的整个生命带来极大的益处和欢乐。

7.我们的确不应轻视或者忽略对语言的学习，但是，对自然知识的学习还是应该优先的。

8.孩子们宁愿制作工具或者玩具，宁愿玩泥巴、画画、搭积木，也不愿费神学习得体讲话的规矩。实际上，只要我们有更好的判断力，自然就能把握这些规则，所费功夫和时间还更少。

9.如果我们从自然万物中去了解大自然，并且按照自然规律行事，这是令人非常愉快的。自然规律不多，而且浅显，但却是最合理的。

10.让我们从她的起点出发，跟随她的脚步，达到她的终点，这样我们就一定会成为优秀的自然主义者。

11.上帝的造物——苍穹、大地、山河，以及分别生活于其间的各种各样、不可胜数的居民——对我们而言不再是谜题。我们将更好地理解他们的繁衍、习性、规律、情感爱憎，以及它们的用途、益处和有趣的事情。这些生命虽然转瞬即逝，但他们可感知。通过他们，永恒的智慧、力量、王权以及美德变得显而易见。世界承载着造物主的标识，可见之处皆为印记，聪慧的孩子能轻易读懂其特性。

12.如果上帝在创世之初更好地研究了解人类的话，就会用一种伟大的方法警告和引导人类去合理地利用这个世界。

13.因为，当伟大的造物主注视着人类的面孔以及每一寸肌肤时，他还怎会有勇气去践踏大自然呢?

14.无知使人愚钝，愚钝促使人践踏上帝创造的万物。而世间万物都有神的印记，回响着神的声音，只要用心观察，就能发现。

15.遗憾的是，孩子们在学校使用的课本，不是由那些好奇仔细的自然学家或机械专家编写的，用的也不是拉丁语。他们本应在学习语言的同时也学习事理，而通过这些事理，学习语言也会更加容易。

16.许多称职的园丁和农夫对其职业都没有什么理性的认识，就如大多数工匠并不了解其优秀工艺的原理一样。但是，自然主义者和技师如果在行动和思想上能保持一致，就能同时掌握理论和实践，这是非常值得称道的。否则，他也不能被称作一个真正的自然主义者或技师。

17.最后，如果人类是“世界”这本书的的索引或摘要，那么，如同哲学家所说的，我们只有好好品读自己才能了解世界。但是，由于我们完全无视造物之力的特质（这些特质如此清晰地印刻在我们身上，印刻在这个世界上，也最能体现我们是怎样的人，又应该成为怎样的人），我们甚至都不了解自己的天赋：我们自己的天赋是一面镜子，透过这面镜子，我们能看到真正的教导和令人愉悦的多样性，这本是在大自然中才能观察到的。是那崇高而睿智的造物之力创造了这一切。

傲慢

18.我们常常易于自满，而不是感谢上帝，感谢他赋予了我们价值。但是，正是因为上帝，我们才能够毫无理性地自满自得。因为，我们根本没有所谓的“自己的东西”。不，我们的自身也不属于我们自己，因为我们都只不过是租户而已，只是在任意地向上帝租用自己、租用上帝伟大农场的其余部分——这个世界。

19.但是，据我看来，如果我们在有生之年都对自己懵懂无知，对上帝无知，对上帝赋予我们的义务和责任无知的话，我们就无法回答自己和我们的造物主。

20.如果一件礼物的价值在于换取接受者的义务和回报，那么，对礼物视而不见的人，也将不知如何珍视礼物、珍视送礼者。

21.这就是人类对自身的无知。他根本不知该如何评判造物主，因为他根本不知如何评价造物主的创造力。若我们细看上帝的这件作品，这可爱的构造，以及这背后的故事；各种组成部分及其顺序、功能和所属；餐具，消化系统及其带来的些许变化在整个身体内部，通过内在细微的通道，营养被摄取和传播，动物本能就此被激发，并伴随着无可比拟的敏捷动作使所有部位各司其职，快速进食。最后，理性灵魂是如何在动物本能里适得其所，如同动物本能在躯体里适得其所一样。若只考虑这罕有的构造，以及其他器官，毫无疑问人类更能意识到上帝的力量、智慧和恩德，以及上帝赋予人类的责任。但是，若他了解自己的灵魂，它高贵的官能，它与身体的融合，它的本性与终结，以及保存人性的力量，他便会仰慕万能的上帝。但是，对他而言，自身只是一个陌生的矛盾体。但这种矛盾不是生而有之，而是源于腐败堕落。

22.他会迫使其他人服从他，即使是他的同类；但是，他不会服从上帝，尽管是高高在上的上帝创造了他。

23.他的权威将毫无损失，丝毫不减。他对妻子诙谐幽默[①]，对孩子拳脚相向，对仆人愤怒不满，对邻居严苛古板，对侮辱冒犯睚眦必报。但是，抛开这一切，他只是一个人，是上帝未完成的作品，比起他对他人的严苛和不耐烦，上帝对待他是如此有耐心。

24.他格外注重身体的清洁、打扮和香味，但对灵魂不管不顾。前者须耗费大量时间，而后者只在瞬息之间。可以给前者一年换三四套西装，而后者仍旧衣衫褴褛。

25.如果他接近或是看到一位伟人，看到一切都那样井井有条，他会感到何等开心与向往？他又将以怎样的敬意和言辞去与这位伟人攀谈呢？但他对上帝的热爱却是何等干瘪刻板和不情愿啊。

---

① 性格变幻莫测。

26.祷告时他说，您的意志得以贯彻。但实际上他是在指他自己的意志，至少行动上是如此。

27.司空见惯的是：源于上帝终于世界。但是，上帝是好人的归宿，是他的全部。

奢华

28.如今我们变得很讲究，不吃廉价的肉，不喝乏味[1]的烈酒，一定要给身体最美味的佳肴，然而，灵魂却饱受饥饿或是仅以腐败之物为食。

29.简而言之，人类竭尽全力去装扮一所空房子，却几乎没有内在配置可向人推荐。这便是买椟还珠吧，租用七年之后便成了遗产。揭去其无所不知的伪善面具，人类便是如此荒诞。

轻率

30.人类所有自寻的烦恼都是由于欠缺考虑。因为考虑再三的想法往往和最初的想法大相径庭，没有大量的思考和更正，前者很难被肯定。然而，这明智的提醒对之后的行为通常没有太大影响。

31.也许我们会说，我们的不幸源于自身，因为我们所做的任何事都不是非做不可的，然而我们虽然知道，却还是会去做。

失望和顺从

32.那些失望的事，不是由我们的愚蠢行为造成的，而是来自天国的实验与修正。但是，如果这些事被证明是由我们的不足造成的，那便是我们的错。

33.抱怨这些事也于事无补，这不过是对伟的大造物主发牢骚罢了。如果我们看清这些事体现了上帝的意志，并对上帝的旨意谦卑顺从的话，我们就能将淡水变成美酒，将大爱和怜悯争取到我们这一方。

---

① 变了味的。

34.如果只看到失去的东西，只会徒增烦恼。然而，想到我们还幸运地拥有剩下的一切，激动不已的心就会慢慢冷却，那些愤愤不平也会变成心存感激。

35.若不是上帝的意志，我们的头发就不能落向地面，我们自己以及其他物质都是如此。

36.无论我们跌落得多重，上帝总会伸出手臂搀扶。

37.即使救世主的热情已消失殆尽，他的怜悯之情也会长存于此，他绝不会舍弃那些谦卑的信徒。在上帝身上，他们得到的胜过曾失去的一切。

低声抱怨

38.介意我们身体的欲望都是它们自己的，这合理吗？既然我们的一切都属于全能的上帝，那么在上帝有需要时，难道不能拥有属于自己的东西吗？

39.不满足不仅仅是不感恩的表现，而且是不公平的表现。因为我们既不为我们拥有的时间而感恩，也没有诚实地利用时间——即使我们能够抓住时间。

40.但是我们很难从那样的镜子里，在尘世以那样的距离来看待万物。这样做是我们的职责、我们的智慧以及我们的荣耀。

吹毛求疵

41.我们总是冒失地指责别人，而不是自己。没有什么比敏锐地抓住别人的过错更能显示我们的软弱了——我们以此来掩盖自己的失误。

42.当邻人的行为大白于天下，我们总有足够的聪明才智，快速而挑剔地去吹毛求疵，甚至找出别人的失败和弱点。但是我们对自己的弱点却没有看法，或毫无感觉。

43.这些大都出自邪恶之天性，和对我们自己过高的估量。因为我们热爱闲逛胜过爱家，喜欢责难不幸的人们，而不是保护和帮助他们。

44.在这种情况下，有人暴露了他们的恶意心态，和面对不幸的小聪明；而其他人则显示了他们的公平，他们能够树立起一种榜样。但是很少有人——或是无人——显示他们的慈悲，尤其是涉及金钱的时候。

45.你将看见一位年老的守财奴带着刻板的庄严神态出现，非常严厉地对待那些沮丧的人，并为他自己的吝啬找借口。他将或已经将自己的钱包排除在所有问题之外。财富就是他的正义。他说："这就是你浪费的结果"(可怜的家伙，好像贪婪不是一种过错似的)，或"这是你的项目的后果"，又或是"抓了一桩大生意的结果。"他自己也会做同样的事，虽然冒险投资已经给他带来了回报，但他却没有勇气将手中的钱拿出太多去冒险。谚语说得好："堕落不能纠正罪恶。"

46.若有助人的心思，方有指责的权利。否则就是残忍，而非正义。

仁慈的限度

47.对能力之外的不主动借出，亦不拒绝借出，尤其当对他人的帮助多过对你的损害时。

48.如果你的债务人诚实能干，你拿到还款时，即使数量没有增加，也会有感谢。如果他无力还债，别因此毁了他，这样做是不会让你毁于损失的。因为你不过是个服务员，而你的债务人是你的业主、主人和法官。

49.你的行为越是仁慈，越是能获得更多的慈悲。如果用仁爱的方式处置你那些暂时的财富，你将获得永久的财富、无限的回报。你将发现增值[①]的艺术。

节俭或慷慨

50.节俭如伴之以慷慨，则是好事。前者避免多余的花费，后者将节约下来的用以造福需要帮助的人。只有前者而无后者，是贪婪；只有后者而无前者，是挥霍。两者结合方为杰出的秉性。节俭加慷慨，人间亦成天堂。

51.其若能流行开来，我们将能避免两种极端：短缺和过剩。两者相互

---

① 炼金术士用这个术语来表示贵重金属的增多。

补充，以接近中庸，达到世俗的幸福。

52.贫富差距过大，就应当责问宗教或政府。

53.如果一个国家重视过剩物质，将之作为一种永久税收或慈善的话，救济所将比穷人还多，学校将比学者还多，此外还会给政府省下足够的经费。

54.如果那些穷人是我们慷慨的目标，那么殷勤好客就是好事，否则，就近于奢侈了。

纪律

55.如果你遵纪守法，就会在家里幸福轻松。

56.世人皆应知其责任，万事皆有其时、其地。不管是做还是没做其他事，牢记：上帝与我们同在。

勤劳

57.热爱劳动吧！即使你劳动不是为了食物，也可以为了你的健康。劳动有益于你的身体、你的心灵。劳动让你不至于无所事事。你游手好闲之时，常常做一些比不做更糟的事情。

58.一个花园，一间实验室或一家作坊，改进技术或是培育作物，对那些有闲暇和巧思的人来说，是很好、很有益的消遣。在此，他们远离损友，能与自然、艺术交谈。这些都值得感谢，富有指导意义，保证了身心健康。

节制

59.要想节制，首推节食。为了生存而食，勿要为了食而生存。前一种行为像人，而后者还不如野兽。

60.饮食卫生，不要追求贵重。点菜时，宁要干净，不要精致。

61.食谱再怎么膨胀，也不如一个好的胃口。没有什么比勤劳和节食更能帮助你拥有好胃口。

62.款待时提供很多的食物，以至于上升到摆阔的程度，是令人痛心的愚行，正如把钱花在酱汁里而不是肉上一样浪费。

63.谚语云："吃到刚好，胜过胡吃海塞。"如果说铺张浪费（节日里通常如此）是一种错误，节食当然更好一些。

64.如果你起来时有食欲，坐下时食欲必定也不会太差。

65.除非口渴，否则不要饮酒。如果可以避免，两餐之间也不要饮酒。

66.饮得越少[①]，头脑越清醒，血液越冷静。这对个人性格和工作都有莫大的好处。

67.浓烈的酒有时是好的，但概率很小。烈酒有助于身体，而不是充饥；有助于活跃气氛，而不是一般之用。

68.最普通的东西最有用，这展示了在世界大家庭里，我主的智慧和仁慈。

69.因此，上帝所造的稀罕之物，你不能经常使用，以防万一你颠倒事物的通途与秩序，变得横蛮恣肆。那样的话，对你的祝福就成了诅咒。

70.我们的救世主说，让我们事无遗漏。但是，失去的皆是误用之物。

71.己所不欲，勿施于人。举止要得体，对人要温和。

72.凡事过量皆为病，但酗酒尤为糟糕。它破坏健康，阻塞思维，使人麻木。它泄露秘密，引发争吵，诱发淫秽，使人粗鲁、危险和疯狂。一言以蔽之，醉者非人。因为酗酒之人常常失去理智，而理智正是人与野兽的区别之所在。

衣着

73.追求太多的服饰是另一种浪费的愚行。这个虚荣世界的装饰就正在于让所有赤身露体的人穿上衣服。

74.选衣服时靠自己的眼睛，而不要盲从别人。越是朴素简单越好，既不应奇形怪状，也不应过分时髦。合用得体就好，不要只是为了面子而去

---

① 酒精含量越低。

选择。

75.只要你既干净又温暖，那就够了，因为更多的人也不过是在抢劫穷人，以献媚于蛮横者。

76.据说，在真正的教堂里，国王的女儿集无上光荣于一身。所以，如果我们想要和她在一起，就需要关心我们的心灵，而不是身体。

77.我们得知了真理：温顺和谦逊才是灵魂贵重而迷人的服饰。服饰越是朴素，就越是出众，越是出色，越是闪耀着美丽的光芒。

78.如此的美丽却如此稀少，真是巨大的遗憾啊；而恶之花却如此普遍，恶之花的装扮是淫欲的诱因，但对于爱或美德却是牢笼，而非动力。

美满的婚姻

79.没有爱，就不要结婚。要保证你的爱人确实值得你去爱。

80.如果爱不是你最主要的动机，你很快就会进入对婚姻的疲惫状态，变得不想再履行诺言，而是在禁忌之处寻求欢愉。

81.不必减少享受，但要增加感情。这是我们最基本的热情，当我们缺少它的时候会喜欢它；而当我们拥有它的时候，却会忽视它。

82.这是欲与爱的区别：爱是稳固的，欲是易变的。爱会增加，而情欲会被享受消磨。原因在于：爱源于灵魂的结合，而情欲来自感觉。

83.它们有不同的源起，所以也有不同的结果。爱内敛而深刻，情欲肤浅；情欲短暂，而爱永恒。

84.因为钱财而结合不会有真正的婚姻满足感，因为婚姻的必要条件是有需求。

85.人类通常更关心如何喂养他们的马和狗，而不是他们的孩子。

86.马和狗必须是最纯的品种，有最正的体型，最健的体魄，最强的勇气和良好的饲养条件。但是至于他们自己的后代，他们用钱解决一切问题。有了钱，弯的可以掰直，斜视眼可以变正，还可以治愈疯癫，掩盖愚行，改变不利条件，变换肤色，吹气如兰，挽回荣誉，返老还童，创造奇迹。

87.哦，人类成长后是多么堕落啊！人类——世上最高贵的造物，上帝按自己的形象所创造的作品，错把地球当成了天堂，错把金钱当作上帝来崇拜！

贪婪

88.贪婪是最大的怪兽，是万恶之源。我曾见过有人到死都要节省零钱。“什么？我可不知道拿着药剂师的处方单还要给医生十先令！”。不，他并不是把生命看得比十先令还轻，这样的一个人确实不可能把自己的身价放得那么低，尽管他可能非常贪财，但他宁死都不会承认的。

89.这样的人是“felo de se①”，不配享受基督徒的葬礼。

90.他是个普通的讨厌鬼，一个趟溪流的“Weyer②”，停在了水流中；是一个将被自然规律清除的障碍物。他给邻人唯一的满足，就是让他们明白他拥有的越少越好。因为他总是看起来像在过大斋节，一种“Lay Minim③”从某种意义上讲，堪比法老的瘦黄牛，因为他拥有的对他都没有好处。他通常把衣服穿到完全破损，或是没人能穿。他假装穷人，以避免被抢或征税。看起来，他就像需要救济似的，以此避免任何施舍。他总是晚去市场，以防别人看见他购买最差的货物。但他之所以这样做，是因为那样最便宜。他以下水为食。他的生活对任何人来说都是一种不堪忍受的惩罚。对他而言，没有比让他像别人那样生活更让他受折磨的了。但是他幸福的苦恼在于他永不满足于他所得到的，而且总是害怕失去他不能使用之物。

91.他多么可耻地迷失了自我，成了他仆人的奴隶，把他自己提到了他对创造者尊严的高度！金钱成了这世上钱贩子的上帝、妻子和朋友。

92.但是在婚姻中你是否明智，把人置于金钱之前，把道德置于美貌之前，把心灵置于身体之前？然后你就有了妻子、朋友、伴侣和第二自我——一个能承担和平分烦恼与麻烦的人。

---

① 自杀。

② 水坝。

③ 僧侣发誓奉行永久封斋的命令之一。

93.选择那个珍视你、满意着你的满意、安全着你的安全、危险着你的危险的人吧。你可以向她放心地说出最秘密的想法。妻子兼朋友，那的确是妻子的意义所在。因为她只有一半是妻子，而不是或不能是那样的一个朋友。

94.既然灵魂深处没有性别差异，性就没有差别。它是友谊的目标。

95.看重身体而不是灵魂的人，没有领悟到婚姻关系更好的部分，因此会想要用婚姻生活获得最高尚的安慰。

96.我们感官的要求低，且短暂而易逝，只有精神才能给我们更高、更扩展的欢乐，将我们的幸福置于理智之上，而不受身体所处环境的限制。

97.在精神世界中，我们应当找寻出我们的欢乐，这里场地宽阔，充满多样性，有持久的本质。疾病、贫穷或羞耻都不能动摇它，因为它不受世俗偶发事件的影响。

98.为了满足精神而产生的行为乃是善举，将来会有回报的。他们是他们最爱之人的最爱，他们享受并珍惜精神上的自由，而非肉体上的自由。他们拥有他们前景的全部创造力，上帝最高尚最奇妙的作品和意旨，以及古人的历史。他们是美德的体现和范例。最后，他们的精神和友谊都超于情爱和家庭之上。

99.没有什么比夫妇更加完整、无保留，更加热情、慈爱和真诚，没有什么比他们更加充实和忠诚，也没有什么比成为他们之一更加幸福的了。

100.男人和他的妻子之间除了爱不应有其他任何规矩。权威这东西是针对小孩子和仆人的，不应出现在爱人之间。

101.爱使他们走在了一起，同样，爱是让他们幸福地生活在一起的最好方式。

102.不要像对待仆人一样使唤她，因为只需要工作不到七年，你就可以雇一个仆人了。

103.相爱且相互尊重的丈夫和妻子，能给他们的孩子和仆人以言传身教，孩子和仆人就也会这样做。其他的夫妇因为相互蔑视而失去了家庭里的权威，他们的孩子耳濡目染，也会染上怪癖。

104.不去更细心地保护孩子们的本性是个普遍的错误。孩子们对父母的社交圈子很少有感觉，这对慈爱的父母来说一定是件不太愉快的事情。

105.经常走访、互换礼物、亲密的通信和在交际圈内通婚是保持亲戚间关心和相互喜爱的手段。

友谊

106.友谊是另一件值得我们期望的乐事。我们可以发现友谊的地方不是在家里，或者说没有能在家里找到友谊的。我们应该向外寻求友谊。它是精神的联盟、心灵的婚姻和美德的纽带。

107.没有自由就没有友谊，友谊喜欢自由而不会被关进狭小圈栏的氛围。它会自由地说出来，自由地做出来。在无恶意的地方，友谊也不会作出恶意的行为。不但如此，有友谊存在的地方，只要稍微承认错误，冒犯就很容易被原谅，并且被忘记。

108.朋友是灵魂上的双胞胎，他们支持对方所做的任何事情，也有一致的爱憎。

109.朋友不会独自享乐，也不会独自悲伤。就像能交换身体一样，他们原意同甘共苦，在逆境中相互慰藉。

110.一个人在享受什么，就不会缺少朋友一份。就像早期的基督徒，他们什么东西都共享，除了彼此别无财产。

朋友的品质

111.真正的朋友总是直接地吐露心事，公平地提出建议，有准备地提供帮助，大胆地进行冒险，耐心地接受一切，勇敢地防卫，以及持久不变地保持朋友关系。

112.这些是一个朋友应具备的品质，我们在选择朋友之前必须先找到它们。

113.贪婪、生气、骄傲、嫉妒和夸夸其谈只能带来坏朋友和假朋友。

114.简而言之，像选妻子一样选择朋友，直到生死分离。

115.但是，别让友谊超越了爱情。请让美德约束你的友谊，否则，它就不是友谊，而是邪恶同盟。

116.如果我的兄弟或亲属要成为我的朋友，我会选择他优先于选择陌生人。或者如果是我父母的话，我会对他们提出很少的责任或要求。

117.如果同样需要，且有同样资格的话，那么正如关于感情，我们应该倾向于像对亲戚一样，对于慈善行为，我们也应如此。

谨慎与行动

118.不要轻易结交朋友，以防有可能使关系变淡。那样你会造就一个敌人，而不是好邻居。

119.要矜持，但不要别扭；要严肃，但不要刻板；要大胆，但不要冒失；要谦逊，但不要奴态；要耐心，但不要麻木；要坚持，但不要固执；要欢快，但不要轻浮；宁可甜蜜，不要熟悉；宁可熟悉，不要亲密；只有拥有非常好的理由，方可与极少数人保持亲密。

120.以礼还礼，对于别人的好意，要记得心存感激。

补偿

121.如果你伤害了别人，宁可承认亏欠，不可狡辩。前者能使你赢得原谅；后者则会使得你的错误和由此产生的恶果翻倍。

122.有些人以荣誉的名义反对让步，但不是真正荣誉的事情，坚持了也不是荣誉。

123.敢于承认错误，就不算是错误。因为畏惧才承认错误，是真卑鄙；而完全不担心犯错，是野蛮。

124.我们应该更急于去纠正我们的邻人，而不是去冤枉他；我们不应去审判他，而应让他自己反省。

125.为了真正的荣誉，人们会三倍赔偿损失，而不是用一个人的错误来为另一个人辩护。

126.在这样的论战中，有人这样说就太普通不过了："两者都应受责备！”此以宽恕他们自己的冷漠，那基本是一种摇摆不定的态度。其他人会叫道“他们彼此都很像”，因此把受伤害的和犯错的联系起来，来为错误粉饰，或掩盖他们对被错误对待一方的非正义行为。

127.畏惧和利益是诱使人类走向邪路的两大因素。任何一个起了主导作用，判断就被扰乱了。

谈话的规矩

128.避免无益或不必要之会谈，即使有益、有必要，也要少说、最后说。

129.当夸夸其谈是愚行时，沉默是金，而且安全。

130.有些人会愚蠢地打断或参与那种谈话，而不是先倾听和思考，这种行为既粗鲁又傻气。

131.如果你说话前先想两次，效果会好两倍。

132.漫无目的地说话不如不说。适切的谈话要考虑说什么合适，以及什么时候说合适。

133.所有的辩论都应以真理为目的，而不是胜利或不正当的兴趣。应努力使自己有所获益，而不是为了去揭露你的对手。

134.辩论中不能给对手可利用的优势，也不可错失对手提供的优势，那是源自性格的一种好处。

135.不要用自身例子来反对你自己的判断，以此来显示你的机智，这样会显得你对“什么是对的”太漠不关心。也不要为了故意为难某人或是练习辩论技巧而反对他。传递信息或接受信息，才应该是谈话的目的。

136.人们关心他们的荣誉甚至多过了关心其原因。

雄辩

137.辩术很美，也蕴含真理，但它更多时候往往导致坏结果，而不是好结果。

138.如果能采用恰当的形式，那么口才是描述事实的好办法。措辞贴切，形象自然，口才自然有动人的风采。但有时口才太过矫饰，就脱离了质朴和真相。如果用口才去哄骗意志薄弱者，即使不至于误导真理，也会使之把女仆误作女主人——搞不清主次。

139.女仆当然不会因此而感恩，因为她不需要，也用不着。

140.但过分的精致是应受责备的，因为真理可能因为朴素而受鄙视。

141.这样的奢华只会造成错误的结局，正如那些老饕，美味的酱汁驱使他们继续进食，却不管他们是否有足够的胃口，他们为味觉牺牲，而不是为健康。如果不是巨大的虚荣或某些原罪，这是不可能存在的。

脾气

142.没有什么比冷静更能保证说辞正确的了。因为真理往往更多地受损于捍卫者的激烈态度，而不是对手的辩论。

143.一点真相的样子就可能引起热心关注，有把握的事情也很容易变得热烈，但这是辩论中的弱点，因为热心应用以对抗原罪，而不是人或他们的错误。

真理

144.当你不得不说的时候，请一定要讲真话。因为模棱两可的话约等于撒谎，而撒谎是通向地狱之路。

正义

145.除非基于好的动机，否则不要反对他人；除非隐瞒会更深地伤害他人，否则不要宣传那些可能会伤人的消息。

秘密

146.不探询秘密是明智的，因为正直的人也不会隐藏秘密。

147.相信自己，别人就不会背叛你。

148.即使公开他人的秘密并没有不忠的恶意，仍会损害其利益。

自满

149.绝不要仅为取悦而附和他人。因为那样不仅是奉承，很多时候还意味着虚伪，且会让人认为你奴颜媚骨。也不要为了故意惹恼别人而反对，因为那样会让人觉得你脾气很坏，喜欢挑起事端，这无益于任何人。

手段

150.勿要指责他人以给自己找借口，那样不仅小气，而且不公平。请让真诚和巧思（而不是手段和虚假）成为你的庇护所，因为狡诈的秉性非常接近于无赖。

151.智慧不需要用手段。狡诈之于明智，如同猿猴之于人类。

利益

152.尽管利益不是原则的优点，但它有安全感。世事无常，利益才是更可靠的一方，因为人类每天都把关系和宗教置于利益之后。

153.这是个奇怪的现象，但却非常明显：只要有利可图，跨宗教和脾性的家庭和民族就会联合起来对抗他们自己的宗教和脾性。

154.我们在这个世界上，被自己的感官所束缚。只要“是否他们不应放弃其他所有打算去追求利益”这个问题还会被考虑到，利益对世俗之人来说就不算什么。

询问

155.关注低级错误。可以不喜欢，但要理智地容许。

156.询问是有人性的，盲目顺从却是野蛮的。询问不会失去真相，但真相往往受损于盲目顺从。

157.最有用的真理最简单。我们只要紧靠真理，彼此间的差异就不会扩大。

158.探寻可能收到丰厚回报，信任也可能导致愚蠢行为。避免走极端就是大智慧。

正确安排时间

159.勿要不适当地做任何事。有些人把机智、善良、冷漠、生气、放松、僵硬、妒忌、粗心、谨慎、自信、紧密、开放，全用错了地方。

160.在处理重大事件时，这些情绪都可能导致错误。

161.如果一件事不适合去做，那么它光是对的还不够。哪怕它是正当的，如果不明智，也不值得建议。因为得到而损失的人，甚至不如损失。

知识

162.知识即财富，但判断力却是为明智之士掌管财富的司库。

163.知识渊博但优柔寡断之人往往为他人所用，而不是为自己所用。

164.食欲旺盛而消化不良的人，不会有好体格。

165.有些人就像字典，偶尔可以查询，但他们掌握的知识之间没有联系，也没有什么趣味。

166.知识不够渊博但有判断力的人，对书呆子会有优势。

167.明智之士将所学化为己用，其他人对前人不过是亦步亦趋，或至多是在做搜集工作而已。

风趣

168.风趣是一种快乐而令人印象深刻的表达方式。

169.虽然风趣的表达生动婉转，但也不是经常都很有内容的。

170.所以，风趣比论断更依靠空想，因而更适合娱乐，而不是正事。

171.更风趣一些的人，比那些沉稳之士倒还受欢迎一些。

172.但是，必须承认，风趣能给人以一种感觉上的优势，而且极端受推崇。

173.能把论断以风趣的形式来表达的话，就是最好的演说家。

孝顺

174.如果你要服从，对于一个父亲，一个儿子应该顺从。

175.你父亲生了你，欠你儿女债，权力自然也凌驾于你之上。

176.上帝为大，父母次之，治安官再次之。

177.记住，你因受到父母的爱护和照顾而生出的感恩之心，不应比因他们生下你而生出的感恩之心更少。

178.因此，按照上帝的法令，孩子若叛逆是应被判死罪的，这仅次于崇拜偶像而产生的罪恶，因为普通人若崇拜偶像，就等于宣布他放弃了所有人的父亲——上帝。

179.孝顺父母不仅是我们的责任，也是我们的利益。如果我们从父母那儿接受了生命，通过服从父母，我们延长了生命。因为顺从是承诺的第一戒条。

180.这种义务和血缘关系一样不可断绝。

181.如果我们不能不服从上帝，至少要让父母明白，我们不会拒绝他们的其他任何要求，因为我们不能把来自父母的某些不公平的命令，作为忽视我们责任的借口。他们是我们的父母，我们必须还是他们的孩子。我们不能因为父母而反对上帝，同样，我们也不能因为自己或其他生命而反对我们的父母。

举止

182.生意人如果热爱他自己的安宁生活，就必须忍受很多冒犯。

183.如果我们想舒适安逸，就必须睁一只眼闭一只眼。

184.争论一切可争论的东西将是无穷无尽的。

185.怀有恶意的人并不单单会给他人带来不适，也会给自己带来不适。

许诺

186.不要轻易许诺，但是已许下的诺言就要坚决地执行。

187.匆忙的决定是誓言的实质，同样应当避免。

188.有人说，我绝不会这样做，但是他做了；另一人说，我决心要这样做，但马上就改变了念头，或尽管因为有言在先而去做了，却做得很糟糕。但是，食言似乎比为了守诺而做错事更糟一些。

189.不要给自己带上枷锁，你是自由的，保持自由吧。

190.把自己置于不可能完成的决心之中，然后完成得一塌糊涂，这是人在头脑发热时才会做的事，智慧之士应予以纠正。

忠诚

191.避免所有你不能托付的人，但要尽你最大的努力完成被托付之事。因为粗心即使不是不公平的，也肯定是伤人的。

192.仆人的荣誉是忠诚，但不能没有勤勉和诚实。

193.忠诚使奴隶恢复自由，忠诚使仆人成为子女。

194.好好奖励忠诚的仆人吧；不好的仆人辞掉就是了，不要自寻烦恼。

主人

195.其兼有善良和威信，应多进行御下指导而不是严厉呵斥。

196.如果你的仆人犯了错，努力使他们意识到错误，而不是打击他们的热情。当他敏感的时候，要原谅他。

197.记住他是跟你平等的生命，上帝的慈悲也非你所独享，这非你和他之间的区别。

198.不要让你的孩子们在仆人们面前颐指气使，也不要纵容仆人们，却忽视了你的孩子们。

199.一般来说，要制止流言。如果事情引起了注意，要鼓励批判意见，安慰和补偿受委屈的人。

200.对于孩子，仆人应恳求而不是要求；作为仆人，其还应服从一切命令。

201.虽然家里只有一个男主人、一个女主人，但是仆人应该知道，孩子们有继承权。

仆人

202.对于主人的孩子们的事，如果不合适，不要参与；如果合适，不要拒绝。因为参与不合适的事，是最最不忠诚的行为；而拒绝合理的要求，不仅不合适，而且很无礼。

203.老老实实地、愉快地完成自己的工作。自己的工作完成了，就可以帮助同伴。这样，以后他也可以帮助你。

204.如果想成为优秀的仆人，你一定要真诚。如果欺骗你的主人的话，你就不可能是真诚的仆人。

205.一个主人也许可能被一个仆人以多种方式欺骗，比如在时间、关心、痛苦、钱财、信任等方面。

206.但是，一个真正的仆人却与不忠诚相反：他勤劳、仔细、值得信任。他不传谣言，不泄露秘密，不拒绝痛苦的任务，不受财物的诱惑，也不因为惊吓而畏惧。

207.这样的仆人，侍奉主人犹如侍奉上帝，他迟早会因为他的努力工作而使薪水翻番。

嫉妒

208.不要莫名其妙地去嫉妒别人，因为那样很傻；理智的嫉妒是聪明的。

209.贬低别人的行为甚至伤害别人，其实是在欺骗自己。

210.在工作中非常狡猾并且顾虑重重，和过分自信一样有害。

211.在任何场合，那样的脾气都是胆怯的表现，也是优柔寡断的表现。

212.经验是可靠的向导。拥有一个崇尚实际的头脑，在工作中是一种巨大的幸福。

后代

213.我们太不在意后代，没有考虑他们现在的情况，没有考虑我们的下一代会是什么样子。

214.如果我们想改变世界，就应该先改变自己。我们应教会我们的孩子们不要成为我们的样子，而应成为他们应当成为的样子。

215.我们太容易因为自己的例子而去动摇甚至扭转他们的热情，教他们我们乐意教的，而不是对他们而言最好的。

216.我们的责任是应该关心他们，预防我们的愤怒发泄在他们身上，尤其是那些因为我们的弱点和伤痛而产生的愤怒。因为我们在很大程度上对他们负有责任，也对我们自己负有责任。

217.我们自己也属于那些把世界搅得天翻地覆的人，因为在我们的观念中，金钱至上，美德最后。

218.这不是我们如何给我们的孩子留下东西的问题，而是我们要留给他们什么东西的问题。

219.要记住，就他们性格的成分和属性来看，美德只是补充物，不是最主要的。因此我们看到那些富人和他们的财富比起来，是多么缺乏智慧和善良。

乡村生活

220.乡村生活值得推荐，因为在那里我们可以看见上帝的造物。而在城市，我们看见的是人类的作品。乡村生活比城市生活更值得我们沉思。

221.就如木偶之于人类，婴儿[①]之于孩子们，人类的工作对于上帝的造物来说也是如此。我们是图画，上帝是实物。

222.上帝用造物宣示了他的力量、智慧和善良，但大多数时候人类的作品展示的却是人类的傲慢、愚蠢和贪婪。前者是为了使用，后者则是为了炫耀和满足欲望。

223.乡村是哲学家的花园和书房，他们阅读并深思上帝的力量、智慧和善良。

---

① 玩偶。

224.这是哲学家的精神食粮和研究对象，是给予他们生命和学问的源泉。

225.高高兴兴、轻松淡然地从噪音和谈话中撤离出来，就有了思考的良机和好题目。

226.总之，它是一种原生态——知识和进步的原生态，是人类最早的工作和交易，也是人类最好的生存方式。

技术与工程

227.技术在它有益的时候是好的。苏格拉底贤明地把他的事实和指导意见囿于实践。

228.因此请对工程表示关注，但是不要匆忙地或从总体上鄙视什么事情。

229.宗教会痛苦于两个小偷：冒充者和鄙视者。

230.那些不聪明和不诚实的工程者经常不相信技术，所以最有用、最杰出的发明都无法逃脱无知地讽刺。

231.只推断但不试验的话，技术就不真实。如果代价昂贵地或是冒着危险进行试验，也不是好的办法。

232.正如“众人拾柴火焰高”，多个资金来源可降低试验成本。

勤劳

233.勤劳当然是非常值得推荐的，勤能补拙嘛！

234.耐心和勤奋像信仰一样，是可以移山填海的。

235.有希望就不放弃，但希望不应超过理智，因为希望中包含的欲望多过判断。

236.知道什么时候我们已经做得足够了是很有用的智慧。如果不肯鼓励自己面对种种可能，就会浪费很多时间并产生伤痛。

短暂的幸福

237.善待你所拥有的一切，否则它们就不再跟你好了。

238.不要寻求变得富裕，而应寻求变得快乐。前者躺在钱袋子里，后者活在满足中，这是财富给不了你的东西。

239.我们容易把东西叫错名字。我们会有幸福的运道，也会有痛苦的厄运。痛苦是智慧的源泉，它往往通向永恒的快乐。

240.如果你不快乐，考虑一下你的地位，然后用更加漠视的态度去对待。

241.有事要做且能完成的时候，就要亲自去做。别人如何待你，你就要如何对待别人。这样，你就不会没有短暂的幸福了。

242.大多数时候，幸福因为太多而变糟。妖娆之人消耗幸福，守财奴隐瞒幸福。好人把幸福用于善良的目的，但是这在繁荣盛世很难被发现。

243.宁可慷慨，不要浪费。

244.不要大办宴席，也不要参加宴席。请善待那些穷苦的劳动人民，让他们在偏远的小屋里为你祝福吧。

245.不要主动要求你已拥有的东西，也不要费时于那些不可避免的东西。

246.不要受成功的诱惑去假定什么。很多人由于觊觎得太多反而输了全部。

247.冒更多的险以期待更多，这种行为表明贪婪多过智慧。

248.限定并利用我们的运道，是必须极为谨慎的行为。

249.知道什么时候收手的人太少了，知道如何应用这一点的人就更少了。

250.不轻易参与难以获得的东西是值得提倡的，同样值得提倡的是，不要紧闭财富可以轻易流入之门。

251.不要欺骗你的邻居，也不要占别人的便宜，哪怕人家无知、浪费或迫切需要。因为此种行为近于欺诈，最好的结果也不过是获得不当利益而已。

252.上帝时常审判那些贪婪的富人，让他们忍受痛苦，不停推进财富的欲望，直到财富过量成为折磨或压迫，他们的其余所得都成为毒药。所以，财富快速流失，就像它们快速积聚一样，是不正常的。

尊敬

253.不要因为有钱去敬重任何人，或你自己。也不要因为没钱就看不起你自己或别人。美德才是我们表示尊敬的理由，缺德则是我们蔑视任何人的原因。

254.人就像钟表，是由他的行为来获得评价的。

255.因为金钱而尊敬别人的人，可以在白痴面前卑躬屈膝。

256.如果不能以美德为引导，我们就将选择错误。

257.一个有能力的坏人是一个危险因素，应像躲避瘟疫一样避开他。

258.不要被事物的第一印象所欺骗，应花点时间，避免犯错。

259.表现出来的不一定是真的，聪明人更看重现实。

260.因此，华而不实的时候，要小心！

危险

261.在工作中我们最好不要将任何事物置于危险之中。即使是不可避免的危险也不要冲动，要坚定信心，顺应环境。

262.我们不应杞人忧天，自寻烦恼。如果是我们的错，就要避免再犯。修正如果不是赔偿，就是忏悔。

263.正如一个难到令人绝望的游戏需要一个高手玩家一样，深思熟虑通常能够防止一些事情，这些事情是世上最好的技术都不能修复的。

264.如果获益的可能性并不比受损的可能性更大，聪明人是不会冒险的。

265.为了跑得快，飞起来当然不错，但如果要专门这样做，就是一种虚荣，而不是理性判断的结果。

266.危境中的机智是一种美德，但依靠摆脱危险来炫耀机智则是一种缺点。

诽谤

267.提防心怀恶意的诽谤。诽谤是嫉妒之果，嫉妒是傲慢之果，傲慢是邪恶的产物。晨光之子路西法曾是一位天使，但诽谤使他成为了一条毒蛇、一个魔鬼，这是永善的上帝所憎恶的。

268.美德并不是反对嫉妒的安全保证。人们会贬低他们不会模仿的事物。

269.讨厌那些应当讨厌的东西，但不要仇恨。因为仇恨是恶意的天性，它对人不对事，是原罪在灵魂中引发的最黑暗的性质。

自我节制

270.如果人类能用慈悲来克制容忍那些冒犯自己的人，将会获得幸福的生活。因为那时我们的愤怒将没有原罪，能更好地宣判并教化那些罪人，使其改过自新。

271.不被煽动是最好的，但是如果已经被煽动起来了，不到激情释放殆尽就不要去纠正，因为我们的狂怒导致的每一次打击最后都会落在我们自己身上。

272.如果我们在激情过后只是观察并容忍思考后的理由，那下次遇到类似情形，我们便又会想那样表现自己。

273.我们更倾向于抱怨别人，而不是纠正自己；更倾向于指责别人，而不是原谅别人。

274.我们经常责备那些我们自己都不会改正的事情，这种行为几近不可原谅。我们知道，这能表明、但不会尽我们主人的义务。

275.那些谴责别人的人应该以身作则，或者让他们挨第一块砸来的石头，还有最后一块。

诡计

276.除了诡计本身，没什么事情会需要诡计。真诚之人憎恶诡计。

277.我们必须小心正确地做事，因为正义的审判也可能被非正义地执行。

278.如果很好地权衡的话，环境可以照亮真实的判断。

暴怒

279.暴怒是一种头脑发热的现象，让我们比想象中更脆弱。

280.但是不要想当然，小心一点，它是可以避免的。

281.它比其他任何事情都更能剥夺我们运用判断的能力，因为它扬起了灰尘，我们很难看透。

282.就像酒，摇一摇，沉渣泛起，就很难入口了。

283.很难形容人群中的乌合之众，他们会无理智地掀起骚乱。

284.有时我想，一个感情强烈的人就像弱发条，不能被长时间地锁住。

285.说真的，那些不能承受细小敲打而断裂的东西是不适合使用的。

286.不能听意见，不会自己判断的人，就不能承受矛盾。也许即使他们绞尽脑汁，也依然风马牛不相及。

287.想从反对意见和辩论中筛选出真相，需要好脾气和判断力。

288.但首要的是，应该带着不满来观察，因为他们的暴怒是非常奢侈的。

289.不要为了泄愤而责备，而是要为了指导。

290.因为愤怒而改正的人，会比因为悔恨而改正的人更容易产生报复心理。

291.暴怒比智慧更加放纵，它类似于那些不是为了食欲而是为了味觉而进食的行为。

292.智者和笨蛋的区别在于，智者从整体上判断，笨蛋从片面上判断。

293.希腊人过去常说，所有事情都是由环境决定的。当人们改变一样事物时，它可能变好，也可能变坏。

294.一个人的力量是通过他的负重来展示的。“Bonum Agere，Male Pati， Regis est.①”

---

① 做好事、忍受坏事，是国王的职责。

个人注意事项

295.思考不要带有恶意，但不能没有目的。

296.不要鄙视任何人或任何条件，以防将来落到你自己头上。

297.永远不要挑剔，也不要嘲讽。前者粗鲁，后者讽刺，都是不好的。

298.不要被伤害所挑动而去伤害别人。

299.必须斥责忘恩负义的行为。

300.欲速则不达。

301.不要引诱别人，以防遭报应。

302.不要贸然玩“After-Game①”。因为有时如果错过了现在所拥有的，就失去了一切。

303.机不可失，失不再来。

304.发怒后能补救是好的，但更好的办法是防止发怒。前者能显示你的技巧，后者则更多地现实了智慧。

305.不要在困难或危险的情况下试验你的技巧。

306.不要成为消息闭塞之人，那会让你显得傲慢或愚蠢。

307.虽着布衣，谦逊与知识也能让你胜过傲慢无知的富人。

308.不要鄙视或反对你不了解的事物。

平衡

309.对于我们所从事的事情，为了坚持我们认为合理的东西，我们的关心不能超出其价值，也不能超出理性。

310.颠倒事物的顺序是一种常见的错误：如把方法当作结果，把结果当作方法。

311.宗教和政府都不能避免这种闹剧：宗教经常把结果当作方法，政府经常把方法当作结果。

---

① 为了推翻第一场游戏的结果而进行的第二场游戏。

312.人类总是追寻财富而不是生存之道。穿衣的结果却不是他们穿衣的原因，进餐的结果也不是为了满足胃口，而是为了取悦味觉。类似的事情还包括建筑、家具等等。

313.使我们的尊敬和事物的本质相称是一种伟大的智慧。因为这样我们就不会低估任何事物，也不会做高出其真实价值的事。

314.如果我们忍受小事以获得良好的自控能力，那么我们逐渐将变得习惯于这样做，仿佛那是它们应得的待遇一样。

315.有一句古老的谚语“Maxima bella ex levissimis causis”，意思是“最大的仇恨也曾有最细小的起因”。

316.不管争论的题目是什么，关于“它在我们心中的地位是怎样的”这一点很重要。因为那关系到我们的关注力度，也制约了我们的不满情绪。

317.我们时常因为管理不善而毁了一个很好的事业，这是我们最致命的错误之一。这不是不可能，我们可能在做坏事时心怀好意，但这却不是借口。

318.如果我们知道结果是对的，我们就非常倾向于飞奔而去，越过所有障碍去获得，而不会考虑即使是合法的结果，也可能被不合法地获得。

319.我们要小心使用合理的方法找到合理的事情，他们可能就藏在别人给我们的好处中。

320.有些人有着很麻烦的脾气，就是：如果不能领头，他们就不愿意跟随。他们宁可不做一件事，也不愿事情不按照他们的方式进行，哪怕其他方式非常合适。

321.这是由我们自己的过度膨胀引起的，表明我们过分在意赞扬，甚至超过了对我们认为好的事情能否成功完成的在意。

受欢迎

322.不看到效果，人们就不会更好地看到你的弱点。

323.那些名不副实的人，招致了超过他们能力的期望，一旦败露，他们将声名扫地。

324.应避免受欢迎。受欢迎有很多陷阱，对你自己而言并不总是真的有好处，对其他人来说也具有不确定性。

独处

325.记住这句谚语："Bene qui latuit, bene vixit。"——隐退之人最幸福。

326.如果这是真的，那么国王们和他们的贵族们，所有人都一定是最不快乐的了。因为他们跟自在生活无缘。他们必须娱乐大众，没法享受他们应该享受的乐趣。

327.小人物的优势是他们可以独处，安享天伦之乐，这也是人们能享受的最大的世俗满足了。

328.但是那些把快乐建立在贪婪之上的人，只能把独处作为追求了。我们发现，野心是某些人的天性，正如独处是其他人的选择一样。

政府

329.政府有许多特征。在所有特征里面，最主要的不是自由，而是统治。

330.君王和暴政是两个非常不同的事物：前者靠法律来统治人民，且满足于此；后者靠绝对的意志和权力进行统治。前者叫自由，后者是暴政。

331.君王有来自民众野心的危险，会动摇政体。暴政有来自不良政府的危险，会危及暴君及其家人。

332.对两种情况下的国王来说，不对他们的人民要求过高，这是一种伟大的智慧。因为不管人民是否有权反对他们，随着时间的流逝，他们都一定会尝试治疗，尽管治疗经常被证明比疾病还糟。

333.正义而伟大的国王很幸福，不用顺从君权的人民也很快乐。

334.统治者公平的时候，通常都显得很严厉。尽管占有优势，他也不能让他的子民成为失败者，而自己却从中获益。

335.国王们不能对政府有激愤之心，也不可有超出权益和宗教的不满。

336.警告紧跟权威时，命令无有不从，行政长官也会受到尊重。

337.使人民想着他们在自治，他们就会服从于统治。

338.如果他们应信任的人得到了信任，就不会出问题。

339.在大事上公正的国王，即使偶尔在小事上惹怒人民，也能得到他们的拥护，直到世界尽头。

340.因为人民是国王的政治妻子，必须用智慧管理，而不是用力量来统治。

341.但当行政长官偏袒且管理混乱时，他就失去了在人民心中的权威，给了民众实现他们野心的良机，还给他的人民设下了绊脚石。

342.真的，当一个臣民比国王更受欢迎时，国王就危险了。但同样真实的是：这必定是国王自己的错。因为原本没人比他更有受欢迎的方法、兴趣和理智。

343.有些国王宁愿人民怕他，而不是爱他，这真是不可理解。哪怕他们也能看到畏惧并不能阻止他的子民对他不满意，而爱戴却可以让一个臣民成为国王。

344.当然，基于爱戴的服务能比基于强迫的服从走得更远。

345.罗马人曾有这样的意识：他们把柱子摆在编钟前，献给他们最卓越的领袖和恺撒。

346.此外，经验告诉我们，仁慈可唤起灵魂中更高尚的热情，比起严厉的统治，能给予更好的责任感。

347.法老增加古犹太人的义务，最后得到了什么？——毁灭了他自己。

348.从这个角度上看，国王应该效法上帝：他的慈悲应渗透于所有工作之中。

349.君王和农民在这个世界上的区别在于，根据下面的判断，有优势的君王应该遵守一个趋势。

350.所有事情最后都应指向财富。政府的财富是全体人民的福祉，这无外乎是君王的目标。

351.统治者经常努力用公平的方式获取公平的结果，他们保证了政府的安静轻松。当事情的本质被违反、他们的命令被推翻，就会出现社会动乱。

352.当然，既然君王的行为都在被他国人民看着和听着，他们就应具有伟大的包容心以应对政府的错误。但是政府的大臣们（君王最直接的工具和信心的保证）有太多事情需要负责。一旦他们的个人热情被满足，他们就会误导君王，做出伤害公众的事。

353.政府的大臣们应该承担危险，以此来履行他们的职责。如果君王批驳他们，他们应该遵照法律，并谦卑地辞职。如果恐惧、获利或奉承大行其道，让法律来解决。

354.如果君王不能保留，大臣应受到惩罚。因为人民和君王都不会忍受 Imperium in Imperio①。

355.如果大臣是弱者或坏人，腐蚀了他们的职位，那么选择了他们是君主的错。但如果是他们被自己的职位腐蚀了，那就是他们自己的错。

356.君主治下之民应为君主承担痛苦。这是一条安全而且必要的箴言，"应负责的人还在的时候，就不要去替换政府的首脑。"

357.但是当人人都可能成为原告和法官时，当政府大臣就成了不堪忍受的事。

358.因此，要让那些虚假的原告不再比有罪的大臣更容易逃脱惩罚。

359.让政府的主要成员承受那些没有根据的粗鲁的指责，是对政府的不敬。

360.因此，君王的安全主要来自委员会。可以这样说，成员应该是有能力、有资格的人。

361.谁会派裁缝去打锁，叫铁匠去做衣服？

362.让商人做生意，海员去海军部，旅行家去关心外事，国家的杰出人士管理内务，普通公共的律师建议立法和权力。

363.有三件事足以毁了一个政府：松散、压迫和嫉妒。

364.政府工作如果太懈怠，人民就会堕落。这会毁掉勤奋、引起娇气，激起上帝的反对。

365.压迫会造就贫穷的国家和绝望的人民，人民总会期待改变的契机。

---

① 国中之国。

366.一位年老贤明的国王说，统治人民的人必须公平，必须带着对上帝的敬畏进行统治。

367.嫉妒扰乱政府并分散注意力，妨碍并使政府工作陷入混乱。没有什么比分配不公和奖惩不均更能让统治陷入混乱的了。

368.驱使人民服务是不合理的，同样，有工作的人也不该被剥夺工作机会。

369.如果一个政府没有冒犯人民，人民就不该冒犯政府。

私人生活

370.私人生活是值得推崇的，公众职务的荣誉和收获都不能获得这种舒适的感觉。前者自由而静谧，后者忙碌而吵闹。

371.舒念夫人（Shunamite Woman）的伟大回答是：我住在我的人民之中。

372.过着自由生活的人，既不需要也不会经常穿公众的制服。

373.他们的生存并非充满乐趣，但也没有需要讨好的人。

374.如果说他们不上流，那么他们也不下流。他们不知道君主的微笑，所以也感受不到伟人的烦恼、嫉妒的后果。

375.想要宫廷的快乐，他们也得逃避它的诱惑。

376.总而言之，无公职的人很自在——只承担普通的责任，却主宰了所有剩余的生活。

公共生活

377.公众必须，也将会得到服务。那些做得好的人，值得成为公众荣誉和利益的标志。

378.要做到这点，人们必须要有公众意识，也要有薪水，否则他们就会假公济私。

379.除非政府成员都能用良心履行自己的职责，否则是永远都管理不好的。

资格

380.好的长官要具备五个条件：能力、清白、干练、耐心和公正。

能力

381.不知道自己职责的人，无论他另外还懂些什么，也仍是不合格的，公众也会因他的不专业而蒙受损失。

382.能人也应做到公平，否则政府会因为他们的能力而变得更糟。

清白

383.人心中的贪婪促使他们以权谋私。

384.收取贿赂或报酬，应被看做是对国家的欺骗而予以严惩。

385.让人们有足够的工资，并在危险之时适当提高。

386.让官员靠救济活着是政府的耻辱。但同样的工作，官员拿双薪，也是对公众的羞辱，是无耻行径。

387.拿钱不干活，是官大一级压死人。

干练

388.干练是官员的一项良好品质，受职责控制，而非由收获激发。但关于这个，太多人干练地牟取私利，远超他们的工资。因此，薪水是为了工作，贿赂却是为了更顺利地完成工作。他们分别拿的薪水，一份是政府的，一份是谋求工作快速完成的人给的。

389.干练地完成工作就和官员以普通状态完成工作一样，是职责。

390.拖延比直接伤害更具破坏力。

391.他们常常就这样饿死了那些他们不敢饿死的人。

392.过分成功的人容易变成失败者，因为他投入了双倍的精力，就像那些在房产升值前购买了抵押地产的人一样。

393.我们的法律说得好：拖延正义等于不正义。

394.没有权力和没来得及区别很小。

395.拒绝和加速工作都是好官员的责任和智慧。

耐心

396.耐心是一种普遍的美德，但它在政府的人群中尤显光彩。

397.有些人太骄傲或性急，他们不愿听取他们所应当权衡的意见。

398.还有些人太软弱，他们在办公室的重压下要么沉沦，要么爆发，尽管他们可以带着工资轻快地跑开。

399.工作永远都做不好，说这句话的人们都没正确理解过——没有耐心，工作才会做不好。

400.我们应该帮助那些不幸的人，因而不倾听他们诉苦是一件残忍的事情。当谦卑的受苦人寻求解脱时，恐吓他们是压迫的顶点。

401.有些人的愿望或理想不合理，这也是普遍存在的现象。但在那个时候，我们应该告知，而不是严厉地责骂或拒绝他们。

402.因此，这是一个工作中的人能给出的智慧的例子——遇到不合理或麻烦的情况时，请耐心一些。

403.方法有助于阻止工作中的麻烦。因为好方法能让任务变得简单，防止混乱局面，节约大量时间，指导那些人工作时该做什么和想什么。

公正

404.虽然把公正放在最后，但不代表它是管理者最不重要的品质。

405.在《圣经》里，正直甚至被认为是穷人的一种缺点。但审判中的富人又有多少是正直的？

406.如果我们的同情心不能动摇我们，起码也要防止恐惧、偏见和获利之心动摇我们。

407.正义被正当而盲目地呈现了出来，因为正义分辨不清相关各方的区别。

408.正义必须有一座天平来分辨富人和穷人，大人物和小人物。

409.正义的审判不应由人来引导，而应由理由来引导。

410.在审判中，公正的判决除了法律什么也不依据。国王不比农民更正义，亲戚也不比陌生人更有理。不但如此，敌人也和朋友一样拥有平等的地位。

411.公正是正义的生命，也是政府的生命。

412.它不仅仅是国家的利益，因为私人家庭没有它也不能舒适地生存。

413.父母偏心，子女就不会恭敬顺从；主人偏心，仆人就不会很好地服侍。

414.偏袒即使不是不诚实的，也常常是间接的欺骗。因为偏袒即使不是伤害，也展示了理智所不应有的歪曲，而这是正义所禁止的事情。

415.因为它无理由地取悦其所喜欢的人，所以在判断事件的时候，就无法依据道理。这也证实了一句谚语：乌鸦认为自己的孩子最白。

416.在有些人看来是没错的事儿，发生在另一个人身上却可能被看成犯罪。

417.不但如此，我们自己的行为在别人眼里可能很丑陋，但我们自己却不知道。

418.但偏袒对有些人来说太普通了，以至于当他们有机会使用时，便认识不到别人嘴里说出的他们自己的箴言和原则。

419.偏袒会腐蚀我们对人对物的判断。

420.偏袒比其他任何事情都更能导致政府拉帮结派及家庭不和。

421.它是一种浪费的情绪，少有回报。

422.但是我们往往对这种缺点视而不见。

冷漠

423.冷漠在判断时是好的，在交往时是不好的，在宗教中更是毫无价值。

424.甚至在判断时，我们的冷漠态度也必须是对人而不是对事的。

中立

425.中立不是冷漠，但也有点类似。

426.法官应该冷漠，但他不能说成中立。

427.前者是在审判时保持公平，后者是根本就不想干涉。

428.在法律生效的地方，为了确保万一，最好保持中立。

429.法官若倾向于某一方，就很难从其倾向一方的命运中置身事外，会更多地陷入其中，而不是超脱其上。

430.聪明的中立者不加入任何一方，只以正直的利益引导并调节双方。

431.中立者必须站在和平的制造者的空间。因为不属于任何一方，他才有调解斡旋双方的办法。

结党

432.如果权力或宗教有需要，中立者也必须成为一个懦夫或伪君子。

433.在那样的情况下，我们永远不应退缩或犯错。

434.当讨论我们的权力或宗教问题时，就是我们维护它的最恰当的时机。

435.当邻居有了烦恼，我们也不应老是保持中立。因为虽然干预是一种错误，但助人却是一种责任。

436.我们有做好事的义务，也经常有这种能力和机会。

437.如果连异教徒都会声称我们生来并非为了自己，那么基督徒就更应身体力行。

438.基督的事迹以及他的教义教化了基督徒，他们以基督之名行事。

炫耀

439.做善事的时候你不再愿意默默无闻，对感受到而不是看到的事情不再甘心。

440.审判日寓言故事中的谦卑之人，已经忘记了他们的善行。主啊，我们何时这样做过？

441.以上帝之名行善者虽然不是为了回报，但两者他最终都将得到。

完整的美德

442.一般程度的品德高尚不能使你满足，因为缺少了一个环节整个链条就有缺陷。

443.导致你的无知多于品德高尚的，可能多因为你的个人素质，而不是因为你的宗教观。

444.无知不是罪过，但高尚的品德是用来克服我们邪恶的倾向的。

445.如果你还没能克服你自己独有的弱点，那就算已经没有其他人的缺点了，你还是配不上“美德”二字。

446.贪婪之人抨击挥霍，无神论者反对偶像崇拜，暴君反对叛乱，或者撒谎者反对伪造，醉鬼反对酗酒，都是所谓的“五十步笑百步”。

447.这种责难成功的希望很小，因为没有什么说服力。

448.如果实在不能克服自己的弱点，也永远不要因此而心安理得。

449.没人是被强迫为恶的，都是自愿的。

450.罪恶不是用来引诱，而是用来克服的。

451.什么人在正常思维下会密谋伤害他自己？当人们违背了他们的信念时，就不再是自己了。

452.如果你没有罪，就不要渴望犯罪。如果你没有欲念，就不要拥抱诱惑。不要，甚至不要看，不要想。

453.你不会承受太多痛苦以拯救你的肉体，但请你承担一些痛苦以拯救你的灵魂吧。

宗教

454.宗教是对上帝的敬畏，对善行的展示。而信仰是两者的根源。因为如果没有信仰，我们就不能取悦上帝，也不会畏惧那些我们不相信的东西。

455.魔鬼也相信并知道很多。但区别在于，他们的信仰不是为了爱，顺从也不是为了他们的知识，所以他们不会因此而变得更好。如果我们的信仰是这样的，我们应是他们的教堂，而不是基督的。因为：头之所向，身躯之所往。

456.当基督与我们同在时，他是神圣的、谦逊的、无害的、温顺的、慈悲的；当他离开时，他教会我们什么是我们应该做的。但是基督仍与我们同在，而且借着在我们良心中的他的圣灵，一个鲜活的，永生的传道人还活在我们心中。

457.福音书中的牧师如果被误认为是基督的牧师之一，那么他其实应该是基督的化身。

458.如果他是基督的化身之一，他的知识及行为就和我们所相信的一样好。

459.这个牧师的生活不是基督教义里的模式，是一个唠叨者而不是传道者；是一个江湖庸医，而不是高尚的医生。

460.过去，圣灵把他们变成了牧师。圣灵对他们的影响越大，他们就越适合他们的工作。

461.流水不腐，巡回传教士也是如此，不会像固定传教士那样容易堕落。但如果没人指派，他们是不会动起来的。

462.正如自由地接受基督教诲一般，他们也自由地把基督的教诲传递给普通人。

463.他们不会将此当成交易，良心使他们知道不应这样做。

464.他们不靠交易而活着，却并没有人担心他们的生活。

465.谦逊真实的老师所经历的事情，比他期望的更多。

466.他将满足归为上帝的良善，因此不再寻求获利。

467.因为基督的牧师是基督创造的，他们像基督一样，亦劝人们追随基督。

468.要像基督一样，也就是要成为基督徒。重生是去天国的唯一道路，我们为此而祈祷。

469.因此，让我们等到那一天，我们聆听基督的声音，心灵不再冷漠。

借着他的仆人，借着天意，基督把告诉我们的话放在经文里，放在我们心里，这一切加起来就是：神圣和仁慈。

470.圣詹姆斯论述过这事，虽然简要，但全面而深刻。去拜访那些处于痛苦境地之中的无父之人和寡妇，在浊世中保持纯净，这才是纯粹的宗教，在上帝面前才是纯洁无瑕。这包含于两个词之中：仁慈和虔诚。

471.真正地把这些事情当成目标的人，终会有所成就，并且将获得无比美妙的感觉。

472.因此，你将不会被俗世的无数杂念所愚弄，也不会用口头的信仰、哲学、口舌技巧或天父的知识来评价你自己。但是在这欢乐中，你最懂的上帝，就是吾主。他撒播爱心，正义地存在于这个尘世之上。

473.如果公开崇拜发展得好，是值得称赞的。我们将之归功于上帝和善行的例子。但是我们一定要知道，上帝超脱了时间与空间，他无处不在，无时不在。我们将知道，就我们能力的范围而言，我们的思想和欲望都是与上帝同在的。

474.人们侍奉上帝往往受限于公共法令和个人崇拜。这些人越是狂热，就越是希望能蒙上帝悦纳。

475.上帝是无限的圣灵，无处不在。我们的救世主教育我们崇拜他应崇拜的圣灵和真理，我们如果能明白这点，就能看出这种观念的缺点。

476.因为侍奉上帝涉及我们整个生活中的精神框架，在任何情况下，我们都应显示对上帝旨意的热爱。

477.因为就像战斗中的人们持续暴露在射击范围内一样，尘世中的我们也始终都处在被诱惑的范围内。鉴于这一点，想要避免那些被禁止做的事情，而去做上帝要求我们做的事情，我们就应侍奉上帝。

478.抵抗魔鬼的诱惑以侍奉上帝，比很多普通的祈祷好得多。

479.祈祷一天不过两三次，而魔鬼的诱惑每时每秒都有，所以和早晚的祈祷比起来，我们需要更多的警惕。

480.你不愿侍奉上帝吗？你侍奉上帝时，总会有人看见的。

481.不要冒用上帝之名或不服从你的父母，或冤枉你的邻居，也不要在心里犯淫邪之念。

482.不要爱慕虚荣、淫秽、傲慢、酗酒、报复或愤怒；也不要撒谎、毁损、中伤、膨胀、压迫、欺骗或背叛。要全力警惕这些诱惑，要知道，作为你行为和思想的监督者，不遵守上帝的旨意会遭到惩罚，他无处不在。你要顺从地侍奉上帝。

483.如果我们期望得到那些我们慷慨相对之人的承认，那么我们应恭敬地侍奉上帝——我们最伟大最稳定的恩主。

484.这个世界是一座稀有而又豪华的宫殿，全人类是一个大家庭，而上帝——全能的主，则是这里的主人。

485.我们都可以察觉到这是怎样的一个庄严位置。天堂点缀着如此多的光辉天体，地球点缀着森林、平原、峡谷、山丘、喷泉、池塘、湖泊和河流。还有各种水果，可做食物的生物、快乐和利益。总之，上帝使地球成为了一幢庄严的房子，桌上有大量物种，无尽精彩。他的命令、理由和合理的意志无处不在。但是我们必须或至少应该知道我们是多么粗心和散漫的仆人，我们的举止对仁慈的上主来说是多么短暂和不合时宜。他已忍受了我们多么长的时间啊！他又是多么频繁地原谅着我们啊！尽管我们背信弃义，总是忽略他的存在，他也并没有被激怒，没有砸碎“房子”，让我们独立谋生。面对上主的仁慈，难道我们不应该为自己的过分行为感到内疚吗？特别是，既然我们所遭受的上帝的惩罚并不比我们应得的更多，那么如果我们继续作为上帝的仆人，难道不应该改变我们的人生方向，修正我们的方式吗？也只有那样，我们才配得上在我主伟大的桌上领取圣餐。

486.但是既然上帝使这个世界充满无数好东西以使人类生存和愉悦，那么这些东西就一定还不是最完美的——只有上帝才是最完美的。但是，哎呀！人类却不能因此而看见上帝，尽管他们总是在这些好东西上看见上帝的影子。

487.人类如此不可理喻，我对此常常迷惑不解。尽管他热爱变化，如果他高兴的话，他也应小小地关心，去倾听、去思考他最后的、伟大的、也是最好的变化。

488.不仅我们的肉体包含着可变的因素，整个世界都由变革构成和维系。但是我们的灵魂是另一种更高贵的本质，我们应该为我们的灵魂寻求一种更持久的安居之所。

489.生命最真实的结局就是：了解永恒的生命。

490.明白这个道理的人，最后都将找到属于他的荣耀。

491.其余的生命，痛苦多于快乐，审判多过祝福。

492.因为要知道，关于懊恼、愤怒、欲念、希望和恐惧，人类比野兽更多，正是这些因素使人成为人，而不是野兽。

493.行善和受苦是对短暂人生的修正，能给予人类更长更好的人生。

494.这也能激起好人的希望，鼓励他们为达到另一个境界做尝试。

495.因为这是他的目标，所以没有其他生命能打击他。

496.很多人将此作为一种投机，但好人对此的态度却是积极实践。

497.他的作为与他的生命同步，因此，他在死的时候将了无遗憾。

498.为了永生而活着的人，绝不会畏惧死亡。

499.也不会觉得那些真心相信末日的信念是可怕的。

500.因为虽然死亡是一个黑暗的通道，但它通向的是不朽，那足以补偿其所受之罪了。

501.但是信仰照亮了我们，甚至穿过了坟墓。

502.这对好人来说是个安慰，因为坟墓困不住他们，死亡即是他们复生的起点。

503.因为死亡不过是从时间到永恒的一个转折点。

504.没有死亡就没有进化，因为死亡是一种形式的消亡，目的是为了另一种形式的延续。

505.所以，死亡是生命的方式和条件。如果我们不能承受死亡，就无法热爱生活。

506.我们不该用事物的外壳来欺骗自己，也不能取形式而舍理论，取影子而舍实质。画饼终究充不了饥，那些行为也取悦不了上帝。

507.这个世界是一种形式，我们的肉体是形式，没有可见的奉献行为可以脱离形式。但既然上帝是圣灵，宗教形式越少就越好。因为我们越是在精神上崇拜上帝的本质就越是满足；越是静默，对圣灵的语言来说就越是合适。

508.语言是为了别人说的，不是为我们自己说的，也不是为上帝说的。上帝不像我们这些肉胎凡夫，他是以精神形式存在的。

509.若想掌握那种特殊的语言，我们必须学习我们的神圣原则。我们听了神圣原则的指示，上帝也会聆听我们。

510.我们还可以在上帝所有的特性中看到他，尽管很小，但是已经足够我们理解或承受。因为他是不可理解的，而且那光也无人可直视。但是在他的影像中，我们可以注视他的荣光，这已足够让我们理解上帝，指导我们崇拜他，取悦他。

511.人们在走迷宫时，在谈到上帝时，可能会觉得疲惫。但是如果我们真的了解他，我们就会从我们对他的印象谈起。我们的内心越是柔软，上帝在我们心中的印象越是深刻，越是鲜活。

512.如果上帝用他的责难让我们觉察到他的正义，用克制让我们觉察到他的耐心，用他的宽恕让我们觉察到他的仁慈，通过圣灵使我们觉察到他的神圣，我们就对上帝有了足够的了解。这是经验，那是投机；这是愉悦，那是报告。总之，这是不可否认的证据，这是宗教的现实，这能经得起千秋万代的考验。

513.因为我们的信仰，我们的献身应该是欢快的。这种盛宴上不应有不情愿的奉献。

514.这是上帝圣坛上的一块炭，定能点燃我们的热情。没有热情——真正的热情，牺牲就不可接受。

515.皇家先知说，张开你我的嘴唇，那时，我将赞美上帝，但是直到张开嘴我才能这样做。

516.心灵的准备和口头的回答，都是因为吾主：为了他，我们的祈祷必须有力，我们的崇拜必须充满感激。

517.因此，让我们选择在最有宗教感的地方交流，在奉献超过拘泥形式的地方交流。让我们在慈悲与热情至少一样多的地方更多地与同行通信。因为哪里有社区建成，我们就能在哪里发现上帝的教堂。

518.好人坏人都在一个教堂，大家都知道我们必须听谁的。

519.那谦逊的、温顺的、慈悲的、公正的、虔诚的和诚恳的灵魂，在一个宗教里无处不在。当死亡揭开了面纱，他们将彼此认识，尽管他们穿的制服让他们形同陌路。

520.伟大的容忍行为将由教育和个人弱点构成。如果一个人是真的虔诚，他的劝服更多的是为了怜悯，而不是仪式。

521.当各执一词的人们相遇时，他们必须要承认，他们应关注的是大事和如何调节小事上的分歧。

522.很多人几乎完全没有宗教信仰，这是很糟的现象。大多数没有宗教信仰的人是因为这是他们的宗教教育，而不是他们自己的判断；是作者的宗教，而不是他们的宗教。

523.如果把宗教建立在权威之上而不是信仰之上的话，就像一块可以任意调快或调慢的手表，因为只要能走，他就很高兴了。

524.有时人们宁可拿灵魂冒险，也不愿拿金钱冒险，这真是荒谬啊！因为他们把宗教建于信任之上，但他们不信任讨论金钱之有益用途的教会会议。

525.当涉及他们的金钱时，无论为自己的灵魂做什么，他们都宁愿顺从自己的判断。

526.无可否认，宗教即使不是对的，人也不会因为拥有宗教就更坏。

527.没有什么宗教比不装扮的宗教更好。

528.装扮完美，但从不破坏自然。

529.以不是最自然的状态来抵抗优雅是矛盾的。

530.很少有比用展示对我们的不信任来抵抗宗教看起来更糟的事了。

531.虔诚的人是一回事，坚持不信教的人完全是另外一回事。

532.当我们的心灵逾越了他们正义的界限，我们需要怀疑我们要推荐的对象。

533.在宗教中狂怒，是最不虔诚的行为。

534.是人就有同情心，如果没有同情心，他怎能是一个基督徒？

535.宁可没有教堂，也不要因教堂而使有些人受苦。

536.敌意来了，苦难就近了。敌意是魔鬼，是完美的恶事。

537.好的结果也不能使坏的手段变得神圣。我们做坏事，也不一定有坏的结果。

538.有些人，他们也可以责备、辱骂、憎恨、抢劫和杀戮，所以这不过是上帝的缘故。

539.但人的身上没有一种并不像上帝却又能取悦他的属性。

540.以上帝的名义发怒和以上帝的名义去安抚，都一样是很大的假设而已。

541.将热情投入慈善，是好的；没有热情，慈善就毫无益处，因为它会挥霍掉靠近的一切。

542.想指责别人的人，应当先审视自己，那样才不容易过分。

543.我们太倾向于报复，而不是原谅或用爱去解决问题。

544.如果我们相信别人爱我们，我们就不会伤害到别人。

545.让我们试试爱能做些什么吧。因为如果人们曾经看到我们爱他的证据，我们会发现他们将不再伤害我们。

546.用力量可以征服，但只有用爱才会真正赢得。最先原谅的人将赢得桂冠。

547.如果我和敌人势均力敌，最多只是以牙还牙。但如果我原谅他，我就永远对他施了恩。

548.爱，是基督教里最难的课程，但正因如此，我们才应该最小心地去学会爱。Difficilia qua Pulchra[①]。

549.上帝容忍了我们很多，但我们却很少容忍我们的邻居，这对我们来说是一个严厉的拷问。好像慈善和宗教无关，爱和信仰无关一样，但实

---

① 那些非常难的事情往往是美丽的。

际上那都是起作用的。

550.我发现所有人都赞同，不管他们的仇恨是什么，死亡临近之时，他们都变得谦卑了。那时，他们开始原谅；那时，他们开始祈祷；那时，他们开始互爱。这表明，制造并保持人际的不和不是我们的理由，而是我们的情绪。因此，那些最临近死亡的人，是最清醒明智的。

551.我们相信最后清算和审判吗？或者，关于我们相信的，我们是否已经想清楚，既然宗教本身不过是对上帝和人类的爱，那我们是否允许我们的宗教之爱超过我们的能力？

552.爱徒说，活在爱之中的人是活在上帝的怀里。是的，人们不可能生活在更好的地方了。

553.人们评价那个最持久的好处是最合理不过的。现在语言将停用、预言将失效、信仰将在享受的视线和希望里完结，但爱将永存。

554.既然没有爱天堂就不称其为天堂，那么，爱就是人间天堂。因为没有爱的地方，就有恐惧。由于完美的爱能驱走恐惧，我们会很自然地害怕冒犯我们的最爱。

555.我们将倾听我们的爱，我们将信任我们的爱，我们将服务于我们的爱，是的，我们也愿为爱忍受痛苦。如果你爱我，遵守我的戒条。为何，为何那时他要爱我们？因为那时我们将是他的朋友，那时他会送我们安慰之物，无论我们要求什么，我们都会得到。那时，他就是我们要成为的人，永远。看呀，看这爱之果实！看这爱之力量、美德、利益和美！

556.爱至高无上，如果我们之间充满了爱，我们将变得可爱，生活在对上帝的爱和相互的爱之中。

阿门。

第一部分结束

《隐思录》续

More Fruits Of Solitude

反思与箴言第二部，关于人类生活的行为

原出版序言

这本专著的题目表明，还有一本同样性质的前作。作者希望向他的读者同时推荐这两本书以供精读。他不是在冒险，他深知在这样的一个时代，几乎所有广为流传的东西都是在有意凸显对立的两党间尖锐的矛盾，而对此不予关心的作者所付出的辛劳自然不会受到很高的评价。他也知道，这两本书就是毒药，因为它们不能靠自身的用处来唤起或支撑起它们的荣誉。它们能走多远，作者本人也不知道。但是他认为将之公之于世，是值得他忽略自身的安全问题的，其原因有三——

首先，销售量很小，而且阅读需要的时间很少。

其次，尽管有些人发现，对他们高超的智商而言，这本书不能让他们享受到足够乐趣，但是这本书对那些飞得不那么高或较少参与公众生活的人来说，也许不是无用的吧。

最后，不管作者的目的达到与否，他都确实计划把这本书尽可能地作为有好处的读物，尤其是对年轻人。这丝毫没有卖弄的意思，也绝无私人杂念。

不要因嫉妒而误解了作者的意图，否则他就会为所有其他的错误负责。

再见。

正义的道德家

1.正义的道德家都是大大的好人，但也正因为如此，他往往鲜为人知。

2.有一种人喜欢这种品格，但我却认为这种人称不上道德家。

3.他们认为不欺骗雇员、不背叛朋友就够了，但他们从未想过，对一个处在他们境地的人来说，这只是法律约束内的水平。这种程度的德行，不足以让一个人被称为道德家。

4.但是很明显，既然他脑子里想过这么做，那么他哪怕是仅仅觊觎过一下，也不比实际偷窃的行为更加道德，虽然他也不可能去抢劫他所信任的邻居，或是很有技巧地破坏邻居的生意或是工作。

5.如果一个男人付钱给他心目中的女神，却诱骗了他的太太，那么他算是一个当代道德家吗？

6.但是，如果一个逆子同时又是一个有病的丈夫、糟糕的邻居，对他，我们该说些什么？对一个花了海量时间、健康和财产去照顾家人的人，我们又该说些什么？难道因为会按时付房租，他就该是个道德家吗？

7.我想问问那些道德人士，作为道德之士，即使他可能不会欺骗邻居，但他是否会抢劫上帝和他自己？

8.我什么都不亏欠自己吗？我不是把一切都归功于上帝吗？如果偿还我们的亏欠就可以使我们成为道德之士，那么对我们所有人来说，从最初就开始偿还不好吗？

9.高明的道德家一开始就与上帝同在。他向上帝奉献他的所有、他的心、他的爱和他的服务。他慷慨地奉献了他的安康，他的生命。

10.如果一个人的生活中缺少依靠感和责任感，他就不能成为道德之士，因为他不是用爱和服从来回报别人。他仿佛成了一个诚实敏感的生物：这个字眼暗示了他不是他自己，而且滥用别人货物的行为也说不上多么诚实。

11.但是，当我们忽略更加重大的责任时，我们在偿还那些小事儿上斤斤计较的劲头能否抵消我们深埋的债券，使我们成为正义的、完全的道德家？

12.正如偿还法院判决之债务优于偿还公债，偿还公债优于偿还账单或账面负债，道德家会根据几个有关尊严的事来考虑他的义务。首先，他所亏欠的人只有他自己；其次是他的健康和生活；最后，是他对其他人的其他义务，不管是理性上的还是金钱上的，都尽其所能，如同对待自己的义务。

13.总之，道德之士爱上帝超过一切，爱邻人如爱自己，两者同时考虑。

世俗的能人

14.有种观点认为，有能力的人都性格阴暗，让人琢磨不透。但是我敢肯定，这种说法有失偏颇。

15.如果一个能人是因为沉默才令人有此误解，那情有可原；可如果是刻意地加以隐瞒才给人如此印象，那就虚伪可恨了。

16.因为保守秘密和故意欺瞒是两码事。

17.诚实的人从来都是受人欢迎的，特别是当理性处于主宰地位时；而对于诚实的人来说，自由比坦诚更重要。

18.以此为荣是不道德的，因为冷漠、阴暗和不能自由交谈都有违人的本性。我想说他们就像人群中的扒手，让人不得不时刻警惕地捂好自己的钱包；或是像刺探要塞的间谍，如果不加阻止，就会被他窥探到秘密。

19.这些特点都有悖人性，而现世的智者和政治家却都是这样，这些品质在拉普兰倒是很好的，不过据说居住在那里的多数是巫婆，连变戏法的人都很少。

20.就像拦路抢劫的强盗很少以真面目示人，每干一票生意都会更换行头，不会每次都戴着同样的假发、穿着同样的衣服去抢劫。

21.一个世俗的能人充其量只能算是个圆滑的人，是政治活动中的小人。

22.在那些正直而有智慧的人看来，他从来都不够强硬，因为这不是他喜欢做的事。

23.尽管一个世俗的能人可以看起来冷漠又亲近，他愿意、也有能力让所有的人满意，但这么做既不能让上帝高兴，也不能让他自己真正感到满意。

24.只要有好处的事他都会做，但他又很难心平气和地接受失败。

25.对阻止不了的事，他会设法破坏。

26.对得不到的东西，没有人比他更热心。

27.他愿意并且也有能力做任何事来隐藏自己的真实情感。

28.为了利益，他不会拒绝任何派别或立场。当其他人都不愿意的时候，他会欣然接受谬误，就像他们接受的是正确的东西一样。

29.不，他通常会选择最糟糕的一方，因为他们的贿赂最丰厚，他的目标永远是金钱。

30.每一股风都可以成为他的助力，但他永远不会驶离自己的方向，因为朝着这个方向，他可以得到一切。

31.他就是一艘海盗船，一只无论到哪儿都同样凶狠的猛禽。

32.他只忠实于自己，对所有的人或是派别不过都是虚与委蛇，他只做对自己有利的事。

33.无论你怎么和他交谈，他都不会和你坦诚相见，因为他说的不是假话就是可能误导你的话。

34.请读者朋友们不要向他们学，假话同假币一样，都是假的，目的都是为了欺骗，这是不道德的。

35.相比之下，保持沉默要好得多，那不仅能保守秘密，也可维护一个人的尊严。

36.假话也包括口不对心，或者在很多问题上避重就轻，这些行为在宗教和政治活动中都是相当恶劣的。

37.对一个正直、高尚的人来说，最悲哀的事莫过于听两个教养良好并且貌似交情深厚的人，为了欺瞒对方或者刺探消息互相说着言不由衷的话。

38.但这就是一个所谓的有能力的人应该具有的品质，即拒绝智慧，通过骗局掩盖堕落的真相。

39.两个人谁更技高一筹，取决于谁更不相信对方所说的话。那个还有那么一点温厚（也可以说是弱点）残存的人会先认输（也就是相信对方所说的话），这个人会被瞧不起，因为在这场角逐中他被戏弄了。

40.一个人没有必要总是把谎言挂在嘴边或是总是口不对心，这也不是什么明智之举，因为人们不会相信一个总是撒谎的人，而且即便是最有能力的人也有需要别人相信自己的时候。

41.我记得一个伟人的一篇文章，是对朋友的建议。他说，我在宫廷里对他人的优势在于，我总是一边想一边说。但他们都不相信我的话，这显示了一种古老的恶习，所以勇士的正直行为是避免它的最好方法。

42.当然，不去奉承其他人的观点，也不掩饰和更少地反驳我们自己的观点，是明智而且诚实的。

43.要么闭口不谈，要么说出真相或只谈不相干的事情，这样才是最公平的。

44.那些出国就要戴面纱的妇女，没有什么好名声。但是如果我们认识到这种技术和伪装是为了什么的话，会增加聪明人对此的反感——也许它是为了背叛一个父亲、兄弟、主人、朋友、邻居。

45.高贵的古希腊和古罗马人讨厌的是：好像政府没有无赖就不能存在一样，好像无赖反而是政府里面最有用的支柱一样。

46.但是那可以成为一个箴言，这也展示了时代的严重腐败。

47.我承认我曾听说过“一个有用的无赖的阶梯”，但我有时把它当作一个很傻的说法，认为它只是无赖的借口。

48.认为妓女是最好的妻子，和“无赖是最好的官员”一样“合理”。

49.此外，聘任无赖是对无赖行径的鼓励而不是惩罚，这样还会远离对美德的回报。或者，至少一定让这个世界相信，这个国家里诚实的人不够，不能为国家服务。

50.你是个行政长官吗？那你应使住所或地产光明正大，以保证人们对他们的信任。因为有时这种现象被发现后不久，他们就被聘任了。

51.你是个很私人化的人吗？你交往的朋友圈很狭窄，只挑选有共同语言的人和有原则的人，比如：如果荣誉不能继续领导他们前进，他们就会完全停下来。他们宁可忍受耻辱，也不愿因为基本的服从而失去他们的名誉。

聪明人

52.聪明人用做事的理由来自控——因为他做的是最好的，是有道义的。

53.他提倡公平的结局，采用的是最公平、最有可能的方式方法，以获得结果。

54.尽管你不能一直看穿他的计划或他的理由，但你能看见他的行动。他的表现就像一个工匠——他们将经常经受智慧和荣耀的触摸。

55.他不屑于用间接的手段为自己谋利或成为政府的圈内人，既然公正的事业从不希望被任何公正的方法来继承。

56.有些所谓的坏事可能产生拙于政治或道德的人的好处。

57.就像某些外科医生要切掉不能治愈的一条胳膊，他们要隐藏自己的财务来保全名声。

58.聪明人是谨慎的，但不够狡猾、明断，也不够狡诈。在人生的行为中，他们用美德作为使用他们优秀理解力的标准。

59.聪明人讲究平等且思维敏捷，但不会过分殷勤；他关注一切以确定立足点；他不冒犯人，也不会轻易被冒犯。

60.他从不强词夺理，也不吹毛求疵，但他憎恨玩笑和笑话。他可能是友善的，但不是浅薄的。他只做正经事，把其他的事留给世上的玩具商，那不是他的事，他也不以之为乐。

61.他总是关注一些稳固的善事、民事或道德事，比如：使他的国家更加有道德，保存国家的和平和自由，使穷人有工作，改善土地，促进贸易，压制邪恶，鼓励工业和所有机械知识。他们是政府关心和人民赞美的对象。

62.总之：他公正、敬畏上帝、憎恨贪婪、回避邪恶、爱邻人如爱他自己。

论思想的管理

63.人类生而理性。作为一个会思考的生物，既然他对公众的作用和他自己现在以及将来方方面面的利益都基于思想的正确方向和应用，那么，他的价值就取决于此了。

64.有鉴于此，我经常不得不悲恸于人类的不幸。为此，我思绪万千，迷惑不解，却还是不能对事物作出正确成熟的判断。

65.这导致了我们在这个世界上看到的各种不确定和混乱。

66.这也导致了我们对事物的不完美的认识，以及我们试图获取更好知识的缓慢进程。就像那些以色列的孩子们，花了 40 年的旅程从埃及出发到达迦南，而现在这个过程只需不到 1 年。

67.总而言之，即使不是全部，至少我们所承担的大部分不幸，都应该归因于此。

68.因此请保持你的头脑清醒，恰当地整理并组织一下你的想法，你将节约时间，明白并且做好你的事情，这样，你的判断将是清楚的，思维将是自由的，能力将是强大而且持久的。

69.要永远记得把你的思想和现实联系起来。

70.如果忍受痛苦是你的宗教责任，那么不要忍受那些你不该忍受的痛苦。如果能在任何民事的或世俗的事件上遵守同样的注意事项，你将是一个完人，并且可以同时做两件事情。

71.如果有事情使你的头脑疲劳了，用其他更具体的事物转移你的注意力，放松一下，而不要做那些可能影响你的理解的事，因为这样会把一件事叠加到另一件事上去，后者会影响我们先前的判断，或使之不可识别。

72.那些同时考虑几件事的人，总是把最大精力放在他的正事上。

73.因此，你总是追寻当前的目标，直到你抓住。所以如果你发现你手头不止一件事，先做最紧急的，其他的等你有空闲时间再说。

74.不能正确判断事情重要性的人，哪怕他总是在忙，也只能取得很小的进步。

75.除非必要，否则不要做太多的事；宁可放松一下，也不要给自己增加工作。

76.不要太急于追求任何事情，因为事情往往反复无常，你来不及判断，有时你做了，事后又会后悔。

77.工作做得过头的人，会让继任者更轻松地接收，这会额外地为他们提供并非他们创造的成果。

78.这是慢性子对于急性子的优势，尽管他们不领头，但他们跟随得很好，从而捡到了战果。

79 如果有必要，你就得对整件事情进行通盘考虑，根据事情的重要性和紧急程度留出余地。做每件事前都要先预览，合理思考，这样你就能避免很多错误和烦恼，在你的人生中为自己节约出大量时间。

论嫉妒

80.嫉妒是性情乖戾之人的一个特点，其贬低了好的行为，也激怒了坏的行为。

81.有些人努力地诋毁他人的好名声，就像努力为自己争取好名声时一样，也许后者正是前者的原因呢。

82.他们认为这样别人的声誉会减少，但是显然他们错了，因为别人也可能对他们做同样的事。

83.觊觎别人成就的人通常优点比野心还少，不可否认，抢夺别人应得之物而不是允许别人得到他们应得的赞扬，是一种很恶劣的品质。

84.这更多是我们意志上而不是判断上的错误。因为我们知道嫉妒是我们的情感，而不是理智上的一种效果，因此这种带有偏袒性的判断应受谴责。

85.嫉妒就像不公平，是故意低估别人的行为，而那些行为原本有值得向自由的心灵推荐的固有价值。

86.没有比剪短别人的优点和名誉更傻更错误的事了。

87.有些人觉得利用别人的名声对他们来说也有一种优越感，所以他们无休止地窃取别人的名声以提高自己的名声。

88.嫉妒是傲慢和忧虑的产物，而不是错误的产物。

89.美德一定是设计好的，宗教也只有利益。不但如此，最好的品质一定都有这样那样的缺点来降低他们的优点，减少他们的赞誉。这都是些最基础的特征，有这些倾向的人都是些最坏的家伙！

90.但是拥有公平高尚心灵的人会因为别人的成功而喜悦，并帮他们获得更多的赞誉。

91.确实，那些希望自己的美德能换取回报的人，你也并不能说他们的美德是假的。

论人的一生

92.为什么人的生命不如他手头的工作更持久，只是因为这不是他休息的地方吗？

93.他应该在他不能停留的地方修复心灵，这是一个伟大而公正的办法。

94.关注那些工作，为自己建一所时间都无力逾越的大厦，难道不是他的一种智慧吗？

95.如果一个人经常错过把事情做到最好的办法，是很可悲的。

论抱负

96.飞得越高，摔得越重，所以选择不那么高的稳定的生活是值得推荐的。

97.木秀于林，风必摧之。有抱负之人也必定会受到机遇的考验。

98.他们最耀眼，最醒目，也最受嫉妒；他们最不安静，但最常被谈及，虽然谈论的不是他们的优点。

99.暴露于空气中的建筑需要良好的地基。

100.优秀的工作是基石，会支撑起你的信誉。但不好的工作就是劣质的地基，灾难来临时就会崩塌。

101.强势之时对不幸者没有怜悯之心的人，倒台了也不要指望有人同情。

102.最坏的坏脾气总是使人充满渴望、焦躁不安并且令人生厌。其神志是完全混乱的，成功了容易狂喜，受到挫折时又有报复心。

论赞美或称赞

103.我们太想得到赞美，但却往往配不上。

104.但如果我们配得上赞美了，我们又一定是热爱美德更甚于热爱赞美。

105.因为我们没有什么激情会移除得更快，或更有欺骗性，正因为如此，没有什么激情是我们应该更予以警惕的。给予别人赞美时，我们应当确保自己是这个意思，也仔细考虑过。

106.如果我们不如别人，赞美表示我们想要仿效；如果我们比别人强，赞美就有奉承的意思了。

107.良好的行为需要细心考量，但过分了就令人作呕，给予人不真诚的感觉。而且，赞美对那些值得赞美的人来说可能是一种压迫，因为他们没法镇定自若地接受赞美，虽然这是他们应得的。

108.对他来说，接受称赞比听到赞美容易得多，而他也不会更多地怀疑自己或怀疑称赞他的人。

109.但是说真的，既然这个世界的是非很少能明确到什么应得什么不应得，我们做事儿也就不需要那么小心谨慎。

110.我们接受赞美时，都是无比小心谨慎的。因为如果我们以一种错觉来反思我们自己，肯定就会在我们应得的东西上犯错。而且由于我们更倾向于相信好事而不是真事，我们很容易因为人们夸夸其谈的赞扬而自我膨胀，超出我们应有的容量。

111.因此，要清醒地对待在那些场合听到的话。

112.因为过分的自我评价在很多时候只会带给我们一种危险的安全感。

113.我们的期望超出了属于我们的范畴，接受所有给我们但永不该是我们的东西，结果，它们并不像我们想象中那样能满足我们。

114.总之，这是一种滥用我们判断的情绪，让我们既不安全又很可笑。

115.因此，不要追求赞美，应去寻求导致赞美的美德。

116.但同时，你也不要减少或是掩饰自己的优点，因为尽管你的谦虚是一种美德，但假谦虚可不是。

论说话方式

117.哪怕你很少出错，也要多打听，少下结论。

118.学习比教授安全。隐藏自己观点的人，不需要负什么责任。

119.我们经常会犯虚荣和不满的毛病，但我们都是失败者，因为当有些人需要狂妄自大的时候，有些人便只能唯唯诺诺。

120.我并不是喜欢矜持，只是因为矜持比不自然的表情更适合委婉的拒绝。但是如果矜持在任何时候都是美德的话，那就是跟风了。

121.也要小心语言交谈中的矫情，这是经常会歪曲事实的一种毛病。

122.恰当地说话，尽可能惜字如金，但要表述清楚，因为说话的目的不是为了夸耀，而是为了理解。

123.在意言辞超过事情本身的人，会因为他们的浅薄而词穷。

124.有感觉的人总是能表达出他的意思，言辞也足以使旁人明白。

125.但是在交谈时经常有这种情况发生——就像在药店时，那些空的或里面的东西的价值很小的罐子，慢慢地被装饰起来，就像那些装满了珍稀药材的罐子一样。

126.沉浸于那些花哨的表达是一种喜欢奉承的表现，比那些用普通材料做成的挂毯和东印度货物的仿制品还要坏。总之，那不过是一种俗气的谈话，仅次于没营养的废话。

朋友的融洽

127.爱朋友超出这个世界的人，不会被友谊分开。

128.死亡也不能抹去不会死的东西。

129.热爱并且活在同样神圣的原则里的精神也不会被分割，它们是他们友谊的根源和记录。

130.如果缺少友谊不会死，那么有友谊也不会死。

131.死亡不过横跨这个世界，正如朋友横跨了海洋，他们依然相互依存。

132.因为那些爱和生活居于其中的友谊必须在场。

133.在这面神圣的镜子里，他们面对面相视，自由地交谈，坦率而纯真。

134.尽管据说他们会死，但他们的友谊将以不朽的姿态呈现，这对朋友来说是种慰藉。

论放松生活

135.从好奇心中解脱出来和摆脱挑剔的口味一样，都是一种幸福。

136.要讲究地过日子不仅麻烦，而且是一种盲从。

137.那些煞费苦心要享受生活的人，反而限制了自己的自由和安逸。

138.放松生活才是生活的最大乐趣，但是那些永不知足的人总是难以过上轻松惬意的日子。

139.因此，随性而家常的性格比精致而讲究的性格更招人喜欢。

140.比起由于父辈关爱而继承了大宗财产的人，被教会过小日子的人更应感谢父辈的智慧。

141.对孩子的教育再怎么严厉也不过分。因为严厉的教育除了让孩子们懂得忍受天意的粗暴之外，他们本身也更阳刚、积极和健康。

142.放松生活可以保持心灵的自由，这是肯定的。因为这样我们的生活才是主人的生活，而不是仆人的——更确切地说，不是精致感官享受的奴隶。

143.正如天性很快就会得到回应，那些得到满足的欲望也是如此。

144.古人的记忆用在其他地方，很难比用在对年轻人严格而有用的指导上更值得庆祝。

145.古人通过努力在年轻人身上制止了奢侈现象，直到智慧和学问教会他们抵抗和藐视奢侈行为。

146.因此，努力奋斗只是为了我们肉体上的欢愉，却对我们灵魂的自由毫无知觉或大大咧咧，这是一种严重的错误。

论人的轻率和偏袒

147.很明显，如果我们的公民权受到了侵犯，我们会受到强烈影响，到处表达我们的不满和抱怨。但是，我们却容许自己——更好更高贵的自己，成为罪恶的属性和奴仆。

148.直到我们从麻烦的根源——对上帝的不恭中解脱出来以前，我们一直在徒劳地期望从那样的麻烦中解脱出来。

149.上帝有了我们的恭顺服从，就有足够的时间把我们一个又一个地解救出来。

150.我们在世俗享乐的事业中遇到了这样的挫折，以防我们忘记我们的恩主、爱上这种天赋、在此中止这种不是人类最终福佑的幸福。能理解这一点，就是我们巨大的幸福。

151.对我们罪行的判定往往导致我们的损失，而忏悔又使我们得到宽容。

152.另外，人类使其满足感超过任何短暂事物真实价值的这种愚行也引起了极大的争议。因为导致失望的并不总是事物的失去，而是我们对其过分看重的心态。

153.因为人们想对他们享受或失去的东西做一个平等公平的评价，所以他们是在增加自己的苦恼。

154.世间万物都有个附文，我们都必须冒险以遵守它，即爱上帝超过一切。最后我想说的是，为了正义，行动起来！

论评判的规则

155.万事总是抬不过一个“理”字。但若坚持己见到了冥顽不灵的程度，那就是另外一回事了。

156.坚持己见，可能有其道理；但固执己见，从来都是任性的表现。

157.我们经常看到的场面是：别人的证据越清楚，他反而越是固执己见，越不容易被说服。

158.这就是看重自己的脾气多于重视真理的结果——宁可阴郁地骄傲，也不理智地顺从。

159.向真理致意是人类的光荣，正如容易沟通是好脾气的标志一样。

160.野兽靠感觉行动，人类却应该依据理智，否则他就是上帝创造的更大的野兽。谚语说得对：最好的事物一旦腐坏，就成了最坏最让人讨厌的东西。

161.在不用理智作判断的时候，有理的观点也就成了无理的。

162.尽管我们应当尊重教育和我们父辈的传统，但是真理永远都应优先。

163.如果我们像西奥菲勒斯和蒂莫西一样，从小就受到良好的教育，这将是我们的优势。但是不论是他们还是我们，都不会因为尝试真理而有所损失。所以我们学习他们的内在价值，也学习真理的固有价值。

164.真理不会因质疑而失去其根据，因为它是最理性的。

165.它也不需要另外的权威，因为它是不证自明的。

166.如果我自己的理性就站在原则那一边，那我能拿什么来与之争论或对抗呢？

167.如果人们能合理地为彼此考虑，他们要么能调和他们的差异，要么能更加友善地容忍这些差异。

168.尽管这种做法让每个人都进行自我评判，但让它成为行为标准的话，还是有很多好处的。

169.理性就和太阳一样，对所有人来说都是共有的。我们的思想不一样是因为我们没有用同样的标准和方法来检验一切。尽管不是所有人都使用理性，但我们一直都拥有它。

论拘谨

170.形式是好的，但拘泥于形式就不好了。

171.在使用最好的形式时，我们往往太拘泥于形式。

172.因为太多的人更倾向于依赖“他们做了什么”，而不是“他们是怎样尽到他们的职责的”。所以更应该赞成那些奉献的人，这绝对是必要的。

173.如果考虑到心灵的框架使我们的工作被接受，我们就应该更多地关注内心的准备，而不是外在的行动。

论我们对上帝的卑鄙想法

174.没有什么比我们拥有的对上帝不合时宜的想法并用以取悦上帝更能显示人们的卑鄙了。

175.我们开展了如此之多的仪式和奉献的外在形式，仿佛这些形式有助于上帝的什么事似的。这些事除了让上帝试验我们的恭敬，和向我们展示比它们更优秀更持久的某些东西外，没有任何用处。

176.我们一边向上帝表示我们的顺从，一边抵消这种努力，这样的做法毫无意义。

177.祈祷者定期去教堂，接受圣事，也许还去忏悔，这到底有什么好处？唉，款待神父，给穷人发救济品，但同时又有谎言、发誓、咒骂、酗酒、贪婪、不净、傲慢、报复、自负和懒惰？

178.一个人能原谅或平衡另一个人吗？或者，当上帝的法令被违反的时候，上帝会认为他受到了很好的侍奉吗？又或者，当遵守上帝法令的行为中作秀多于实质时，上帝会怎么想呢？

179.如果一个人违反了他的道德义务，却想着用积极礼拜的正式行为去得到宽恕，这就是一种最危险的错误。

180.当我们受祝福的救世主告诉犹太人他们是他的母亲、兄弟姐妹时，他执行了天父的意志，最公正和清楚地辨别和裁定了这种情况，

论正义的好处

181.正义是对所有人财产的保险，是对社会的巨大支持。违反了正义就没有安全，一切就会陷入混乱。

182.正直的人是交易便捷的保证。想要具有正义，人就肯定能得到正义。

183.很多时候，正义仅仅是出于必要；其他非正义的情况，也出于同样原因。但是那样正直的人不会被感谢，那样不正直的人却往往会受到怜悯。

184.不当得利者仅次于强盗，应惩戒以儆效尤。

185.的确，有些交易者虽不进行欺诈，但却使贸易变得困难，其对有道德的人也施以许许多多的诱惑。

186.这不是他们认为应该得到什么，而是他们能得到什么。有缺陷和坏损的地方他们一定会藏起来；他们说着他们不配有的大话，把买方的无知或迫切的需要强加在不当之利上。

187.有些人之所以守诺尽他们的义务和责任，仅仅是因为惧怕地方法官。

188.这是政治上而不是道德上的正直，是强迫而不是自愿的正义。谚语说得好："强权下的忍耐不值得感谢。"

189.但是在所有的正义之中，以法律之名而行的是最大的正义。威斯敏斯特大厅里偷钱包的小偷在这方面是个例子，因为在那里，法律被用来保护应当惩罚的行为。

论嫉妒

190.嫉妒对别人来说是麻烦，对自己来说是折磨。

191.嫉妒是灵魂深处的内战，判断与想象永远不一致。

192.这种脑海中的民事纠纷就像身体上政治的纠纷一样，造成了巨大的混乱，会使一切都报废。

193.没有什么能在嫉妒之路上保证安全。天性、兴趣、宗教都得屈服于它的狂怒。

194.它违背了契约，解散了社团，破碎了婚姻，背叛了朋友和邻居。在嫉妒者看来，没人是好人，人人都使他们受到损害，或计划如此。

195.无论嫉妒之蛇咬到哪里，哪里都有毒，多少都会使人痛苦。而且因为它把假的说成真的，所以它经常扰乱自己，也扰乱了别人。

196.嫉妒的兴起是一种犯罪，一种性情乖僻的表现。通过反思，其反而认为自己的过失是别人的，就像那些得了黄疸病的人还说别人肤色黄一样。

197.当嫉妒的人看其他人时，他只看到自己的视野，并把自己的性格强加给别人。

论政府

198.我热爱服务，但不爱政府。前者有用，后者多余。

199.政府的麻烦和收费是真的，但是好处只是想象。

200.此外，政府有助于我们骄傲得忘乎所以，增长我们的诱惑，使我们陷入混乱。

201.陷入混乱或遗漏的事情让我们不安。我们往往认为自己受到的服务只是不好，其实根本就没有真的被服务；或者我们会认为由于有政府，我们受到的服务比其他人好得多。

202.但是这都是因为缺少智慧，智慧能带来最能服务于民众的政府。

203.不进行轻率谈话而使自己掉价的人，总能随处给予自己足够的价值。

204.人民比政府更重要。

论好的仆人

205.一个真正的仆人和一个好的仆人是同一回事。

206.但是欺骗主人的仆人，对主人来说不是真正的仆人。

207.有很多欺骗主人的方式，比如时间、关心、苦痛、尊敬、名声和金钱。

208.既然仆人的伙食和待遇是按照他尽力工作的标准而被付给的，那么如果他工作时玩忽职守，就等于在抢劫他的主人。主人不在时就不那么勤劳的仆人，不能成为一个真正的仆人。

209.故意买贵东西然后吃回扣的仆人，不是真正的仆人。

210.大嘴巴少个把门的也不是；和他人交谈时无礼地提及主人名字的也不是；纵容别的仆人游手好闲，浪费时间，或有不道德想法的也不是真正的仆人。

211.所以，真正的仆人应是勤劳、能保密和尊敬主人的。其对主人的荣誉和利益的敏感应超过对他自己的利益。

212.那样的仆人值得对他好，如果他既有优点还谦虚，他的主人应该能明显地感受到这一点。

论直接追求世界

213.烦恼和担心那些不必要的事是一种颓废的精神状态的表现。

214.有些人迫切地想变得富裕，就好像他们曾迫切地渴望活得更久一样。追求多余的东西就像追求更久的生存一样。

215.富裕会增加贪婪，这是对天意的一种扭曲，但这种观点的普遍流行对富人来说是更糟的情况。

216.但奇怪的是，在这一点上老人往往超过年轻人。因为一般而言，金钱离那些垂垂老者更近，好像这可以增加他们对剩下时间的爱似的。但是既然没人会享受他们不能用的东西，他们的“乐趣”也就没什么好享受的。

217.所以，他们不是去学习以轻易地留下他们巨大的财富，而是抓住了更快的方式。有些人的性情就是如此卑劣。

218.慈善与收益相当的地方，产业会受到祝福。但奴役他人以获得并卑劣地保持财富，是违抗天意的一种罪恶。

219.那些消费不及他们收入的五分之一，并且给穷人的钱不及他们所花销的十分之一的人，就是这样子的。

220.这是最糟的一种偶像崇拜，因为其中既没有宗教，也没有用无知来做借口，而且它会误导其他人。

论我们财产中的公众利益

221.有什么东西是只属于我们自己，而公众不占一份的。但是关于那些被称之为“我们的”的东西，我们要把自己的财产归功于上帝和公众。从这个意义上讲，我们只是管理员，为我们自己把一切都拦下来不仅是一种巨大的不公正，还是一种忘恩负义的行为。

222.如果所有人都是公众的房客，多余的收益和花费都应用在急需的地方，那就不需要收税，更没有乞丐了，还会使得国际相当于一个欧洲最大的国家贸易银行。

223.尽管我们不会看见它实现，但这是我们的愿望。

224.如果向政府交税关系到自尊，而我们交的税不能维持自尊的话，我确定交的税就会更少了。

225.我承认我曾怀疑过，如此多的合法有用的事情是被法律删去的。

226.但是既然因为人类的法令离生活最近，所以人们更惧怕它，而不是上帝的法令。我不知道地方行政官们是如何不受惩罚地享受额外收益而得到原谅的。

227.我们高贵的英国掌权者和爱国者觉察到了这种罪恶，他们制订了一些优秀的法令（一般称为节约条例），来禁止或至少是限制人们的这种傲慢。这是因为实施该法令将是我们的利益和荣耀，对该法令的疏忽就一定是对我们正义的责备和损失。

228.既然假如不这样做傲慢和奢侈就将不可避免地毁掉我们的政府，那么对它们的惩罚将也就是合理的了。

229.但是有人说它毁了贸易，而且会让穷人成为公众的沉重负担。但是如果那样的贸易会毁了这个王国的话，难道这不是毁了那种贸易的时候吗？现代化难道不是我们职责的一部分吗？节制难道不是我们政府的一种能量吗？

230.为了金钱不择手段的人是犹大。

231.如果一个贸易削弱了人民，侵犯了这个王国古老的纪律，那么对其视而不见就是一种犯罪，并应受到严厉的惩罚，而不是由地方行政官来为其找借口。

232.难道奢侈的行为比给穷人提高工作更重要吗？可耻的民族！

233.英国难道就没有足够的地方培养更多更好的制造者了吗？

234.那些可以增加贸易的东西（而不是奢侈品），我们的农村没有给它们留出空间吗？

235.总之，让傲慢付出代价，将多余的事物切除。那样就能维护人民，就能维持这个王国。

虚荣者

236.虚荣者是一种令人作呕的生物。他是如此自满，以至于容不下其他任何事物，好像那些事物从来不值得存在。

237.因为他总是在比较，所以他很有信心地把自己放在比别人更好的位置。俗话说得好：他的家鹅也是天鹅。

238.在家里犯这么多错的人肯定会受到怜悯。

239.但有时我想到，也许那种人活在了一种幸福之中，即尽管他们既没有，也不应获得其他人的赞同，但也没有什么事能从他们那里获得赞同。

240.但同时，有人可能会疑惑，因为他们那种不可忍受的、荒谬的脾气他们不会感受到，也不会关心他们给自己的，或来自他人的打击——虽然他们那种毫无理性的信心可能会让普通人脸红。

241.成为自己的傻瓜已经够糟了，但虚荣者是所有人眼中的傻瓜。

242.这种傻里傻气的性格来源于无知、自信和傲慢的混合，而且由于傲慢的原因，他们多少有些令人讨厌或滑稽可笑。

243.但是这种虚荣心最糟的部分是他不接受教诲的特性。你告诉他任何事，他都会说，其实他很久以前就知道了。他已经超越了信息和指导，然后大肆吹嘘一番。

244.然而具有最伟大的理解力的人却是最有质疑精神的人，他们最愿意学习，或最不愿自娱自乐。这一点无与伦比。

245.因为他们站得更高，所以看得比他们的邻居更远，但是因为他们的远见卓识让他们知道在其之上还有更高的事物，所以他们反而显得谦逊。

246.这是真的，当理性建于谦逊之上时，会呈现出最伟大的、闪着光芒的美。

247.一个谦逊的能人是珍宝，其价值抵得上一个王国。他经常能拯救一个王国，就像所罗门的穷智者拯救了城市一样。

248.希望我们之中能有更多这样的人。

遵纪守法者

249.赞成良心都不反对的顺从行为是合理的，因为遵纪守法至少是一种民事美德。

250.除非必要，我们不能强求，否则就成了打破社会体系的陷阱和诱惑。

251.但遵纪守法是宗教和政府最大的一个弱点，它除了经常引起不安之外，还总是使人牺牲自主权，所以在宗教和政府里它被发展成为一种漠不关心的天性。

252.这样的遵纪守法者没什么好自夸的，因此也没什么理由来指责其他有更多自由的人。

253.但是我喜欢那些不拘泥于教条的人。

伟人对全能上帝的责任

254.上帝把那些人和其他人区别开来，看起来是合理的。借着他的良善，上帝也应该将他们的感恩戴德和其他人区别开来。

255.因为尽管上帝把所有民族都造成了同一血脉，也没有基于等级来排列，但在主从关系和独立意识上，人们却有了区别。

256.如果我们向上看，会发现天上的行星有不同程度的光辉，其他有巨大光辉的星星也是这样。

257.如果我们向下看，树木也有区别，从雪松到荆棘；在水里，从海中怪兽到鲱鱼；在空中，从老鹰到麻雀；在野兽中，从狮子到猫咪；就是人类自己，也有从国王到捡破烂那样的区别。

258.毫无疑问，我们的伟人就是我们这个世界圣明的创物主为宗教、道德和政治星球而设计的。他们就是无数底层的同类、同伴的光明和指导，不仅是戒律，也是榜样。他们有着他们同类的荣誉和责任，他们所受的痛苦也得到了很好的回报。

259.但是人类应当为那个使他们更加卑下的天意而骄傲吗？这难道不是一个最不可理解的愚行吗？或者，把他们自己想得更好一些，而不是把那个把他们拔得如此之高的人想得更好一些。

260.但是，哎呀，当他们作为上帝的优选来考验我们的智慧、仁爱和感恩之心时，他们就太像我们的亲戚，以至于不能比我们自己想得更远，不论是在获得方面，还是在使用我们的财富和伟大精神方面。

261.耗费上帝给我们的时间、力量和财富去满足我们肮脏的爱好，而不是以我们伟大的主的名义，以我们造物主良善的名义做好管理员的工作，这是对上帝旨意危险的扭曲。

262.但是，既然那些高等级的人们也不过是上帝为那些不那么有道德的人的利益指派的受托人，那些相对不那么伟大的人就被称为他们的护理员和供应者，这也是一种不公平吧。

263.尽管上帝使某些人比他们的同胞更加威严，上帝绝不是要去讨他们的欢心，而是让他们愉悦地服务公众罢了。

264.因此，毫无疑问，他们被提拔了，没有对生活必需品的烦恼，他们应该有更多的时间和能力来关心他人。当然，如果他们的行为超过了天意的界限——贪污的话，他们也就废掉了。

265.察觉到这个世界上的巨大不平等时，我经常有个严肃的想法，就是，一个人应该有很多同类来伺候他，这些人的灵魂和他都要需要拯救。

这不是为了工作，而是为了政府。当然，对他挣钱的愿望来说，这是个很糟的工作；从他们的时间来说，那就更糟了。

266.但是任何一个人都必须为了这些而工作，或者在一定程度上使他们脱离工作来组成一队随从，这样的做法轻率奢侈，应该受到责备，无论是在宗教中还是在政府里。

267.但即使在正当的服务里，也有个让人难堪的考虑。那可以唤起伟人对其感谢的服务，曾大大地改善了他们的环境，减少了他们对那些同类的统治权的使用。

268.当贫穷的印第安人听到我们把家人叫作仆人时，他们大叫：什么？把兄弟叫作仆人？我们只会把狗叫作仆人，而绝不会把人叫作仆人。道德当然不会伤害我们，但可能会指导我们降低我们的高度，限制我们的社会地位和出席率。

269.他们的过分行为及他们说的话，也许多少被用于奢侈的其他分支。这给其他人树立了很恶劣的榜样，抢劫了穷人的补助。

270.全能的上帝带着他高贵的良善之感触动了我们显贵的心。

论完善他人的行为和利益

271.这看起来是我们政治家的杰作，但没人比这些完善者随意乱花更多的钱了。

272.人们行为的真正动机和他们的内心一样看不见，他们对自己感兴趣的东西也是如此。

273.以自己来评判他人的人，不会一直都达成目标，因为不是所有人都有一样的能力、热情和兴趣。

274.如果一个能人根据他自己的行为去完善普通人的行为，他是一定会失败的。因为能人用自己的行为让别人比他更聪明，并以此自欺。普通人也这样做，以此推测能人做出此种行为的原因。

275.总之，它就是我们完全不懂的一个树林，一个迷宫，没有其他什么是我们更加经常用来欺骗我们自己的了。

276.紧接在这种幽默后的危害有很多，而且很危险。因为人们误导他们自己，奉行错误的方法，经常得到有危害的失望结果。

277.它阻止了贸易中的所有信任，导致实践中毫无原则。它假定人人都根据其他而不是表现出来的理由行事，世上根本就没有像正直或真诚这样的事。

278.某些世俗的诡计或利益排斥天性或宗教。真理是所有人行动或行事的隐藏动机。

279.很难表达出它的刻薄无情和不确定性。

280.这种愚蠢的性质能使人让出一大块领地。

论仁慈

281.仁慈有不同的意义，但是无论什么意义，仁慈都是一种优秀的品质。

282.首先，它表达了上帝对人类贫穷和不幸的怜悯，并伸出了援助之手以改善他们境况。

283.对此毫无感觉的人，既然他们没有恻隐之心这样重要的东西，所以他们会众叛亲离。

284.如果一个人没有想要的感觉，或他自己血肉的需要，那他就是个怪物！他也绝不会因为在世上宣传这样一个不自然的种族而痛苦。

285.这样毫无怜悯之心的人玷污了最好的收获，对拥有者施加了一个诅咒。

286.如果对我们同类之中那些哀伤的人的请愿充耳不闻的话，我们在祈祷中也不能指望听到上帝的旨意。

287.上帝派穷人来试验我们，也试验穷人自己。拒绝从上帝赐予的大量财富中拿出一些的人，是把贫穷留给了他的后人。

288.我不想说那些工作是值得称赞的，但我敢说它们是可以接受的，会得到回报。虽然它们在丰富和慷慨方面让我们觉得谦卑。

289.其次，仁慈造就了物与人最好的结构，使人远离邪恶的间谍。它原谅了所有人，拯救了所有人，直到永远。

290.仁慈总是为了权宜而缓和那些极端行为。努力包容差异的行为更多时候是一种受苦。

291.正如仁慈所表现得那么自由，它也同样热情。它总是做好事，因为它不会伤害任何人。

292.仁慈是解决不合的一个普遍有效的解决方法。

293.最后，它是对上帝、对兄弟的爱，能让灵魂升华到所有俗世的考虑之上。它给予人间一种天堂的感觉，所以对真正的善人来说，它就是天堂。

294.这是仁慈最高尚的感觉，所有人都应该坚持，将其作为一条通向高尚的路。

295.不但如此，信仰、希望和仁慈是伟大的使徒为基督徒所揭示的优秀的路。

296.因此，没有仁慈，甚至没有最低的仁慈感，就不能成为真正虔诚的基督徒。他可能有部分仁慈，但他仍然不是使徒所说的真正基督徒。

297.不但如此，尽管我们拥有所有的语言，所有的知识，甚至预言的天赋，是他人的传道人，唉，还有足够的热情来燃烧我们的身躯，但是我们需要仁慈，它有利于我们得到救赎。

298.我们的救世主将仁慈归于玛利亚而不是她的姐姐马大，因为马大看起来曾不太想要奉行仁慈之举。

299.如果上帝将这种神圣的美德更广泛地植根于人类，尤其是那些假装基督徒的人，并使这种美德传播开来，我们就会更加虔诚地信仰上帝，而不是争论不休；我们就会相互关心，而不是不择手段地彼此指责和迫害。

第二部分结束